# ट्वेल्थ फेल

ISBN: 978-81-941701-0-5

प्रकाशक : नियोलिट पब्लिकेशन
ऑफिस : अंतर्मन, 13 सोहम पार्क, प्रज्ञा गर्ल्स
स्कूल के सामने, बिचौली मर्दाना, इन्दौर (म.प्र.)
Mob. : 9770977777
Website : www.neolit.in
Email : neolitbooks@gmail.com

मूल्य : ₹196/-




| | | | | | |
|---|---|---|---|---|---|
| पहला संस्करण | : | 2019 | सातवां संस्करण | : | 2020 |
| दूसरा संस्करण | : | 2019 | आठवां संस्करण | : | 2020 |
| तीसरा संस्करण | : | 2019 | नौवां संस्करण | : | 2020 |
| चौथा संस्करण | : | 2019 | दसवां संस्करण | : | 2020 |
| पांचवां संस्करण | : | 2019 | ग्यारहवां संस्करण | : | 2021 |
| छठा संस्करण | : | 2019 | बारहवां संस्करण | : | 2022 |

तेरहवां संस्करण : 2023

आवरण : अब्दुल वाहीद शेख
कम्प्यूटर ग्राफिक्स : संजय जोशी

मुद्रक : मेष प्रिंट्स
इन्दौर -453555 (मध्य प्रदेश)

TWELFTH FAIL
*by* Anurag Pathak

NeoLit PUBLICATION

# ट्वेल्थ फेल

अनुराग पाठक

NeoLit
PUBLICATION

**लेखक परिचय**

**अनुराग पाठक**

5 अगस्त 1976 को ग्वालियर में जन्म। एमए एवं पीएच.डी. हिंदी साहित्य से किया। एक कहानी संग्रह 'वाट्स एप पर क्रांति' प्रकाशित। वर्तमान में इंदौर में निवास।

**मोबाइल एवं वाट्स एप नं : 7869177525**

Email : authoranurag.p@gmail.com

मनोज को धन्यवाद, जिसके जीवन संघर्ष पर
यह उपन्यास आधारित है, आदरणीय विकास
दिव्यकीर्ति सर, मेरे मित्र युवा फिल्म निर्देशक
सुधांशु, सोनल दीदी, सुनील चतुर्वेदी और
श्रद्धा को धन्यवाद जिनके लगातार सहयोग के
बिना उपन्यास पूर्ण होना मुश्किल था.

# भूमिका

सिविल सर्विसेज की तैयारी के दौरान मैं हर साल जोश से भरे हजारों युवक और युवतियों से रूबरू होता हूँ। इनमें से कुछ सफल होते हैं और राष्ट्र सेवा के लिए निकल पड़ते है। पर कुछ मन को छूकर निकलते हैं, इतने करीब से कि आप चाह कर भी उन्हें भुला नही सकते। ऐसे ही दो प्रतियोगी मनोज और श्रद्धा की कहानी इस उपन्यास की प्रेरणा बनी है।

जब कभी आँख बंद करके इन दोनों की कहानी याद करता हूँ तो दुनिया पर भरोसा बढ़ जाता है! कहने वाले लाख कहते रहें कि आजकल दुनिया में प्यार और ईमानदारी का अकाल पड़ा हुआ है; या यह कि आज की दुनिया धोखाधड़ी और बेईमानी पर टिकी है; पर मुझे दुनिया की अच्छाई पर भरोसा बनाए रखने के लिये कुछ उदाहरण काफी लगते हैं।

कुछ स्मृतियाँ साझा करना चाहता हूँ।

पहली स्मृति, एक रात करीब 12 बजे घर की घंटी बजी। यह बात 2005 के सितंबर या अक्टूबर की है। उस समय तक मनोज भारतीय पुलिस सेवा में आ चुका था। वह ट्रेनिंग पर मसूरी में था। घंटी बजने पर हम चौंक गए और मन में उठ रही तमाम आशंकाएँ दबाकर दरवाज़ा खोला। सामने मनोज खड़ा था। मिलते ही उसने पैर छुए और पाँच सौ रुपए का नोट पैर पर रख दिया। बोला– "आज नौकरी का पहला वेतन मिला है। मुझसे रुका नहीं गया। मन हुआ कि आपके पास पहुॅंचूं और यह खुशी आपके साथ बॉटूं।" थोड़ी देर बैठकर वह मसूरी लौट गया ताकि सुबह ट्रेनिंग शुरू होने के पहले ही पहुँच जाए। हम अवाक थे। सैकड़ों सफल विद्यार्थियों से गहरा परिचय रहा था, पर ऐसे जज़्बातों की उम्मीद कभी नहीं की थी। वह पाँच सौ का नोट आज भी सुरक्षित रखा है। नोटबंदी भी उसे हमारी दुनिया से बेदख़ल नहीं कर सकी...

दूसरा स्मृति चित्र! मनोज ट्रेनिंग पूरी करके महाराष्ट्र के एक जिले में तैनात है। श्रद्धा भी भारतीय राजस्व सेवा में शामिल हो चुकी है। एक दिन अचानक मनोज का फोन आया। बोला– "सर, छोटी बहन की शादी करनी है और पैसों की पूरी व्यवस्था नहीं हो पा रही है। क्या आप कुछ महीनों के लिये पचास हज़ार रुपये उधार दे सकते हैं? मैं हर महीने पाँच–दस हज़ार करके लौटा दूंगा।" मैं फिर अवाक था! पहली बार सुन रहा था कि आईपीएस पति और आईआरएस पत्नी मिलकर इतने से धन की व्यवस्था नहीं कर पा रहे हैं!

मुझे लगता है कि हर युवा को इस उपन्यास से गुज़रना चाहिये। सिर्फ इसलिये नहीं कि वे यूपीएससी में सफलता के गुर सीख सकें; या यह समझ सकें कि स्कूल के दिनों में पढ़ाई के प्रति घोर लापरवाह रहने और फेल हो जाने के बावजूद कोई जुझारू व ज़िद्दी इंसान कैसे देश की सबसे शानदार नौकरी का स्वप्न देख सकता है? यह किताब इसलिये भी ज़रूरी है ताकि हमें ज़िंदगी को समझने, जीने और निभाने की कला समझ आए। मेरा दावा है कि इस उपन्यास को ठीक से पढ़ लेने के बाद आप ठीक वही इंसान नहीं रहेंगे जो इसे पढ़ने के पहले थे। आप पाएंगे कि आपके अंदर कुछ बुरा था जो पिघल गया है, कुछ अच्छा था जो मजबूत हुआ है और अब आप ज़िंदगी के प्रति पहले से कुछ ज़्यादा सहज और आशावान हो गए हैं....

अनुराग, इस पुस्तक का लेखक, विद्यार्थी जीवन से ही मुझसे जुड़ा रहा है; 'वाट्सएप पर क्रांति' के बाद यह उसकी दूसरी कृति है और निस्संदेह उसका लेखन बहुत कम समय में काफी परिपक्व हुआ है। मैं इस पुस्तक के लाखों भावी पाठकों की ओर से उसे शुक्रिया कहना चाहता हूँ कि उसने इस कहानी को बेहतरीन अन्दाज़े-बयाँ के साथ उनके सामने रखा; वरना दुनिया में ऐसी कई शानदार चीज़ें हैं जो हमारी नज़रों से ओझल रहकर खत्म हो जाती हैं....

विकास दिव्यकीर्ति

## 1.

मार्च की एक सुबह थी। घर की छत पर सो रहे मनोज के चेहरे पर धूप पड़ने लगी थी। कुछ देर करवट बदलने के बाद वह उठकर बैठ गया। उसने देखा कि उसका दोस्त विष्णु अपनी छत पर गणित के सवाल हल कर रहा था। गणित के सवाल तो मनोज को भी हल करने चाहिए, क्योंकि आज ट्वेल्थ का पहला पेपर गणित का ही है, लेकिन उसे सवाल बिलकुल समझ नहीं आते। फिर भी उसने पास पड़ी गणित की किताब उठाई और पढ़ने की कोशिश करने लगा।

मनोज अपनी तारीफ से बहुत उत्साहित होता है, इसलिए जब उसने देखा कि उसके घर के सामने के कुँए पर मोहल्ले की महिलाएँ पानी भर रही हैं, तो उन्हें प्रभावित करने के लिए वह छत पर टहलते हुए गणित के सवाल ऊँची आवाज में पढ़ने लगा। महिलाओं तक उसकी आवाज पहुँच गई। एक महिला उसकी तरफ इशारा करते हुए बोली– "हमारो मोड़ा बिलकुल ना पढ़त। एक मनोज है, रात भर छत पे लालटेन से पढ़त रहतो।"

अपनी तारीफ सुनने का उसका उद्देश्य पूरा हुआ। उसने व्यर्थ हाथ में पकड़ी किताब किनारे रखकर गुलशन नंदा का उपन्यास 'जलती चट्टान' खोल लिया। रात को एक बजे तक लालटेन की रोशनी में पढ़ने के बाद भी उसके क्लाइमेक्स के कुछ पेज रह गए थे। उसने दस मिनट में उपन्यास पूरा किया और बाहर कुँए पर आ गया। महिलाएँ अभी भी पानी भर रही थीं।

एक बुजुर्ग महिला को कुँए से पानी खीचने में कष्ट हो रहा था। मनोज ने उसका कष्ट देखकर उसकी बाल्टी भर दी। पुरस्कार में उसे महिला का आशीर्वाद प्राप्त हुआ– "लल्ला तू फस्ट से पास होयेगो।"

तब तक उसके सहपाठी विष्णु के पिता पंडित कालीचरण आ गए। गाँव के स्कूल में कक्षा आठ तक गणित पढ़ाने वाले पंडित कालीचरण मनोज और उसकी योग्यता को अच्छे से जानते थे। उसे देखते ही वह बोल पड़े– "परीक्षा की तैयारी कैसी है मनोज? गणित में पास होना मजाक नहीं है।"

फिर पंडितजी ने अपने बेटे विष्णु की तारीफ करना शुरू किया– "मैंने तो विष्णु से कह दिया है कि फर्स्ट डिवीजन से पास नहीं हुआ तो मैं उसकी पढ़ाई बन्द करा दूँगा। पर मैं जानता हूँ विष्णु गणित में होशियार है। उसके मन में पढ़ने की लगन है।"

मनोज इस सच्चाई को नकार नहीं सका। उसने पंडितजी की मदद के उद्देश्य से

उनके हाथ से पानी की बाल्टी ले ली और उनके साथ–साथ चलते हुए उनके बेटे की तारीफ़ की– "ताऊ विष्णु जैसा होशियार लड़का तो पूरे जिले में नहीं है। मुझे तो पूरा भरोसा है कि वो इस बार जिले में फर्स्ट आएगा।" यह कहते हुए मनोज की आँखों के सामने उसके पिता की धुँधली छवि आई और फिर अचानक विलीन हो गई। हल्की टीस उदासी के रंग में उसके चेहरे पर दिखाई दी।

## 2.

मुरैना जिला मुख्यालय से तीस किलोमीटर दूर जौरा तहसील से सटे बिलग्राम में दिन की शुरुआत हो चुकी थी। सामान्य सा यह दिन नया सिर्फ इस बात में था कि आज गाँव के कुछ लड़के लड़कियाँ ट्वेल्थ का पहला पेपर देने जा रहे थे। मनोज जब पंडितजी को उनके घर छोड़कर वापस आया तो उसकी माँ दरवाजे पर दो महिलाओं के साथ बातचीत में मग्न थी। मनोज द्वारा बुलाये जाने पर माँ ने कह दिया– "रूक जा आती हूँ।"

परीक्षा का समय हो रहा था, इसलिए मनोज तैयार होकर परीक्षा देने के लिए निकल गया। बेटे को जाते देख माँ देहरी पर बैठे–बैठे चिंतित होकर बोली– "रुक जा मोड़ा, रजनी ने रोटी ना बनाई का? खाली पेट पेपर देबे मत जा।"

माँ ने रोटी बनाने का काम पन्द्रह साल की बेटी रजनी को सौंप दिया था और खुद को चर्चाओं में व्यस्त कर लिया था। लेकिन मनोज की भूख प्यास आज मर चुकी थी। मनोज ने माँ की चिंता को अनसुना कर दिया और गणित की गाइड हाथ में लिए, बिना कुछ कहे आगे बढ़ गया।

यह गाँव, तहसील को जिले से जोड़ने वाली सड़क के किनारे बसा था, इसलिए आवागमन की सुविधा की दृष्टि से भाग्यशाली था। हर दस मिनट में मुरैना से जौरा और जौरा से मुरैना आने–जाने वाली बसें इस गाँव से गुजरती थीं। सुबह के नौ बजे बिलग्राम की पुलिया पर सवारियों की भीड़ बढ़ने लगी। मनोज पुलिया के पास बने मंदिर में हनुमानजी की मूर्ति के सामने जाकर बुदबुदाया– "हे हनुमानजी! गणित में बेड़ा पार लगा देना, तुम्हारा ही सहारा है।"

हनुमानजी से गणित में पास कराने की प्रार्थना करके जब वह पुलिया पर आया तो वहाँ विष्णु और उसके पिता पंडित कालीचरण पहले से बस का इंतज़ार कर रहे थे।

पुलिया पर बैठे लड़कों में से एक ने मुँह में भरी तम्बाकू को थूकते हुए पूछा – "पंडितजी क्या विष्णु को नकल कराने जा रहे हो जौरा?"

पंडितजी विष्णु को परीक्षा दिलाने ले जा रहे थे। इस तरह का व्यंग्य सुनकर उन्हें पीड़ा हुई। वह नाराजगी के स्वर में बोले– "न तुम लोगों ने कभी स्कूल का मुँह देखा, न किताबें पढ़ीं। तुम लोग क्या जानो पढ़ाई क्या होती है?"

इतना कहकर उन्होंने अपनी नजर घुमाकर उस दिशा की ओर कर ली जहाँ से बस आने वाली थी। लेकिन हार मानना इस गाँव में किसी ने नहीं सीखा था। पुलिया पर बैठे लड़के पंडितजी द्वारा किये गए अपमान से तिलमिला गए।

"पढ़के ना थानेदार होत कोउ, मास्टर बनके ऐसेई स्कूल में गिनती पहाड़े बुलवाएंगे।"– उनमें से एक लड़के ने सड़क के पार बने स्कूल की तरफ इशारा करते हुए कहा।

मनोज ने देखा कि माहौल बिगड़ रहा है तो उसने लड़कों से कहा– "मास्टरी तो बड़ी नौकरी है, मेरी लग जाए तो मजा ही आ जाए।"

"पर उसके लिए ट्वेल्थ पास करना जरूरी है। तुम कैसे करोगे मनोज? सुना है इस साल एसडीएम नकल नहीं होने देगा।"– पुलिया पर बैठे दूसरे लड़के ने मनोज को नई जानकारी दी।

मनोज को उम्मीद नहीं थी कि परीक्षा शुरू होने के पहले इस तरह की बुरी खबर सुनने को मिलेगी। लेकिन उसने अपने मन को दिलासा दिया कि इस तरह से नकल बंद नहीं हो सकती। पिछले कई सालों से विद्यासागर उच्चतर माध्यमिक विद्यालय जौरा में नकल होती आई है। इसी नकल के भरोसे तो उसे ट्वेल्थ पास करने की उम्मीद थी। उसने अपनी दसवीं की परीक्षा भी नकल से ही पास की थी।

तभी धड़-धड़ करता हुआ एक टेम्पो पुलिया पर आकर रुक गया। टेम्पो की आवाज सुनकर मनोज अपने विचारों से बाहर आया। मनोज का दोस्त बल्ले टेम्पो चला रहा था। मनोज, विष्णु और पंडित कालीचरण के साथ टेम्पो में बैठ गया। टेम्पो के पीछे बालाजी बस सर्विस की बावन सीटर बस भी पुलिया पर आकर रुक गई। बस में लगभग सत्तर सवारियाँ भरी हुई थीं। फिर भी उसके बीस साल के दुबले-पतले कंडक्टर को बल्ले का तीन सवारियाँ अपने टेम्पो में बिठाना अखर गया।

कंडक्टर ने बल्ले से दबंग और धमकी भरी आवाज में कहा– "क्यों रे कितनी सवारी बिठायगो रे! तीन सवारी एक्स्ट्रा बिठाए लइ हैं, उतार बिने, बे मेरी सवारी हैं।"

पिछले कुछ महीनों से इस सड़क पर तीन–चार टेम्पो चलने लगे थे। बस

ऑपरेटरों को इस बढ़ती प्रतियोगिता से आर्थिक नुकसान हो रहा था, इसलिए बस और टेम्पो के संघर्ष बढ़ने लगे थे।

"तू काम कर अपनो, जे मेरो गाँव है, बस ना चल पावेगी तेरी।" — बल्ले अपने गाँव में शेर बन गया।

लेकिन बालाजी बस का मालिक धन और राजनीति से ताकतवर था। आरटीओ और थानेदार आर्थिक लाभ के बदले उसे संरक्षण देते थे, इसलिए उसका स्टाफ सीमा से अधिक सवारी ढोना अपना विशेषाधिकार मानता था।

विवाद बढ़ता देख गाँव के कुछ लोग टेम्पो के पास आ गए। गाँव में एकता दिखाने का अच्छा मौका था यह। दुश्मन का पलड़ा भारी होता देख बस में बैठे ड्राइवर ने कंडक्टर को वापस बुला लिया।

अधेड़ उम्र के ड्राइवर ने अपने अनुभव से यही सीखा था कि जब किसी गाँव में अकेले घिर जाओ तो वहाँ से भाग लेना ही सही रणनीति है। बाद में अपने इलाके में इस संघर्ष को घसीटकर लाने की कोशिश करनी चाहिए। कंडक्टर भुनभुनाता हुआ वापस बस में चला गया। लेकिन वह बस के गेट से लटकते हुए बल्ले को भविष्य की चेतावनी देते हुए चिल्लाया– "जा सड़क पे टेम्पो चलावो भुला देंगो, होश में रहिये।"

बल्ले भी कम नहीं था, उसने इस चेतावनी का जवाब ऊँची आवाज में दिया– "गाँव में से बस ना निकाल पावेगो, ध्यान राखिये।" इतना कहकर बल्ले ने टेम्पो का गियर डाला और टेम्पो धड़-धड़ करता जौरा की ओर बढ़ गया।

स्कूल के गेट के पास टेम्पो से उतर कर मनोज और विष्णु स्कूल चले गए और पंडित कालीचरण अपने बेटे को सुरक्षित स्कूल पहुँचाकर अपने किसी रिश्तेदार के घर की ओर रवाना हो गए।

स्कूल के संचालक नरेंद्र सिंह ने बहुत मेहनत के बाद ट्वेल्थ बोर्ड परीक्षा का सेंटर अपने स्कूल में कराया था। अपने स्कूल में सेंटर होने से वह खुलेआम नकल कराने का वादा विद्यार्थियों से कर चुके थे। गणित, अंग्रेजी और साइंस के पेपर में इस एरिये के अधिकांश विद्यार्थी अपने बलबूते पास नहीं हो पाते थे, इसलिए नकल से पास होने की उम्मीद में स्कूल में विद्यार्थियों की संख्या क्षमता से अधिक बढ़ गई थी। विद्यार्थियों के झुंड भय, आश्चर्य और आनन्द के मिले-जुले भाव के साथ स्कूल में प्रवेश कर रहे थे। संचालक नरेंद्र सिंह अपने कमरे की खिड़की से आशीर्वाद भरी नजरों से इन झुंडों को देख रहे थे।

आज नकल कराने का जिम्मा गणित के शिक्षक दुबेजी पर था। नकल कराने के

लिए प्रत्येक क्लास में जाना उनके लिए असुविधा का काम था, इसलिए स्कूल के मैदान में टेंट लगाकर नीचे टाट पट्टियां बिछाई गई थीं, जिस पर परीक्षार्थी बैठ गए थे। घण्टी बज गई। पेपर बट गए। पेपर को एक दो–बार अनजानी निगाहों से देखने के बाद मनोज ने पेपर जमीन पर रख दिया और गणित के सर दुबेजी का इन्तजार करने लगा। दुबेज़ी ऑफिस में बैठकर प्रश्न–पत्र हल कर रहे थे। एक प्रश्न हल करने के बाद उसे ब्लैकबोर्ड पर उतरवाना फिर दूसरे उत्तर की सप्लाई करना मेहनत और योग्यता का काम था।

अभी दुबे सर द्वारा दिया गया पहला उत्तर ब्लैकबोर्ड पर उतारा ही जा रहा था कि स्कूल के बाहर हलचल हुई। एक सफेद रंग की पीली बत्ती लगी बोलेरो स्कूल के कम्पाउंड में आकर रुक गई। पुलिस की वर्दी में पाँच सिपाही सीधे परीक्षा वाले मैदान में पहुंच गए। पुलिस को देखकर दुबे सर पहले तो हड़बड़ाए, फिर उन्हें लगा कि यह तो औपचारिक चेकिंग है जो हर साल पहले पेपर के दिन शासन द्वारा की जाती है, इससे क्या घबराना? पर जब पुलिस के सिपाहियों ने उनकी उम्मीद के विपरीत लड़कों से गाइड, नकल की पर्चियां आदि लेकर एक बोरे में भरना शुरू किया तो उन्हें यह समझते देर नहीं लगी कि मामला गम्भीर है। उन्होंने घबराहट में बीड़ी सुलगा ली और ब्लैक बोर्ड डस्टर से साफ करके भागते हुए स्कूल के संचालक नरेंद्र सिंह के पीछे खड़े हो गए। सभी विद्यार्थियों को भरोसा था कि दस मिनिट की कवायद के बाद पुलिस चली जाएगी, उसके बाद उत्तरों की सप्लाई फिर से शुरू हो जाएगी। इसी भरोसे पर विद्यार्थियों ने धैर्य बनाए रखा।

लेकिन दस मिनिट बीत गए और मामला सेटल नहीं हुआ तो विद्यार्थियों की बेचैनी बढ़ने लगी। उनके ऊपर फेल होने का खतरा मंडराने लगा। आज के इस रंगमंच के केंद्र में खड़े एक युवक की ओर इशारा करते हुए एक लड़का बोला– "जे तो एसडीएम दुष्यंत सिंह है।"

दुष्यंत सिंह ने नरेंद्र सिंह से कहा– "आपको शर्म आनी चाहिए, आप खुलेआम नकल करा रहे हैं।"

घबराये हुए लड़के और अधिक घबरा गए। एक सरकारी अधिकारी की ताकत देखकर मनोज को आश्चर्य हो रहा था। एसडीएम का रौब–रुतबा गजब का था। हमेशा अपनी दबंगई में रहने वाला जौरा थाने का थानेदार कुशवाह भी अपने से आधी उम्र के एसडीएम के सामने हाथ बांधे खड़ा था। नकल के इन्तजार में बैठे लड़के एसडीएम को कोस रहे थे। नरेंद्र सिंह को समझ नहीं आ रहा था कि उनकी नकल की जमी–जमाई सेटिंग एसडीएम ने कैसे बिगाड़ दी? नरेंद्र सिंह ने स्कूली शिक्षा के जॉइंट डायरेक्टर को

फोन लगाकर एसडीएम की करतूत कह सुनाई। जॉइंट डायरेक्टर एसडीएम की कार्य प्रणाली से परिचित था उसने कहा–"दुष्यंत सिंह का कोई इलाज नहीं है। ऐसे अधिकारी ही होते हैं जिन्हें जमी–जमाई व्यवस्था को उजाड़ने में मजा आता है। जौरा के बुरे दिन आ गए।"

मैदान उजड़ गया। विद्यार्थी चले गए। कॉपियां खाली छूट गईं। पर जुझारू मनोज ने अपनी कॉपी खाली नहीं छोड़ी। उसने सुना था कि कॉपी भरने से भी पास हुआ जा सकता है, इसलिए उसने पेपर में पूछे गए सवालों को ही उत्तर पुस्तिका में बार–बार लिख कर उसे भर दिया। वह प्रश्नों के बीच–बीच में 'इति सिद्धम्' लिखता जा रहा था, जिससे यदि चेकर चाहे तो वह 'इति सिद्धम्' मात्र पढ़कर सवाल को सही मान सकता है। अंत में उसने चेकर से निवेदन भी किया कि उसकी दादी का स्वास्थ्य खराब होने के कारण वह ठीक से पढ़ाई नहीं कर सका था, इसलिए यदि उसे पास कर दिया जाए तो वह हमेशा उनका एहसान मानेगा।

## 3.

मनोज की परीक्षा का रिजल्ट अभी नहीं आया था। एक सुबह बल्ले के घर के दरवाजे पर गाँव में क्रिकेट खेलने वाले लड़के जमा हो गए। मनोज भी इस टीम का अच्छा खिलाड़ी माना जाता था। वह शॉट मारने के लिए नहीं, बल्कि बॉल को रोकने में माहिर था। जब टीम जल्दी–जल्दी आउट होती थी, तब वह क्रीज पर जाकर विकेट गिरने से रोक सकता था। बल्ले ने लड़कों से कहा– "आज जौरा में टूर्नामेंट है। सौ रुपए एंट्री फीस है। दस रुपए की बॉल आएगी, इसलिए सबको दस–दस रुपए देने हैं।"

मनोज जानता था कि उसके लिए दस रुपए जुटाना इतना आसान नहीं है। सात महीने पहले अक्टूबर में पापा डिंडोरी से आये थे तब माँ को दस हजार रुपए दे गए थे। सात महीने में सब रुपए खर्च हो गए। तब से न पापा आए न ही उन्होंने तनख्वाह भेजी। मम्मी अब उधार माँग कर घर चला रही है। इसी भरोसे घर चल रहा है कि पापा के आने के बाद सब ठीक हो जाएगा। क्रिकेट की मीटिंग में अचानक मनोज के सामने उसके घर की दीन–हीन और जर्जर दशा का दृश्य आ गया।

घर में घुसने से पहले उसने देखा कि मम्मी पड़ोस की ताई से उनके दरवाजे पर बात कर रही है। छोटा भाई कमलेश घर में नहीं है, या तो वह सड़क किनारे पुलिया पर

बैठा होगा या बिना कहे जौरा निकल गया होगा। निरुद्देश्य आवारा घूमना ही उसका शौक है। मम्मी की बैठक खत्म हो गई थी। उन्हें मजबूरन घर आना पड़ा।

मनोज ने पूछा– "मम्मी दस रुपया दे रही है क्या, मैच खेलबे जानो है?"

मम्मी ने चिढ़ते हुए उत्तर दिया– "मुझ पे ना है पैसा। तेरे बाप ने तो सात महीना से मुँह ना दिखाओ, मैं उधार माँग के घर चलाये रही हों।"

मनोज को लगने लगा कि उसका खेलना अब मुश्किल है। लेकिन मन की निराशा को दूर करते हुए उसने किसी उम्मीद के भरोसे सफेद मटमैले पड़ चुके कपड़े के जूते पहने और लगभग दौड़ते हुए टीम के पास पहुँच गया।

जौरा के मंडी मैदान पर टूर्नामेंट का आयोजन रखा गया था। टीम के बैठने और कमेंट्री के लिए एक टेंट लगा दिया गया था जिसमें पचास प्लास्टिक की कुर्सियां डाल दी गईं थीं। बारह लोगों की टीम में मनोज को छोड़कर सभी ने फीस दे दी थी, इसलिए उसे आज खेलने का मौका नहीं मिला। टीम में जगह न बना पाने के कारण उदास मनोज टेंट के नीचे कुर्सी पर बैठ गया।

कमेंट्री की बागडोर जौरा के दयाल बैंड में गाना गाने वाले पप्पू सिंह के हिस्से में आई। उसने कमेंट्री करना शुरू की– "हैलो माइक टेस्टिंग हैलो। मैच शुरू हो रहा है, मैच का मजा लेने वालों से गुजारिस है कि बैठ जाएं। ए लाल शर्ट! पिच पे मति चले, काली शर्ट! वो गाय घुस रही है मैदान में जल्दी हटा।"– आँखों देखा वर्णन शुरू हो चुका था।

"मैच के मुख्य अतिथि एसडीएम साहब काम में फँसे हैं, इसलिए वे बाद में आवेंगे।"– कमेंट्रेटर ने घोषणा की।

दस ओवर के मैच में टॉस बिलग्राम ने जीता और पहले गेंदबाजी का फैसला किया। विरोधी कैलारस की टीम ने धुंआधार बल्लेबाजी करते हुए दस ओवर में एक सौ बारह रन बना लिए। बिलग्राम की तरफ से बल्ले और प्रकाश ने ओपनिंग की। बल्ले ने पहली दो बॉल पर दो चौके जड़ दिए। तभी टेंट में कुछ हलचल हुई। कमेंटेटर पप्पूसिंह ने उत्साह से घोषणा की–"मुख्य अतिथि एसडीएम साहब आये गए हैं, मैच रोक दो।"

एसडीएम दुष्यंत सिंह ने खेल जारी रखने का संकेत आयोजकों को दिया, पर पप्पूसिंह ने बोलना जारी रखा– "देवेन्द्र अग्रवाल एसडीएम साहब को माला पहनाएँ।"

दुष्यंत सिंह के मना करने पर भी टूर्नामेंट के आयोजक देवेन्द्र अग्रवाल ने इसी उद्देश्य के लिए पास रखी माला उनके गले में डाल दी। दुष्यंत सिंह ने कहा– "अरे भाई! मैच जारी रखिये ये स्वागत आवश्यक नहीं है, मैच डिस्टर्ब होता है।"

मुख्य अतिथि दुष्यंत सिंह कस्बे के इस मैच को गम्भीरता से ले रहे थे। मनोज आज उन्हें नजदीक से देख रहा था। परीक्षा के दिन उनकी नकल रोकने की कार्यवाही से भले ही उसे नुकसान हुआ हो, पर उनके दबंग व्यक्तित्व से वह बहुत प्रभावित हुआ था। उसने खड़े होकर उन्हें नमस्ते किया, उन्होंने भी मुस्कुराकर उसके अभिवादन का उत्तर दिया। मैच फिर शुरू हो गया। उत्साहित पप्पूसिंह ने खेल को देशभक्ति से जोड़ते हुए मोहम्मद रफ़ी की दो लाइन गा दीं– "कर चले हम फ़िदा जान तन साथियों, अब तुम्हारे हवाले वतन साथियों।"

दुष्यंत सिंह को खेल के बीच गाना सुनने से व्यवधान महसूस हुआ, उन्होंने पप्पूसिंह से कहा– "कमेंट्री करो, गाना क्यों गा रहे हो?"

पप्पूसिंह ने आदेश का पालन करते हुए कमेंट्री जारी रखी– "बिलग्राम के दो विकेट गिर गए हैं। आउट होने वाले खिलाड़ी के खेत में भैंस घुस गई थी, इसलिए वे जल्दी में थे।"

इस तरह की कमेंट्री सुनकर दुष्यंत सिंह के चेहरे पर नाराजगी के भाव आ गए। सात ओवर में बिलग्राम के पचपन रन में पाँच विकेट हो गए थे। एक तरफ से बल्ले चालीस रन पर अभी भी खेल रहा था पर दूसरी तरफ से विकेट लगातार गिर रहे थे। मनोज को लग रहा था कि इस समय दूसरे छोर पर वह होता तो विकेट बचा सकता था और उसके गाँव की टीम आज जीत सकती थी, लेकिन दस रुपए के अभाव में उसके गाँव की टीम हार रही थी। वह इसी मानसिक जद्दोजहद में था तभी अचानक पप्पूसिंह ने अपना माइक कुछ देर के लिए उसे थमा दिया और बहुत देर से रुकी हुई पेशाब करने चला गया।

मनोज ने माइक पर अपने मन में चल रही उथल–पुथल को शब्द देने शुरू किये– "इस समय बिलग्राम की टीम बहुत नाजुक स्थिति में है। कप्तान बल्ले की कमजोर रणनीति उनके लिए परेशानी का कारण बन गई है। उनकी अच्छी बैटिंग के बावजूद दूसरे छोर पर विकेट गिर रहे हैं। इस समय एक ऐसे बल्लेबाज की जरूरत है जो दूसरे सिरे पर विकेट रोक कर खेल सके। पर बिलग्राम की टीम में रुककर खेलने वाला कोई बल्लेबाज नहीं दिख रहा।"

कमेंट्री का अंदाज बदल चुका था। मजाक और हँसी की जगह अब कमेंट्री गम्भीर और विश्लेषण परक हो रही थी। दुष्यंत सिंह का ध्यान अचानक बदली कमेंट्री पर गया। वह इस तरह की कमेंट्री से प्रभावित दिखाई दिए। पप्पू सिंह पेशाब करके वापस आ गया। उसने मनोज से माइक ले लिया। तभी दुष्यंत सिंह ने आदेश के स्वर में पप्पूसिंह

से कहा– "उस लड़के को बोलने दो। तुम उधर बैठो।"

मनोज के मैच न खेलने का दु:ख एसडीएम की इस तारीफ से खत्म हो गया। उसने मैच खत्म होने तक उत्साह से कमेंट्री जारी रखी। अंतिम विकेट गिर गया। बिलग्राम की टीम हार गई। सर झुकाये बल्ले और दूसरा खिलाड़ी वापस टेंट की तरफ आ रहे थे। मनोज ने कविता के माध्यम से अपनी बात कही– "लहरों से डरकर नौका पार नहीं होती, कोशिश करने वालों की कभी हार नहीं होती। बल्ले ने अपनी टीम को अकेले जिताने की भरपूर कोशिश की, इसलिए आज का मैच बल्ले के अकेले संघर्ष के लिए याद किया जाएगा। हार के बावजूद बल्ले के लिए ताली बजनी चाहिए।"

मनोज की कमेंट्री के कारण सभी लोग बिलग्राम की हार को भूलकर बल्ले की बैटिंग पर ताली बजाने लगे। उसने अपनी कमेंट्री से अपने गाँव का सम्मान जौरा में बचा लिया।

दोनों टीमों को प्रमाण पत्र बाँटने के बाद एसडीएम ने मनोज से कहा– "तुम अच्छा बोलते हो, शाबाश! क्या नाम है तुम्हारा?"

उसने जवाब दिया– मनोज कुमार शर्मा।

बिलग्राम की टीम बल्ले के टेम्पो में बैठकर वापस अपने गाँव की ओर चल दी। अपनी तारीफ के लिए हमेशा लालायित रहने वाले मनोज की दुष्यंत सिंह ने आज भरपूर तारीफ की थी। एक दीवानापन सा उसके दिल पर छा गया था।

## 4.

मनोज के पिता रामवीर शर्मा को गाँव आये एक महीना हो चुका था। वेतन के रुके पैसे मम्मी को मिल गए थे। मम्मी ने उधार पटा दिए। लेकिन वह पापा की आदत जानती थी कि उन्हें घर की चिंता कभी नहीं रही। नौकरी पर जाते हैं तो महीनों घर नहीं लौटते। अब घर आये हुए भी उन्हें एक महीना हो गया पर नौकरी पर जाने का नाम नहीं ले रहे हैं। राज्य सरकार के कृषि विभाग में कृषि विस्तार अधिकारी के पद पर क्या इतनी छुट्टी मिलती है कि एक-एक महीने नौकरी पर न जाया जाए?

मम्मी ने एक दिन पिता से ऊँची आवाज में पूछ ही लिया– "अब नौकरी पे कब जाबोगे?"

पिता को नौकरी करने के अपने अंदाज पर किसी का हस्तक्षेप पसन्द नहीं था।

उन्होंने उसी ऊंचाई के स्वर में जवाब दिया– "तू काम कर अपना। तू क्या जाने नौकरी कैसे करते हैं? तेरे खानदान में कौन ने करी है नौकरी? गंवार! अनपढ़!"

मम्मी अपने खानदान पर पिता के कटाक्ष से तिलमिला गई– "मेरे खानदान में तो ना करी। पर तुम कैसी नौकरी कर रहे हो, मैं जानती हूँ। साल साल भर गायब रहते। यहाँ कौन के भरोसे छोड़ जाते हमें?"

लेकिन पिता इस तरह की खरी खोटी से डिगने वाले इंसान नहीं थे। वे मम्मी की तरफ ध्यान दिए बिना सरकारी कागजों को पढ़ते रहे। तभी उनका भाई श्यामसुन्दर आ गया। श्यामसुन्दर ने पलंग पर बैठते हुए अपने बड़े भाई रामवीर को सम्बोधित करते हुए कहा– "भाई साहब मनोज फेल है गयो।"

उसे उम्मीद थी कि भाई साहब मनोज के फेल होने की खबर सुनकर दुःखी हो जाएंगे, लेकिन वह अपने भाई की इस सूचना से अप्रभावित रहे, उन्होंने अपने सामने फैले कागज समेट कर पलंग के नीचे रखे सन्दूक में जमाए और उठकर जाने लगे। पिता के इस पलायन को देखकर श्यामसुन्दर ने अपनी खबर को अधिक मसालेदार बनाते हुए फिर से कोशिश की– "हिंदी छोड़ सब विषय में फेल है गयो।"

पिता को देखकर लग रहा था कि उन्हें अपने बेटे के फेल होने की नहीं, किसी अपरिचित के फेल होने की खबर दी जा रही है। सुख, दुख, क्रोध, विषाद से परे उनका चेहरा पूर्ववत जड़ बना रहा। फेल-पास, यश–अपयश, उन्नति-अवनति, हानि-लाभ से परे था उनका व्यक्तित्व। उन्होंने श्यामसुन्दर को अनसुना कर बक्से में छोटा सा ताला लगाया, उसे एक दो बार हिलाकर देखा और बक्से को पलंग के नीचे सरकाकर बाहर जाने लगे। श्यामसुन्दर मनोज के फेल होने जैसे रोचक विषय पर शायद लम्बी चर्चा चाह रहा था, इसलिए उसने फिर से कोशिश की– "गणित, फिजिक्स, केमिस्ट्री में दस नम्बर भी ना छू पायो। अंग्रेजी में पचास में से बारह नम्बर आए हैं।" मजबूत दिल के पिता ने अपने पुत्र की इस प्रोग्रेस रिपोर्ट को भी अनसुना कर दिया।

पिता को चुप देखकर माँ ने बोलना शुरू किया– "मोड़ा फेल है गयो और इनके कान पे जूँ ना रेंगती।"

पिता ने जब यह उलाहना सुना तो वह सिगरेट सुलगाकर पलंग पर बैठ गए। उन्होंने दो तीन लम्बे कश खींचे और श्यामसुन्दर के चेहरे की ओर देखा। श्यामसुन्दर ने अपने बड़े भाई को उनके कर्त्तव्य याद दिलाने शुरू किये– "मैंने तो पहले ही कही थी कि मनोज को अपने साथ ले जाओ। साथ रहेगो तो कछु पढ़ लेगो। गाँव में तो आवारागर्दी ही करैगो। है गयो फेल!"

मनोज आठवीं क्लास तक पिता के साथ ही रहा था। रायपुर, गरियाबंद और फरसाबाद में पूरा परिवार साथ रहा। लेकिन चार साल से मनोज, कमलेश, छोटी बहन रजनी और मम्मी को गाँव में ही रहना पड़ रहा है। पिता उन्हें अपने साथ डिंडोरी नहीं ले गए। मनोज ने पढ़ाई के लिए सबसे जरूरी चार साल गाँव में रहकर बर्बाद कर दिए। कमलेश को पढ़ाई में कोई रुचि नहीं थी। उसने तो आठवीं के बाद ही पढ़ाई छोड़ दी थी, रजनी तो लड़की थी, पिता की नजर में उसे पढ़ाई की कोई जरूरत ही नही थी। पिता को अब श्यामसुन्दर के इस एक तरफा डिस्कशन में बिलकुल रुचि नहीं रही। उन्होंने पलंग पर बैठे-बैठे सिगरेट की राख झाड़ी और भारी आवाज में निष्कर्ष वाक्य बोला– "अगले साल है जाएगो पास।"

इतना कहकर वह लापरवाही और झूमती हुई चाल से सीढ़ियों से उतरने लगे। उतरते–उतरते उन्होंने मम्मी से कहा– "दस बज गए। नाश्ता कब बनावेगी? भूख से मारबे को विचार है का?"

मनोज को जब पता चला कि वह हिंदी को छोड़कर सभी विषयों में फेल हो गया है तो वह दुखी होकर पुलिया के किनारे हनुमानजी के मंदिर में बैठा काफी देर तक आँसू बहाता रहा। हिंदी के पेपर में उसे सौ में से बासठ नम्बर मिल गए थे। हिंदी सरल होने के अलावा उसकी रुचि का विषय भी था। उसे उपन्यास, कविता और कहानियाँ पढ़ने का शौक था। लेकिन हिन्दी अकेले उसका बेड़ा पार नहीं लगा सकती थी। अंग्रेजी ने भी धोखा दिया था। 'माय बेस्ट फ्रेंड' पर एस्से लिखते समय केवल पहली लाइन उसने ठीक लिखी थी– 'माय बेस्ट फ्रेंड इज राकेश' इसके बाद उसे गलत स्पेलिंग और टेन्स का सहारा लेना पड़ा। वह दो तीन लाइन के आगे नहीं लिख पाया।

मंदिर से बाहर निकलकर वह अपने दोस्त राकेश के घर चला गया। दुखी मनोज को राकेश ने सांत्वना देते हुए कहा– "अब तो दिन भर है गयो, कब तक मुँह लटकाये रहेगो?"

विष्णु फर्स्ट डिवीजन से पास हो गया था। उसे अपने पास होने की खुशी थी पर मनोज को सांत्वना देना भी उसकी मजबूरी थी। उसने मनोज से कहा– "मैंने तो पहले ही कही थी कि पढ़ ले। नकल को कोउ भरोसो ना है।"

मनोज ने विष्णु की समझाइश का उत्तर देते हुए कहा– "मोय समझ ही ना आते गणित के सवाल। कैसे पढ़ लूँ?"

तीनों मित्र बातें करते-करते मनोज के दरवाजे के सामने कुँए पर पहुंच गए। कुँए पर महिलाएं पानी भर रही थीं। बूढ़ी महिला ने मनोज से कहा– "ए लल्ला तू आ गयो?

नेकु बाल्टी खेंचि दे।"

मनोज के द्वारा बाल्टी खींचने के बाद आदत के अनुसार बूढ़ी महिला ने अपना रटा–रटाया आशीर्वाद उसे दे दिया– "लल्ला तू फस्ट ते पास होएगो।"

मनोज ने आशीर्वाद सुना तो निराश फीकी हँसी उसके होठों पर आ गई। पास खड़े चाचा श्यामसुन्दर ने भी बुढ़िया का आशीर्वाद सुन लिया। उनसे नहीं रहा गया। उन्होंने आसपास खड़े लोगों को सुनाते हुए तेज आवाज में बोलना शुरू किया– "अरी ताई अब का फस्ट आवेगो। मनोज तो पास ना हो पायो, फस्ट की तो बात दूर।"

मनोज अपने इस सार्वजनिक अपमान से आहत हो गया। लेकिन राकेश के दिमाग में बहुत देर से एक बात रुकी हुई थी। उसने कहा– "मैं तो कह रहों पढ़ाई लिखाई में अब कछु ना धरो। बीए, एमए, चप्पल चटका रहे हैं। तू तो कोऊ काम- धंधो शुरू कर दे।"

मनोज को राकेश का विचार अच्छा तो लगा, पर वह अपने घर की आर्थिक स्थिति जानता था– "राकेश धंधे के लिए लाखों रुपए चाहिए, कहाँ से आएंगे?"

भविष्य के प्रति निराश और अनिश्चित मनोज अपने घर पहुँच गया। उसका छोटा भाई कमलेश सुबह से गायब था। माँ अपने छोटे बेटे के इस तरह गायब होने से परेशान थी। माँ ने पिता से अपनी चिंता व्यक्त की तो उन्होंने कहा–"सवेरे आ जाएगो परेशान ना हो, तू रोटी बना।"– इतना कहकर पिता निश्चिन्त भाव से छत पर टहलने चले गए।

अगले दिन सुबह सात बजे कमलेश आ गया। वह अपने किसी दोस्त के यहाँ जौरा चला गया था।

## 5.

कमलेश जौरा से खाली हाथ लौटकर नहीं आया था बल्कि विचारों की नई रौशनी लाया था। वह परिवार को पटरी पर लाने की एक अभूतपूर्व योजना पिता को बता रहा था– "बल्ले न्यू ब्रांड टेम्पो खरीद रहो है, इसलिए अपनों पुरानों टेम्पो बेच रहो है। चालीस हजार में। महीना के आठ–दस हजार कहूँ ना गए। मैं चला लेंगो।"

मनोज जानता था कि ट्वेल्थ फेल हो जाने के बाद उसे अब कोई भी नौकरी नहीं मिल सकती। उसे अब किसी काम–धंधे के बारे में ही सोचना चाहिए, इसलिए उसे कमलेश की योजना उपयोगी लगी। उसके आसपास के सभी लड़के यही सब काम तो

कर रहे हैं। कोई टेम्पो चला रहा है, कोई इलेक्ट्रीशियन का काम कर रहा है, जिसके पास कुछ पैसा अधिक है उसने जौरा में किराने की दुकान खोल ली, एसटीडी का चलन बढ़ रहा था तो किसी ने एसटीडी बूथ डाल लिया और जिनके पास जमीन थी, वे खेती कर रहे हैं। मनोज के पिता और चाचा दोनों के पास खेती के नाम पर केवल तीन बीघा जमीन ही थी, जिसमें साल भर के लिए खाने लायक गेहूं के अलावा कुछ नहीं होता था, इसलिए धंधे के अलावा उनके पास कोई दूसरा विकल्प नहीं था।

लेकिन पिता के पास टेम्पो खरीदने के पैसे नहीं थे। उन्होंने बहाना बनाया– "टेम्पो चला के घर की इज्जत बिगाड़ोगे? पढ़ो लिखो परिवार है हमारो।"

पिता का इनकार सुनकर दोनों बेटे चुप हो गए। पर माँ ने पिता से लोहा लेने का मन बना लिया– "वाह बहुत इज्जत है तुम्हारी। घर-घर जाके उधार मांगती हों, तब इज्जत ना जावते। मोड़ा मेहनत करके कछु करबो चाह रहे हैं तो जे मदद करबे की जगह टांग अड़ा रहे हैं।"

माँ का उलाहना सुनकर पिता ने मौन साध लिया।

अगले दिन सुबह जब माँ ऊपर कमरे में गई तो उसने देखा कि पिता बैग में कपड़े जमा रहे हैं। पिता को कपड़े जमाते देख वह ठगी रह गई। उसे लग रहा था कि वह पिता को टेम्पो खरीदने के लिए मनाने की कोशिश करेगी। पर पिता जो पिछले सवा महीने से नौकरी पर ध्यान दिए बिना घर पर टिके हुए थे, उन्होंने आज अचानक वापसी की तैयारी कर ली। पिता ने कहा– "बहुत काम पेंडिंग है ऑफिस में। मैं अब निकलतों। जल्दी रोटी बना। खाके जाओंगो।"

माँ को पिता पर बहुत क्रोध आ रहा था। लेकिन जाते समय पिता को कुछ सुनाना उसे उचित नहीं लगा। पिता नौकरी पर चले गए। ऐसा लग रहा था कि पिता के जाने के साथ ही टेम्पो खरीदने की योजना पर विराम लग गया है।

लेकिन कमलेश के अगली सुबह फिर से जिद करने पर माँ ने कहा– "बाप तो तेयो एन मौका पे भजि गयो। अब मों से का चाहत है। मैं कहाँ से चालीस हजार रुपया ले आऊँ।"

बहुत देर चर्चा होने के बाद निष्कर्ष निकला। माँ बोली– "दस हजार तो मो पे रखे हैं। तीस हजार पंडित कालीचरण से उधार मिल जावेंगे। जेवर रखे हैं, गिरवी रख देऊंगी।"

चालीस हजार में बल्ले का सेकेण्ड हैंड टेम्पो आ गया। उम्मीद और आत्मविश्वास से भर गया पूरा परिवार। कमलेश ड्राइविंग सीट पर बैठ गया। किराया इकट्ठा करने की

जिम्मेदारी कंडक्टर मनोज को मिली। मनोज ने सवारियों को आकर्षित करने के लिए आवाज लगाना शुरू किया– "छैरा, भर्रा, बागचीनी, मुरैना।" थोड़ी देर में मुरैना की पाँच सवारियां मिल गईं। टेम्पो सवारियां लिए मुरैना की ओर बढ़ गया।

व्यवसाय की शुरुआत अच्छी रही। रात को घर आकर मनोज ने आज की कमाई के दो सौ रुपए माँ को दे दिए। माँ दोनों बच्चों के इस तरह पैसे कमाकर लाने के कारण भावुक हो गई। दिन भर की मेहनत के बाद मनोज का चेहरा रूखा हो गया, बाल धूल से सन गए, शर्ट मटमैली हो गई, होंठ पपड़ा गए। बच्चों की हालत देखकर माँ की आँखों में आँसू आ गए। मनोज ने माँ को रोते हुए देखा तो उसे गले लगा लिया।

उसने कहा– "चिंता काय कर रही है। अब तेरे मोड़ा कमान लगे हैं।"

लगभग एक महीने तक टेम्पो चलता रहा। रोज शाम को दो सौ–ढाई सौ रुपए दोनों बेटे कमाकर लाते रहे। माँ को लगा यदि इसी तरह टेम्पो चलता रहा तो जल्दी ही उधार पटा दिया जाएगा। फिर एक–दो साल में नया टेम्पो ले लेंगे। पिता की अनदेखी के कारण उसे अपने बच्चों से उम्मीद होने लगी थी कि उनकी मेहनत से यह घर फिर से सम्हल जाएगा।

आज टेम्पो जैसे ही बागचीनी चौराहे पर पहुंचा, वहाँ पुलिस की चेकिंग चल रही थी। सिपाही ने मनोज को टेम्पो साइड में लगाने का आदेश दिया। मनोज ने लाइसेंस और रजिस्ट्रेशन दिखाते हुए सिपाही से पूछा– "क्या बात है दीवान जी? हमें क्यों रोका है? कागज तो पूरे हैं टेम्पो के।"

सिपाही ने कहा– "थानेदार साहब का आदेश है, उनसे जाकर पूछो।"

सिपाही टेम्पो को स्टार्ट कर दो सौ मीटर दूर सड़क के किनारे बने बागचीनी थाने में ले जाने लगा। मनोज और कमलेश टेम्पो के पीछे दौड़ लगा रहे थे। तभी पास से बालाजी बस सर्विस की बस निकली उसका कंडक्टर दरवाजे से अपना सर निकालकर जोर से चिल्लाया– "काय रे! कही थी ना, जा रोड पे टेम्पो चलावो भुला देंगो। अब चला टेम्पो।"

यह वही कंडक्टर था जिसका झगड़ा बल्ले से हुआ था। वह टेम्पो को पहचान गया था। मनोज ने जब उस कंडक्टर की बात सुनी तो समझ गया कि वे लोग बस ऑपरेटरों के षड्यंत्र का शिकार हो गए हैं।

थानेदार पचपन साल का पका हुआ थानेदार था। मनोज ने डरते हुए थानेदार से कहा– "सर मेरे टेम्पो के सारे कागज सही हैं, फिर भी टेम्पो को थाने में बन्द कर दिया है।"

थानेदार ने दीवान को आदेश दिया– "दीवान जी बाहर फरियादी बैठा है, उसे ले आओ।"

दीवान एक बीस साल के युवक के साथ वापस आ गया। रात के अँधेरे में सेंधमारी करने वाले इस युवक का नाम दिनेश था जो कि पुलिस का मुखबिर भी था। थानेदार ने दिनेश से पूछा– "बता दिनेश क्या फरियाद लेकर आया है?"

दिनेश ने जैसे रटा हुआ वाक्य बोलना शुरू किया– "मैं और मेरा दोस्त मोटर साइकिल से जा रहे थे। पीछे से इसके टेम्पो ने टक्कर मार दी। मेरा दोस्त जमीन पर गिरकर बेहोश हो गया, उसको बागचीनी के प्राथमिक स्वास्थ केंद्र में भर्ती करके आपके पास आया हूँ।"

थानेदार ने मनोज को देखकर कहना शुरू किया– "सुन लिया तूने? एक तो सड़क पर एक्सीडेंट करता है। ऊपर से जबान चलाता है।"

मनोज रुँआसा होते हुए बोला–"ये आदमी झूठ बोल रहा है। हमसे कोई एक्सीडेंट नहीं हुआ।"

थानेदार अब अपने असली रूप में आ चुका था– "चुप साले! बन्द करो दोनों को अंदर। जेल में सड़ोगे तब पता चलेगा कि एक्सीडेंट किया है कि नहीं?"

बालाजी बस सर्विस के मालिक से प्राप्त फीस के बदले थानेदार ने अपना काम बखूबी कर दिया था। मनोज और कमलेश के पैरों तले जमीन खिसक गई। दोनों के आँसू बहने लगे, पर थानेदार नहीं पसीजा। दोनों को दीवान ने लॉक–अप में बंद कर दिया। दोनों का रो–रोकर बुरा हाल हो रहा था। वे डर के मारे काँप रहे थे, उन्हें समझ नहीं आ रहा था कि अब कहाँ जाएँ? किससे मदद मांगें?

दो घण्टे बाद दीवान ने उनसे कहा– "तुम दोनों को रात भर थाने में बन्द नहीं कर रहे हैं, यही गनीमत है। थानेदार साहब बहुत रहम दिल हैं, अब जाओ। लेकिन अब यह टेम्पो तो कोर्ट से ही मिलेगा।"

कोर्ट से छूटने के इन्तजार में कई टेम्पो थाने के बाहर खड़े कबाड़ में तब्दील हो रहे थे। दोनों समझ गए कि अब कोर्ट से छूटने का मतलब है कि उनका टेम्पो भी यहाँ खड़े–खड़े कबाड़ हो जाएगा।

थाने से छूटने के बाद दोनों अपनी जान बचाकर भागे। दोनों का पुलिस से यह पहला सामना था। उनके लिए थाना रक्षक नहीं, भक्षक बना था। रात हो गई थी, इसलिए अब कोई बस या टेम्पो सड़क पर नहीं था। दस किलोमीटर पैदल चलकर दोनों अपने गाँव पहुँच गए। निराश, दुखी, टूटे हुए, पराजित से। आँखें आँसुओं से अब भी भरी हुई

थीं। माँ को देखकर मनोज फूट–फूट कर रो पड़ा, घटना सुनकर माँ की आँखों में भी आँसू आ गए। घर को पटरी पर लाने की उम्मीद, जो कुछ दिनों से बन रही थी, अचानक चकनाचूर हो गई।

पर माँ ने हिम्मत नहीं हारी, उसने मनोज को दिलासा दिया– "सब ठीक हो जाएगो, तू चिंता न करे।"

रात भर मनोज छत पर पड़ा रहा। उसे नींद नहीं आई। जागता रहा वह सारी रात।

## 6.

रात बीत चुकी थी। सुबह हो चुकी थी। कल की बेबसी ने जो आँसू बहाये थे, वह सूख चुके थे। जिन सपनों को लेकर नया व्यवसाय शुरू किया गया था, वह सपना टूट गया था। पिछले एक महीने में आर्थिक रूप से कमजोर परिवार को सम्हालने की कोशिश की जा रही थी, पर अचानक सब बिखर गया। मनोज चाहता था कि कोई उसके मन में उमड़–घुमड़ रहे तूफ़ान को थाम ले। वह अपने दोस्त राकेश के घर चला गया। उसने बिना भूमिका के अपने मन के क्रोध को राकेश से कहना शुरू किया– "जो लोग मेहनत करके ईमानदारी से दो वक्त की रोटी कमाना चाहते हैं, उनको ही पकड़ के थाने में बन्द कर दिया जाता है। पुलिस ऐसा सुलूक करती है जैसे हम चोर–लुटेरे हों। जिसके पास पाँच–पाँच बसें हैं, पैसा है, क्या सड़क उनके बाप की है? गरीब अपना टेम्पो न चलाये?"

इतना कहकर मनोज ने राकेश को कल की पूरी कहानी कह सुनाई। राकेश ने मनोज को अधिक गम्भीर होते देखा तो वह माहौल को हल्का करने की कोशिश करने लगा– "कोई नई बात बता। जे तो सब जानतें। आज तेरे साथ घटना घट गई तो तू परेशान है रहो है। रोज जेई लड़ाई झगड़ा है रए हैं। गरीब एसेई पिस रहो है।"

मनोज के मन का विद्रोह और भड़क गया– "पर ये तो गलत है ना! जो ईमानदारी से, मेहनत से अपना काम कर रहा है, उसे क्यों सताया जाता है?"

राकेश ने जीवन का व्यवहारिक ज्ञान सपाट तरीके से मनोज को देने की कोशिश की– "मनोज इसीलिये आदमी मेहनत करतो, अपने मोड़ा मोड़ियनें पढ़ावतो, नेता पुलिस से दोस्ती करतो। तुमाये पास पैसा होते तो थानेदार के मुँह पे मारते। तुम्हें नेता, विधायक कलेक्टर, एसपी जानते तो वे थानेदार से तुमारी सिफारिस कर देते। पर तुम हो

ठन–ठन गोपाल। कोई न जानतो तुम्हें, न तुम जानते काहू को।

मनोज को यह कड़वी बात पसन्द नहीं आई– "मतलब पुलिस की कोई जिम्मेदारी नहीं है कि झूठे केस न बनाये, गरीबों पर अत्याचार न करे।"

वह नियम और सिद्धांत की बात ही पकड़े हुए था। लेकिन राकेश ने कठोर सच्चाई उसके सामने रख दी– "तेरे जैसे लोग गाड़ीबाजी ना कर सकत। सवारी बिठाने के चक्कर में गोली भी चल सकती है। पिछले महीना जौरा पुलिया पे चली ना हती गोली? एक टेम्पो वाले की जांघ में घली हती। तू रहन दे। लड़ाई, झगड़ा, पुलिस कचहरी, सड़क पे मारपीट, जे तेय बस के ना हैं।"

मनोज कल से जिस घटना के कारण इतना परेशान था उस घटना को राकेश ने बहुत ही चलताऊ और रोजमर्रा की घटना मान लिया। पर थानेदार की शक्ल याद कर करके मनोज को रह–रह कर क्रोध आ रहा था– "पर मैं उस थानेदार को भूल नहीं सकता।"

राकेश भी अपने सिद्धांत पर डटा रहा– "तो ना भूल, सब थानेदार ऐसे ही होत हैं, राजा हरिश्चंद्र ना होत।"

"कुछ अच्छे भी होंगे, जो सही काम करते होंगे, झूठे केस नहीं बनाते होंगे। कानून के रक्षक होंगे।" मनोज के मन ने कल्पना की।

मनोज की व्यथा अन्धकार में प्रकाश की खोज कर रही थी। कहीं से वह आश्वासन चाहता था कि न्याय की पक्षधरता अभी ज़िंदा है। पर राकेश उसे यह तसल्ली किसी तरह देने को तैयार न था– "अच्छे थानेदार मैंने तो ना सुने। पर मैंने सुनो है कि एसडीएम दुष्यंत सिंह गरीबन की सुनतो है। ईमानदारी से काम करतो है। बड़ी तारीफ सुनी है। तू तो एसडीएम दुष्यंत सिंह से मिल ले। हो सकत है टेम्पो छूट जाए।"

मनोज को राकेश की यह सलाह पसन्द आई। दुष्यंत सिंह के नाम से उसे उम्मीद दिखने लगी।

## 7.

जौरा तहसील कार्यालय में भीड़ बढ़ने लगी थी। मनोज और कमलेश अपना टेम्पो छुड़वाने के लिए एसडीएम दुष्यंत सिंह से मिलने तहसील पहुँच गए। मनोज को समझ नहीं आ रहा था कि वह टेम्पो छुड़वाने के लिए कैसे सिफारिश करेगा? संकोच के कारण

उसकी हिम्मत नहीं हो रही थी। दुष्यंत सिंह तो उसकी कमेंट्री की तारीफ कर रहे थे, उसे योग्य मान रहे थे। टेम्पो की सिफारिश करने पर तो उसकी असलियत ही खुल जाएगी। मनोज यह सोच ही रहा था कि दरबान ने उसे एक पर्ची पकड़ा दी जिस पर अपना नाम और एसडीम से मिलने का कारण लिखना था। उसने पर्ची पर अपना नाम लिख दिया, लेकिन 'मिलने का कारण' कॉलम में 'टेम्पो छुड़वाना है', ऐसा वह नहीं लिख सका। उसे लग रहा था कि ऐसा लिखने से दुष्यंत सिंह उसे मिलने के लिए अंदर बुलायेंगे ही नहीं। मनोज उनकी नजर में योग्य ही बना रहना चाहता था, इसलिए उसने पर्ची पर मिलने का एक अलग ही कारण लिख दिया– "कैरियर और पढ़ाई पर चर्चा करना है।"

मनोज को लगा कि ऐसा लिखने से दुष्यंत सिंह उसे पढ़ाई में होशियार स्टूडेंट समझेंगे और उससे अच्छे से बात करेंगे। उसने सोचा कि मौका मिलते ही वह उनसे टेम्पो छुड़वाने की बात भी कर लेगा। मनोज इसी उधेड़बुन में गेट पर खड़ा था कि उसे अंदर बुला लिया गया। अंदर उसने देखा कि दुष्यंत सिंह एक ऊँचे डाइस के पीछे बैठे हैं। उनका रीडर आज के केस की फाइलें उनकी टेबल पर रख रहा है।

दुष्यंत सिंह ने मनोज को देखकर अपने स्टाफ से कहा– "ये मनोज है, जौरा का बेस्ट कमेंट्रेटर। प्रशासन और वकीलों के बीच होने वाले अगले सन्डे के मैच में मनोज ही कमेंट्री करेगा।"

मनोज को उम्मीद नहीं थी कि उसे इतनी इज्जत मिलेगी। उसका मन गर्व से भर गया। कमलेश भी अपने मन की ख़ुशी छुपा न सका और फुसफुसाते हुए उसके कान में बोला – "मुझे लगतो है के अपनों टेम्पो छूट जाएगो। एसडीएम तो तोय जानतो है!"

मनोज ने उसे चुप रहने का इशारा किया। तभी दुष्यंत सिंह ने कहा– "आज पहली बार कोई मेरे पास बिना सरकारी काम के आया है। नहीं तो यहाँ बन्दूक के लाइसेंस या जुआ–सट्टा में पकड़े लोगों को छुड़ाने की सिफारिश के लिए ही लोग आते हैं।"

इतना कहकर वह हँसते हुए फाइल देखने लगे। रीडर फाइल की ओर इशारा करता हुआ बोला– "सर यह बागचीनी थाने का केस है, शान्ति भंग करने का।"

बागचीनी थाने के थानेदार यादव ने शान्ति भंग करने के अपराध में एक चालीस साल के आदमी को पकड़ लिया था। एक दिन के अरेस्ट के बाद आगे प्रतिबंधात्मक कार्यवाही के लिए उसे एसडीएम कोर्ट में प्रस्तुत किया। एसडीएम को यह निर्णय लेना था कि पकड़ा गया व्यक्ति वास्तव में अपराधी है या नही? दोनों भाइयों ने देखा कि बागचीनी थाने का थानेदार एसडीएम को सेल्यूट करके खड़ा रहा बैठा तक नहीं। इसी थानेदार ने टेम्पो पकड़ रखा था। इसी थानेदार की शिकायत लेकर दोनों आए थे।

एसडीएम ने थानेदार से पूछा– "बताइये थानेदार साहब क्या मैटर है?"

थानेदार ने कहना शुरू किया– "सर मुल्जिम मुकेश ने कल अपने मोहल्ले में अपने पड़ोसी नरेश के घर के सामने देसी कट्टे से दो फ़ायर किये। पुलिस चाहती है कि लोक शान्ति भंग करने वाले मुकेश को जेल भेज दिया जाए।"

"कोई गवाह है तुम्हारे पास"– एसडीएम ने थानेदार से पूछा।

"जी सर।"– इतना कहकर थानेदार ने गवाह को बुलाया।

गवाह को देखकर दोनों भाई चौंक गए। कमलेश ने मनोज से कहा– "जे तो वोई दिनेश है। टेम्पो से एक्सीडेंट की झूठी शिकायत इसी ने की थी। अब मैं समझो, जे आदमी तो थानेदार को पालतू कुत्ता है। झूठी गवाही देके केस बनावतो। मतलब आज को केस भी झूठो है। मुकेश बुरो फँसो। थानेदार तो अब मुकेश को जेल पहुँचा के मानेगो।" – आरोपी मुकेश पर दोनों को दया आने लगी।

दिनेश ने एसडीएम के सामने अपनी रटी रटाई गवाही दे दी– "सर मैं शाम को मजदूरी करके साइकिल पर जा रहा था। तभी मैनें देखा कि इस आदमी ने एक घर के सामने देसी कट्टे से फायर कर दिया।"

मनोज की इच्छा हुई कि वह एसडीएम से कह दे कि यह गवाह झूठा और मक्कार है, इसका काम ही है झूठी गवाही देना। थानेदार भी बहुत बेईमान और लालची है, झूठे केस में लोगों को फँसाता है। पर वह कुछ कह नहीं पाया। एसडीएम ने आगे की कार्यवाही जारी रखते हुए आरोपी मुकेश से पूछा– "तुम्हें अपनी सफाई में कुछ कहना है मुकेश या तुम्हें जेल भेज दे?"

एसडीएम की बात सुनकर थानेदार के चेहरे पर चमक आ गई। लेकिन मुकेश डर के मारे थरथर काँपने लगा। घबराये हुए मुकेश ने हाथ जोड़कर निवेदन किया,– "सर मैंने कोई अपराध नहीं किया। मेरी पत्नी और बेटी से पूछ लीजिये।"

एक औरत और सत्रह अठारह साल की लड़की भी कमरे में आ गई थी। औरत ने रोते हुए कहा– "हुजूर ये बिलकुल निर्दोष हैं। वो तो नरेश ने धमकी दी थी की इन्हें जेल भिजवा के दम लेगा। साल भर पहले नरेश को दस हजार रुपए उधार दिए थे। कई बार मांगने पर भी उसने वापस नहीं दिए, अब पुलिस में फंसाये दये हमें।"

मनोज को इस केस में अपना केस नजर आने लगा। जिससे बाहर निकलने का कोई रास्ता थानेदार ने नहीं छोड़ा था।

औरत की बात सुनकर एसडीएम ने गवाह से पूछताछ शुरू की– "गवाह दिनेश थोड़ा आगे आ जाओ, तुम्हारी शक्ल ठीक से नहीं दिख रही।"

दिनेश ने अपनी पतली शुतुरमुर्ग जैसी झुकी हुई गर्दन ऊँची की पर उसकी आँखें एसडीएम से नहीं मिल पा रही थीं।

उन्होंने कठोरता से पूछा– "गर्दन ऊपर करके जवाब दो। महीने में कितने घरों में चोरी करते हो?"

दिनेश के चेहरे पर पसीना छलक आया। कुछ देर पहले तक निश्चिन्त खड़ा थानेदार भी असहज महसूस करने लगा। मनोज को समझ नहीं आया कि एसडीएम केवल शक्ल देखकर दिनेश की असलियत कैसे जान गए? उनकी तीक्ष्ण बुद्धि और आदमी की पहचान पर मनोज को आश्चर्य हुआ।

मुकेश की तरफ इशारा करते हुए एसडीएम ने दिनेश से पूछा– "कहाँ गोली चलाई थी इसने?"

"सर नरेश के घर पर"– दिनेश ने कहा।

क्या तुम नरेश को पहले से जानते थे ?"– एसडीएम।

"नहीं हुजूर।" – दिनेश ने जवाब दिया।

"फिर तुम्हें कैसे पता कि वह नरेश का घर है?"– दुष्यंत सिंह ने दिनेश से पूछा।

इस प्रश्न से सकपकाए दिनेश ने थानेदार की तरफ देखा। थानेदार के पास भी कुछ कहने को नहीं था। दुष्यंत सिंह के सवालों के चक्रव्यूह में झूठा गवाह दिनेश फँस गया था। उसकी कलई खुल गई। मनोज को अब सच्चाई जीतती हुई दिख रही थी। थानेदार की बेईमानी और षड्यंत्र पराजित होता हुआ दिख रहा था।

दुष्यंत सिंह ने अब थानेदार से कहा– "यादव जी आप भी जानते हैं और मैं भी जानता हूँ कि यह केस आपके द्वारा रचा गया झूठा केस है। इस गवाह ने कोई भी घटना होते हुए नहीं देखी, यह झूठ बोल रहा है।"

इतना सुनते ही मनोज की इच्छा हुई कि खड़े होकर तालियां बजा दे। आज एक ईमानदार सरकारी तन्त्र ने एक बेईमान सरकारी तन्त्र को कटघरे में खड़ा कर दिया था। टेम्पो पकड़े जाने के बाद से उसके मन में यही बात चल रही थी कि गरीबों और कमजोरों का कौन रक्षक होगा? यदि किसी के पास पुलिस को देने के लिए पैसा नहीं है तो उसे कभी भी थाने में बन्द कर दिया जाएगा? आज दुष्यंत सिंह ने गरीबों पर होने वाले अत्याचार को एक झटखे में खत्म कर दिया। कोई तो है जो ढाल बनकर खड़ा है सच्चाई के पक्ष में, झूठ के विरुद्ध।

दुष्यंत सिंह ने अपने रीडर को ऑर्डर लिखवाया– "केस समाप्त किया जाता है। मुकेश ने कोई अपराध नहीं किया है उसे छोड़ा जाए। इस गवाह पर झूठी गवाही का केस

चलाने के लिए पुलिस को निर्देश दिया जाता है। पुलिस विभाग को लिखा जावे कि थानेदार यादव पर फेब्रिकेटेड केस के लिए डिपार्टमेंटल इन्क्वायरी चलाई जाए।"

इतना कहकर उन्होंने केस की ऑर्डरशीट पर साइन करके फाइल रीडर के पास अपनी टेबल के नीचे पटक दी। मनोज इस केस को देखकर अभिभूत हो गया। उसे उम्मीद नहीं थी कि इतनी जल्दी कोई व्यक्ति सच और झूठ का निर्णय कर सकता है। इतनी जल्दी किसी झूठे और मक्कार आदमी को सजा मिल सकती है। इतनी जल्दी किसी सच्चे और मजबूर आदमी को न्याय मिल सकता है। वह अपने टेम्पो की सिफारिश को भूल गया। वह तो आनन्द और आश्चर्य की अलग ही दुनिया में पहुँच गया था।

"मनोज तुम अपने कैरियर के बारे में बात करना चाहते थे।"– दुष्यंत सिंह उसके आने का कारण भूले नहीं थे।

"जी सर।" मनोज ने जैसे किसी स्वप्न से जागते हुए कहा।

"क्या लक्ष्य है तुम्हारा मनोज, तुम क्या बनना चाहते हो?"– दुष्यंत सिंह ने पूछा।

"सर मैं आप जैसा बनना चाहता हूँ।"– दुष्यंत सिंह के सम्मोहन के जादू में बंधे मनोज के मुँह से निकल पड़ा। पर ट्वेल्थ फेल मनोज को पता नहीं था कि कैसे बनते हैं एसडीएम? वह तो बस उस पद के आकर्षण में बंध सा गया था।

"बहुत बढ़िया। लक्ष्य हमेशा ऊँचा बनाना चाहिए। अगर कोई ठान ले तो कुछ भी असम्भव नहीं। किस क्लास में पढ़ते हो तुम?"– कुछ देर पूर्व सपनीली डगर पर ले जाने वाले मनोज को दुष्यंत सिंह ने अचानक कठोर कांटों वाले यथार्थ पर ला पटका।

"सर अभी–अभी बारहवीं की परीक्षा पास की है।"– मनोज ने अपने आदर्श से झूठ बोल दिया। उसे लगा कि यदि उसने सच बोला कि कुछ दिन पहले ही वह ट्वेल्थ में फेल हुआ है और टेम्पो छुड़वाने की सिफारिश करने आया है तो शायद वह उसे अपने पास बैठने के लिए भी नहीं कहते। अपनी हीनता को झूठ के सहारे वह मिटाना चाह रहा था।

"मनोज स्टेट सर्विस में जाने के लिए पीएससी की परीक्षा देनी पड़ती है। पीएससी में सिलेक्ट होकर डिप्टी कलेक्टर बनते हैं। सबडिवीजन में काम करने वाले डिप्टी कलेक्टर को एसडीएम कहते हैं।" – दुष्यंत सिंह ने बहुत सरल तरीके से उसे समझाया।

"सर कैसे पास करते हैं पीएससी?" मनोज किसी रहस्यमयी राह पर आगे बढ़ रहा था।

"अपनी पसंद के दो विषय लेकर परीक्षा देनी पड़ती है। साथ में जनरल नॉलेज का भी पेपर होता है।" – दुष्यंत सिंह ने कहा।

मनोज को यह जानकर अच्छा लगा कि पीएससी में गणित और अंग्रेजी का बहुत बड़ा रोल नहीं है। दुष्यंत सिंह ने बताया कि उन्होंने मेकेनिकल से इंजीनियरिंग करने के बाद हिन्दी साहित्य और इतिहास विषय लेकर पीएससी परीक्षा पास की थी। इसके बाद वह पीएससी की परीक्षा पद्धति और पढ़ाई के तरीके के बारे में देर तक मनोज को बताते रहे। कुछ महीने पहले ट्वेल्थ में फेल हुए निराश मनोज को दुष्यंत सिंह ने दूर झिलमिलाता हुआ धुंधला सा कोई सपना सौंप दिया। उस सपने को मन में बसाए वह अपने घर लौट आया। टेम्पो को छुड़ाने की कोई सिफारिश नहीं हो पाई। कमलेश पूरे रास्ते उसको गालियां देता रहा।

## 8.

उत्साहित मनोज राकेश के घर पहुँच गया। विष्णु भी वहीं बैठा हुआ था। मनोज ने अपने मन की इच्छा राकेश से कह दी– "राकेश मेरी इच्छा दुष्यंत सर जैसा एसडीएम बनने की है।"

राकेश भैंस का गोबर उठाकर डलिया में डालते हुए मनोज से बोला– "तो बन जाएगो उसमें कौन सी बड़ी बात है। ऊपर से कोउ ना आवतें। आदमी ही बनते हैं एसडीएम।"

विष्णु को कुछ दिन पहले ही ट्वेल्थ फेल हो चुके मनोज के मुँह से इतनी बड़ी इच्छा सुनकर हँसी आ गई। वह जोर–जोर से ताली बजाकर हँसने लगा। फिर उसने दोनों को सुनाते हुए कहा– "मनोज तू अपनी औकात में रहकर बात कर, डिप्टी कलेक्टर तो बहुत बड़ी बात है, तू तो क्लर्क भी नहीं बन सकता। ट्वेल्थ पास कर नहीं पाए तुम, चले डिप्टी कलेक्टर बनने। आदमी को उतने बड़े सपने ही देखने चाहिए, जितनी उसकी हैसियत हो।"

विष्णु ने मनोज के मन में पल रहे सपने को चकनाचूर करने की कोशिश की। यह बात सुन मनोज का स्वप्न भंग हो गया, उसे लगा कि जो लड़का ट्वेल्थ में ही फेल हो गया हो, क्या उसे इतने बड़े सपने देखने का हक है? निराश मनोज सिर झुकाकर बैठ गया।

लेकिन राकेश विष्णु की बातों से अप्रभावित रहा, उसने गोबर की दूसरी खेप डलिया में डालते हुए कहा– "मैं तो अब भी यही कहोंगो के आदमी मेहनत करेगो तो

कछु भी बन सकतो है।"

विष्णु को राकेश की बात में अपनी पराजय महसूस होने लगी। उसने राकेश पर व्यक्तिगत आक्रमण करने का मन बना लिया– "राकेश तू क्या जाने पढ़ाई लिखाई की बातें, तू तो गोबर उठा। मैं ट्वेल्थ में फर्स्ट क्लास पास हुआ हूँ, जब मैं डिप्टी कलेक्टर बनने की नहीं सोच पा रहा तो ये ट्वेल्थ फेल मनोज कैसे बन पाएगा डिप्टी कलेक्टर? लाखों लोग बैठते हैं परीक्षा में, तब बड़ी मुश्किल से पन्द्रह बीस डिप्टी कलेक्टर बनते हैं।"

विष्णु की बात सुनकर मनोज के मन में कुछ देर पहले आया उम्मीद का झिलमिलाता प्रकाश अचानक दूर हो गया। विष्णु ने अपने विचारों से मनोज के मन में कुछ देर पहले उठे उत्साह के तूफान को ठंडा कर दिया।

"मैं तो अनपढ़ गँवार हूँ। मोय तो जो समझ आतो है बोल देत हों। तू बुरो ना मान विष्णु।" – राकेश ने पराजय स्वीकार करने के भाव से कहा।

अपनी विजय से प्रसन्न विष्णु ने मनोज को सलाह दी– "देख मनोज तू इस जनम में तो ट्वेल्थ पास कर ना पावेगो, इसलिए मैं तुझे सही सलाह देता हूँ, अपने गाँव में नाश्ते की अच्छी दुकान नहीं है। समोसे, मंगोड़े और जलेबी की बहुत डिमांड है गाँव में। टेम्पो चलाने से अच्छा काम है मंगोड़े बनाना। कुछ दिन जौरा के बाबूलाल मंगोड़े वाले के यहाँ ट्रेनिंग ले, फिर गाँव में ही अपनी दुकान खोल लेना।"

राकेश की भैंस खेत में चारा खाने गई थी। भरपेट चारा खाने के बाद वह गर्दन हिलाते हुए घर वापस आ गई। भैंस के पीछे–पीछे उसका बच्चा भी उछलता हुआ आ गया। राकेश ने विष्णु के उतावलेपन को कम करने के उद्देश्य से कहा– "विष्णु तू परेशान ना हो। सब ठीक हो जाएगो। तू एक काम कर, रूपा को खूंटा से बाँध दे, तब तक मैं इसके बच्चे को पानी पिलाये देत हों।"

अपनी विजय से प्रसन्न विष्णु भैंस को खूंटे से बाँधने लगा। भैंस ने राकेश के स्थान पर अपरिचित विष्णु को देखा तो बिगड़ गई। उसने अपनी गर्दन हिलाई और विष्णु को सींग मारने के लिए झपटी। विष्णु इस अप्रत्याशित आक्रमण से सम्हल नहीं पाया और पीठ के बल गिर पड़ा। राकेश और मनोज को भी इस तरह की दुर्घटना की आशंका नहीं थी, पर जब उन्होंने देखा कि विष्णु जमीन पर चित्त पड़ा है तो दोनों ने लपक कर उसे उठा लिया। विष्णु की साँसे तेज चलने लगीं। होश में आते ही उसने पूरी घटना का जिम्मेदार राकेश को घोषित कर दिया और उसे खरी खोटी सुनाने लगा।

राकेश ने मन्द–मन्द मुस्कुराते हुए अपनी सफाई दी– "शुरू में दो–तीन बार तो

मुझे भी पटक दिया था रूपा ने। पर धीरे–धीरे पहचानने लगी। अब तो इतनी होशियार हो गई कि खेत से चारा खाके इतनी दूर अकेले घर आ जाती है।" इतना कहकर राकेश भैंस की गर्दन पर हाथ फेरता रहा। भैंस काफी देर तक राकेश का प्यारा स्पर्श महसूस कर अपनी गर्दन हिलाती रही।

"विष्णु जे भैंस भी लगातार अभ्यास से अपने घर पहुँचने को रास्ता पहचानना सीख गई। जानवर भी लगातार एक ही काम करते–करते सीख जात हैं, हम तो फिर भी आदमी हैं। आदमी के लिए कुछ भी काम कठिन ना है, करत–करत अभ्यास से जड़मति होत सुजान, रसरी आवत जात से सिल पर होत निसान।"– राकेश ने एक आक्रामक विराम के बाद अपने मन में बहुत देर से रुकी हुई बात बचपन में पढ़े दोहे के माध्यम से कही।

विष्णु को उम्मीद नहीं थी कि अनपढ़ राकेश भैंस के उदाहरण से पढ़ाई और सफलता के सिद्धांत की बात समझाएगा। मनोज के मन में छाई घोर निराशा के बीच एक बार फिर उम्मीद की किरण फूट पड़ी। वह घर चला गया, रात भर वह छत पर लेटा सुदूर सपनों में खोया रहा।

## 9.

जून। गर्मी और उमस से भरे दिन। मनोज एक हाथ में थैला लटकाये रिश्ते के एक चाचा मूलचंद के साथ ग्वालियर की सड़क पर चला जा रहा है। दोपहर की चिलचिलाती धूप में वह पसीने से तरबतर हो गया है। लेकिन उसका मन आशा से भरा है। मूलचंद चाचा अपने साले त्रिलोकी के कमरे पर पहुँच गए।

चाचा ने त्रिलोकी से कहा– "त्रिलोकी, मनोज एमएलबी कॉलेज से बीए करेगा। तुम इसका एडमीशन करवा देना।"

त्रिलोकी एमएलबी कॉलेज में बीए सेकेंड ईयर का स्टूडेंट था, उसने आश्वासन दिया– "जीजा जी आप चिंता मत करो, मनोज को मैं अपने साथ ही रख लूँगा और इसका एडमीशन भी करा दूँगा।" त्रिलोकी की बात से संतुष्ट होकर मूलचन्द वापस चले गए।

गणित से ट्वेल्थ में फेल होने के बाद मनोज ने दोबारा ट्वेल्थ की परीक्षा इतिहास, हिन्दी साहित्य राजनीति शास्त्र विषय लेकर पचपन प्रतिशत से पास कर ली थी। अंग्रेजी

में पासिंग मार्क्स आ गए थे। ग्वालियर आते समय माँ ने उसे दो हजार रुपए दे दिए थे। पिता पिछले एक साल में केवल एक बार गाँव आए थे। टेम्पो कोर्ट के आदेश के इन्तजार में अभी भी थाने के बाहर पड़ा हुआ था।

मनोज का एडमीशन एमएलबी कॉलेज में हो गया। कॉलेज अचलेश्वर मंदिर के पास अंग्रेजों के जमाने की एक भव्य बिल्डिंग में स्थित था। त्रिलोकी ने बताया कि अटल बिहारी वाजपेयी भी इस कॉलेज के छात्र रहे हैं। मनोज इतने बड़े और प्रसिद्ध कॉलेज में पढ़ने के कारण अपने आप को खुशनसीब मान रहा था। त्रिलोकी का कमरा ललितपुर कॉलोनी में शंकर चौक के पास था, जहाँ से कॉलेज नजदीक ही था। मनोज त्रिलोकी के कमरे पर ही रहने लगा ।

कॉलेज में पढ़ाई का अच्छा माहौल था। शुरू में सब विद्यार्थी एक–दूसरे से अपरिचित थे लेकिन धीरे–धीरे चेहरे जाने–पहचाने लगने लगे। मनोज ने देखा कि कॉलेज में दो तरह के लड़के हैं। एक वे जो आसपास के गाँव से आए हैं। विकास भदौरिया, रविकांत द्विवेदी इसी वर्ग के छात्र थे। दूसरा वर्ग उन लड़कों का था जो ग्वालियर के ही रहने वाले थे। आर्थिक रूप से यह लड़के गाँव के लड़कों से अधिक समृद्ध थे। ये लड़के स्कूटर या हीरोपुक से कॉलेज आते थे। अमित दीक्षित और मनीष इस वर्ग के छात्र थे। इन छात्रों की एक खासियत और थी। ये सभी छात्र पहले गणित और बायोलॉजी के छात्र थे। पीईटी और पीएमटी में असफल होकर बीए के मैदान में कूदे थे।

आज क्लास खाली थी। पेड़ के नीचे चबूतरे पर इन दोनों ग्रुप के लड़कों का ज़मावड़ा लगा हुआ था। सभी का परिचय आपस में हो चुका था पर आज लड़कों के इतिहास पर चर्चा चल निकली। किसी ने पूछा तो शहरी लड़के मनीष ने जवाब दिया– "ट्वेल्थ में मेरा बायोलॉजी सब्जेक्ट था। सेवेन्टी पर्सेंट आए थे मेरे। पर मेडिकल एंट्रेस में नहीं हुआ, इसलिए बीए करने लगा। मैं अब पीएससी की तैयारी करूंगा।"

विकास भदौरिया ने अपने कैरियर की अलग प्लानिंग की थी, उसने अपने घुंघराले बालों पर हाथ फेरते हुए कहा– "मेरा सपना है टीवी पर रिपोर्टिंग करना। देश दुनिया की बड़ी खबरों को कवर करने वाला रिपोर्टर बनना चाहता हूँ मैं। एक दिन तुम लोग मुझे जरूर टीवी पर देखोगे।"

भदौरिया की बात सुनकर मनोज ने उसे उत्साहित करते हुए कहा– "तुम जरूर बनोगे, मेरी शुभकामनाएं तुम्हारे साथ हैं।"

मनोज की शुभकामनाएं सुनकर भदौरिया ने उत्साहित होते हुए कहा– "धन्यवाद

मनोज भाई !"

रविकांत द्विवेदी इंग्लिश लिटरेचर का विद्यार्थी था। वह लेक्चरर बनना चाहता था। अब मनोज की बारी थी। उसने सोचा कि यहाँ तो सभी लड़के होशियार हैं, अधिकतर तो ट्वेल्थ में फर्स्ट क्लास रहे हैं। एक तो वह गाँव से आया है, वैसे ही उसे ये शहरी लड़के सीरियसली नहीं ले रहे होंगे। यदि वह यह बता दे कि ट्वेल्थ में आर्ट में उसके पचपन प्रतिशत थे और उसके पहले एक बार गणित में वह फेल हो चुका है तो इतने होशियार लड़कों के ग्रुप में उसे खड़ा भी नहीं होने दिया जाएगा। अच्छे लड़कों का साथ ही उसकी तरक्की का रास्ता बनाएगा, ऐसा वह जानता था। इसलिए उसने अपने दोस्तों से कहा– "ट्वेल्थ मैंने भी गणित से किया है पर पर्सेंट थोड़े कम रह गए थे। पैसठ पर्सेंट आये थे।"

मनोज की हिम्मत सत्तर पर्सेंट तक नहीं पहुँच पाई। उसने पैंसठ पर्सेंट से संतोष किया और महसूस किया कि वह इस ग्रुप के नजदीक आ गया है। वह जानता था कि यहाँ कोई किसी की मार्कशीट नहीं देखेगा, इसलिए झूठ बोलने के बाद भी पोल खुलने का कोई खतरा नहीं है।

एक शहरी लड़के अमित दीक्षित ने तो जैसे धमाका कर दिया। उसने सभी को सम्बोधित करते हुए कहा– "पीएससी का स्तर मेरे लायक नहीं है। मैं तो आईपीएस बनूँगा। मेरी पर्सनेलिटी पर तो पुलिस की वर्दी ही सूट करती है। रोमांच चाहता हूँ मैं लाइफ में।"

सब लड़के आश्चर्य से अमित का चेहरा देखने लगे। वहाँ खड़े लड़कों को अमित में भविष्य का वर्दी पहने पुलिस कप्तान नजर आने लगा। मनोज अमित की बात सुनकर बहुत प्रभावित हुआ। तभी किसी की भारी आवाज लड़कों को सुनाई दी– "आप लोग क्लास के वक्त यहाँ बातें क्यों कर रहे हैं?"

सामने कॉलेज के प्रिंसिपल गोविन्द प्रसाद शर्मा खड़े हुए थे। उनके शब्द कोमल किन्तु भारी थे। जब कोई लड़का अपनी जगह से हिला–डुला नहीं और किसी के मुँह से डर के मारे कोई आवाज नहीं निकली तो भदौरिया ने हिम्मत की–"सर आज पॉलिटिकल साइंस के सर छुट्टी पर हैं, इसलिए उनका पीरियड खाली है।"

प्रिंसिपल सर जानते थे कि लड़के यदि इस तरह खुले मैदान में पेड़ के नीचे चर्चा करते रहेंगे तो कॉलेज में जो क्लास चल रही हैं उनको व्यवधान होगा तथा इन लड़कों को भी फ्री समय में गप्पें लगाने का शौक लग जाएगा, इसलिए प्रिंसिपल सर इस आदत को ही विकसित नहीं होने देना चाहते थे। उन्होंने कहा– "आप लोग क्लास रूम में

चलिए। मैं आता हूँ।"

क्लास में पहुँचकर मनोज ग्रुप के सबसे स्मार्ट और सबसे महत्वाकांक्षी लड़के अमित के साथ बैठ गया। उसकी इच्छा अमित से दोस्ती करने की होने लगी। लेकिन अमित ने गाँव से आए दुबले–पतले मनोज से मित्रता करने में ज्यादा रुचि नहीं दिखाई, वह मनोज के पास से उठा और शहरी लड़के मनीष के पास जाकर बैठ गया। मनोज उसके इस व्यवहार से मन मसोसकर रह गया।

प्रिंसिपल सर ने क्लास में आकर बातों में वक्त बर्बाद नहीं किया और लड़कों को सीधे पढ़ाना शुरू करते हुए पहला प्रश्न किया– "क्या आप लोगों में से कोई मार्क्सवाद के बारे में कुछ जानता है?"

सब चुप। गणित और बायोलॉजी में ट्वेल्थ पास लड़कों को मार्क्सवाद के बारे में कुछ नहीं पता था। कुछ देर पूर्व आईपीएस बनने की इच्छा रखने वाला अमित दीक्षित भी मार्क्सवाद के बारे में कुछ नहीं जानता था। पूरी क्लास में सन्नाटा था। मनोज ने मार्क्सवाद के बारे में ट्वेल्थ के राजनीति विज्ञान में पढ़ा था। मार्क्सवाद के बारे में प्रिंसिपल सर को बताकर वह न केवल क्लास की नजर में, बल्कि प्रिंसिपल सर की नजर में भी अपनी योग्यता सिद्ध कर सकता था। उसके लिए यह अच्छा मौक़ा था। उसने हिम्मत करके अपना हाथ खड़ा किया तो प्रिंसिपल सर ने कहा– "चलो इतनी बड़ी क्लास में कोई तो है जो मार्क्सवाद के बारे में कुछ जानता है। क्या नाम है तुम्हारा?"

मनोज ने प्रिंसिपल सर के साथ साथ पूरी क्लास को अपना नाम बताया– "मनोज कुमार शर्मा।"

प्रिंसिपल सर ने कहा– "बहुत बढ़िया मनोज। बताओ क्या जानते हो तुम मार्क्सवाद के बारे में?"

मनोज ने बताया– "सर दुनिया में अमीर और गरीब दो वर्ग हैं। अमीर वर्ग अपने लालच के लिए गरीब वर्ग का शोषण करता है, इसलिए गरीब वर्ग को अपने अधिकार अमीरों से छीन लेना चाहिए, यही कार्ल मार्क्स कहते हैं।"उसे जितना और जैसा भी याद था, वह बता दिया।

प्रिंसिपल सर ने कहा– "दोस्तों यहाँ अमीर वर्ग को पूंजीपति और गरीब वर्ग को सर्वहारा कहा गया है। वेरी गुड मनोज बैठ जाओ।"

इसके बाद प्रिंसिपल सर ने आधा घण्टा मार्क्सवाद पर लेक्चर दिया। मनोज मन्त्रमुग्ध सा सुनता रहा। घण्टी बजने पर क्लास समाप्त हो गई। रविकांत द्विवेदी और भदौरिया ने उसे आज की उपलब्धि पर बधाई दी। भदौरिया ने मजाक में कहा– "मनोज

यार मुझे तो लगता है हम अलग–अलग गाँवों से आने वाले लड़के सर्वहारा वर्ग के हैं और ग्वालियर के मूलनिवासी स्कूटर मोटरसाइकिल से आने वाले स्मार्ट लड़के पूंजीपति वर्ग के है, आज तुमने क्लास में सर्वहारा वर्ग की नाक ऊँची कर दी।" भदौरिया द्वारा की गई इस तारीफ़ से मनोज का चेहरा ख़ुशी से चमकने लगा।

## 10.

ग्वालियर में मनोज के शुरुआती महीने स्थायित्व खोजने में ही बीत रहे थे। फीस और किताबों के बाद उसके घर से लाए पैसे भी खत्म होने लगे। तीन महीने उसे त्रिलोकी के साथ रहते हुए हो गए थे। त्रिलोकी के कमरे में उसका एक रूम पार्टनर केशव भी रहता था, इसलिए उस कमरे में दो की जगह तीन लोग हो गए। एक कमरे में तीन लोगों के रहने से त्रिलोकी को कोई कष्ट नहीं था। लेकिन उसके रूम पार्टनर केशव के विचार इतने सुलझे हुए नहीं थे। त्रिलोकी का रिश्तेदार होने के कारण केशव मनोज से अलग कमरा लेने के लिए सीधे–सीधे कह नहीं पा रहा था लेकिन वह चाहता था कि मनोज कहीं दूसरी जगह कमरा देख ले। केशव बीएससी कर रहा था, वह ज्यादातर समय किताब हाथ में लिए बैठा रहता था। बीएससी करने के कारण वह बीए करने वाले मनोज को पढ़ाई में कमजोर मानता था। एक दिन केशव ने मनोज से कह ही दिया– "मनोज, तुम अपने लिए जल्दी अलग कमरा देख लो। तीन लोगों के एक कमरे में रहने से मेरी पढ़ाई डिस्टर्ब होती है।"

मनोज ने केशव को आश्वासन दिया कि वह जल्दी ही अलग कमरा किराए पर ले लेगा। लेकिन जब त्रिलोकी को इस बात का पता चला तो उसने केशव को आड़े हाथों लिया – "केशव तीन लोग आराम से रह सकते है कमरे में। मनोज ग्वालियर में नया है, इसलिए पहले साल तो ये मेरे साथ ही रहेगा।" त्रिलोकी ने मनोज को अपनी जिम्मेदारी मानते हुए केशव से स्पष्ट कह दिया। त्रिलोकी के निर्णय के विरोध में केशव कुछ नहीं कह पाया लेकिन वह मनोज से चिढ़ने लगा।

एक सुबह त्रिलोकी को किसी काम से अपने गाँव जाना पड़ा। मनोज कॉलेज चला गया। केशव अकेला कमरे पर रह गया। कॉलेज में एक पीरियड खाली था। मनोज और रविकांत द्विवेदी ग्राउंड में एक बेंच पर बैठकर इंग्लिश विषय को बीए में चुनने को लेकर चर्चा करने लगे।

रविकांत ने इंग्लिश के लाभ गिनाने शुरू किए– "मनोज आजकल इंग्लिश के बिना कुछ भी नहीं हो सकता। इंग्लिश बहुत जरूरी है।"

मनोज इंग्लिश के नाम से ही घबराता था। उसने प्रतिवाद किया– "लेकिन पीएससी में तो इंग्लिश की बहुत ज्यादा जरूरत ही नहीं पड़ती।"

रविकांत ने दृढ़ता से कहा–"पर जिंदगी में पड़ती है और किसने कहा कि तुम पीएससी में सिलेक्ट हो ही जाओगे। अगर पीएससी में नहीं हुए तो हिंदी का झुनझुना तुम्हारा पेट भी नहीं भर पाएगा। इंग्लिश आपके लिए नौकरी के कई ऑप्शन खोल देती है। आप ट्यूशन पढ़ा सकते हैं। किसी भी स्कूल–कॉलेज में इंग्लिश पढ़ाने वाले लोगों की डिमांड ज्यादा होती है।" मनोज ने जब यह यथार्थ सुना तो घबरा गया। उसने पीएससी में सिलेक्ट न हो पाने के बाद की परिस्थिति पर विचार नहीं किया था।

रविकांत ने कहना जारी रखा– "भाई मनोज आप पहले ही आर्ट जैसे अनुपयोगी सब्जेक्ट लेकर गलती कर चुके हैं। इन सब्जेक्ट के दम पर मार्केट में चार पैसे नहीं कमा सकते। अब कम से कम इंग्लिश बची है जिसे अच्छे से सीखकर अपना भविष्य कुछ तो सुरक्षित कर सकते हो।"

मार्केट आधारित भविष्य के हिसाब से उसने कुछ भी गलत नहीं कहा था, इसलिए रविकांत से प्रभावित होकर उसने हिंदी साहित्य और इतिहास के साथ बीए में एक सब्जेक्ट इंग्लिश लिटरेचर रखने का निर्णय ले लिया।

चर्चा में शाम के चार बज गए। कमरे पर पहुँचकर उसने देखा कि वहाँ ताला लगा हुआ है। वह वहीं बैठकर केशव का इन्तजार करने लगा। इन्तजार करते करते दो घण्टे बीत गए तो उसे केशव की चिंता होने लगी। पास ही रहने वाले केशव के एक दोस्त के घर जाकर मनोज को पता चला कि वह तो अपने गाँव डबरा चला गया है।

## 11.

ललितपुर कॉलोनी में त्रिलोकी के कमरे का ताला अब भी बन्द था, उसकी चाबी केशव अपने साथ ले गया था। उसके लिए समस्या यह थी कि वह रात को कहाँ जाएगा? इतने बड़े शहर में इतने सारे मकानों के बीच मनोज रात को रुकने के लिए एक अदद छत ढूंढ रहा था, पर कोई आसरा उसे दिख नहीं रहा था। उसे भूख लग आई थी। उसकी जेब में बीस रुपए ही बचे थे। उसने बीस रुपए के दो छोले भटूरे खा लिए। अब बड़ी और

भारी रात बितानी थी। मनोज को राजपूत बोर्डिंग में रहने वाला भदौरिया याद आ गया। वह राजपूत बोर्डिंग चला गया लेकिन वहाँ जाकर पता चला कि भदौरिया बोर्डिंग में नहीं है वह अपने गाँव भिंड गया है। अब कोई रिश्तेदार या दोस्त पूरे ग्वालियर में मनोज का नहीं था जहाँ वह रात बिता सके। मनोज कॉलेज के बाहर अचलेश्वर मंदिर के पास बैठ गया। आज उसे महसूस हो रहा था कि रहने के लिए एक कमरा कितनी बड़ी उपलब्धि होती है। अचलेश्वर मंदिर के पास फुटपाथ पर कुछ भिखारी बैठे हुए थे। मनोज देर तक फुटपाथ पर बैठे इन भिखारियों को देखता रहा।

कमजोर औरतें, बूढ़े बीमार आदमी, मैली गठरियों को अपने पास रखे फुटपाथ पर सोने की तैयारी में थे। मनोज उन्हें देखकर अपना कष्ट भूल गया। वह तो आज पहली बार बेघर हुआ है, ये गरीब भिखारी तो रोज ऐसे ही रहते हैं। ये लोग क्या सोचते होंगे? क्या इच्छाएं होंगी इनकी? इनके लिए सुख क्या होता है? एक दो दुधमुंहे बच्चे अपनी माँ की छाती से चिपके हुए थे। क्या ये बच्चे भी जब बड़े हो जाएंगे तब ऐसे ही फुटपाथ पर सोएंगे? अपने कष्ट को भूलकर वह इन तमाम प्रश्नों में डूब गया, पर उसे इन प्रश्नों का कोई उत्तर नहीं मिल रहा था।

धीरे–धीरे सब भिखारी सो गए लेकिन मनोज की आँखों में नींद नहीं थी। आज वह इन बेघरबार भिखारियों का सहयात्री था। उसकी वेदना आज इन भिखारियों की वेदना से घुल–मिल गई थी। वह सोचता रहा कि क्या वह कभी इस काबिल हो पाएगा जब इन लोगों के दुखों को दूर कर सके?

सारी रात उसकी जागते हुए कट गई। अपने कष्ट को भूलकर वह रात भर इन गरीब और मजबूर लोगों के बारे में सोचता रहा। सुबह उसने पास ही नल पर जाकर मुँह धोया, पानी पिया और कटोरा तालाब के पार्क में जाकर बैठ गया। रात भर जागते रहने के कारण थके हुए मनोज को कटोरा तालाब की बेंच पर नींद आ गई। दो घण्टे सोने के बाद उसकी थकान कुछ कम हुई। अगले पूरे दिन वह कई बार कमरे पर गया। हर बार वहाँ ताला ही लगा मिला। अब उसके पास एक भी पैसा नहीं बचा था। उसने दूसरा पूरा दिन कॉलेज में गुजार दिया और रात भूखे पेट कटोरा तालाब की बेंच पर करवटें बदलते हुए बिता दी।

बेघरबारी का तीसरा दिन मनोज के लिए बहुत कठिन होने वाला था। गाँव जाने के लिए भी उसके पास पैसे नहीं थे। वह सुबह सात बजे ही कमरे पर पहुँच गया। पर कमरा अभी भी बन्द था। उसने ताले को पकड़कर हिलाया लेकिन ताला हिलने से नहीं खुलने वाला था। निराश होकर वह कॉलेज चला गया। लेकिन थकान और भूख के कारण उसकी हिम्मत क्लास में जाने की नहीं हो रही थी। वह ग्राउंड में बेंच पर बैठ गया।

बेंच पर बैठे–बैठे उसने विचार किया कि ऐसी तकलीफें तो आएंगी ही। इन्हीं कठिनाइयों को तो पार करना है। इस विपरीत समय में भी मुझे धैर्य नहीं खोना है। मुझे पढ़ाई करना ही है चाहे कुछ हो जाए। अचानक उसने अपने भीतर हिम्मत महसूस की। वह उठा और तेज कदमों से क्लास की ओर चल पड़ा। उसके बाद उसने लगातार तीन क्लास अटेंड की। उसने तय किया कि वह किसी के सामने रोएगा नहीं, गिड़गिड़ाएगा नहीं। किसी दोस्त से मदद नहीं मांगेगा। उसे लग रहा था कि इसी संघर्ष के रास्ते पर चलकर वह अपने जीवन में कुछ करने लायक बन पाएगा। उसे अब इस संघर्ष में अजीब सी संतुष्टि होने लगी थी।

रात हो गई। दो दिन से मनोज के पेट में अन्न का एक दाना भी नहीं गया था। भूख से बेहाल मनोज के शरीर में ताकत नहीं बची थी। उसे लग रहा था कि अब यदि उसे भोजन नहीं मिला तो वह चक्कर खाकर जमीन पर गिर जाएगा। चलते–चलते वह ललितपुर कॉलोनी में सावित्री भोजनालय के सामने पहुँच गया। होटल के काउंटर पर एक तीस साल का युवक बैठा था, जो सावित्री भोजनालय का मालिक था। मनोज ने काउंटर पर बैठे मालिक से पूछा– "मेरे पास पैसे नहीं हैं, क्या मुझे मजदूरी के बदले आपके यहाँ भोजन मिल सकता है?"

मनोज के इस वाक्य में निवेदन नहीं, बल्कि भरोसा था। जैसे वह अपना हक माँग रहा हो। भोजनालय के मालिक ने उसे ऊपर से नीचे तक देखा। दुबले–पतले मनोज के चेहरे पर दाढ़ी थी, ढीले ढाले पेंट शर्ट गन्दे हो गए थे, चेहरा कमजोर था, आँखें अंदर को धँस गई थीं। होटल मालिक ने कुछ सोचकर जवाब दिया– "होटल में काम करने के लिए तो मेरे पास पहले से ही वर्कर हैं।"

होटल मालिक की बात सुनकर मनोज निराश नहीं हुआ, उसने किसी उम्मीद के भरोसे कहा– "मेरे लिए भोजन जरूरी है। पैसे न होने के कारण मैं मजदूरी करके भोजन करना चाहता हूँ।"

होटल मालिक के यहाँ सैकड़ों लड़के खाना खाने आते थे। कईयों के पास समय पर देने के लिए पैसे नहीं होते थे, वे उधार भी खाते थे। कई बार उधार वापस मिलता भी नहीं था। कई बार लड़के पैसा न होने पर रोनी सूरत बनाकर फ्री में भी खा जाते थे। होटल मालिक लड़कों की रग–रग से वाकिफ था। लेकिन ऐसा कोई लड़का अथवा इस तरह का कोई प्रस्ताव इस होटल में पहले कभी नहीं आया था। होटल मालिक ने नौकर को आवाज लगाई– "इन भाई साहब को एक थाली लगाओ।"

मनोज के सामने दाल, आलू गोभी की सब्जी, पाँच रोटी और चावल से सजी

थाली आ गई। वह खाना खाने लगा। उसका दिमाग सुन्न हो गया था। आज का भोजन साधारण नहीं था। भोजन पाने का आज का तरीका भी साधारण नहीं था। रोज कितनी आसानी से भोजन मिलता है। कितना कठिन होता है पेट भर भोजन मिलना, यह आज मनोज को महसूस हो रहा था। उसकी आँखों में आँसू आ रहे थे जिन्हें वह रोक रहा था। वह होटल मालिक की इंसानियत पर भी भावुक हो रहा था। भोजन करने के बाद वह होटल मालिक के पास गया– "धन्यवाद! अब आप मेरा काम बताइए। मैं कुछ भी काम कर सकता हूँ।"

होटल मालिक फिर मनोज से रूबरू हो रहा था– "आपने खाना खा लिया है, आपको इसके बदले मजदूरी करने की जरूरत नहीं है।"

तभी होटल में मनोज के कॉलेज का दोस्त रविकांत द्विवेदी आ गया। पूछने पर होटल मालिक ने उसे पूरी कहानी कह सुनाई। कारण जानकर उसने खाने के तीस रुपए निकालकर होटल मालिक की तरफ बढ़ा दिए। पर मनोज भोजन के बदले मजदूरी करने पर अड़ा रहा। इस सीन को अब होटल में उपस्थित प्रत्येक व्यक्ति देख रहा था। एक दाढ़ी वाला कमजोर सा लड़का खाना खाने के बदले मजदूरी करने की जिद पर अड़ा हुआ है, होटल मालिक उससे मजदूरी कराने को तैयार नहीं है, एक दूसरा लड़का थाली की कीमत तीस रुपए निकाल कर अपने हाथ में पकड़ा है। बड़ा अजीब दृश्य था। रविकांत को भी नहीं पता था कि कॉलेज में सीधा सरल सा दिखने वाला मनोज इतना जिद्दी है।

मनोज जैसे किसी नशे में बोल रहा था। उसका दिमाग जैसे एक जगह आकर अटक गया था। उसको नहीं पता था कि यह जिद उसके भीतर क्यों और कैसे आ गई? उसने होटल मालिक से फिर कहा– "यदि मुझे काम नहीं करने दिया जाएगा तो मैं यहीं खड़ा रहूँगा। आप होटल बन्द कर देंगे तो होटल के बाहर खड़ा रहूँगा। तब तक खड़ा रहूँगा जब तक आप मुझे काम करने की अनुमति नहीं दे देते।"

तीन दिन सड़क पर बिताने के कारण उसे अभ्यास हो गया था। वह कह सकता था कि वह होटल के बाहर तब तक खड़ा रहेगा, जब तक उसे काम करने की अनुमति नहीं मिल जाती। होटल मालिक के पास अब कहने को कुछ नहीं रहा। रविकांत को समझ नहीं आ रहा था कि वह क्या करे? वह अपने हाथ में तीस रुपए लिए खड़ा था। होटल में उपस्थित कुछ लोग इस दृश्य पर हँस रहे थे। कइयों को मनोज में एक बेवकूफ अथवा अति आदर्शवादी लड़का नजर आ रहा था। होटल मालिक ने हारकर नौकर से कहा– "इन भाईसाहब को अंदर ले जाओ। ये बर्तन साफ करेंगे।"

नौकरों को अजीब लगा। इस होटल में कई लोग फ्री खाकर चले गए। कई उधार

खाकर वापस नहीं आए। पर होटल मालिक ने कभी किसी से बर्तन नहीं धुलवाए। होटल मालिक का यह व्यवसाय था, पर उसने कभी भी पढ़ने वाले लड़कों को पैसों के लिए परेशान नहीं किया। फिर भी उसका होटल उसे बहुत कमाकर देता था। पर आज होटल मालिक को इस नौजवान की जिद ने मजबूर कर दिया। होटल मालिक ने एक बार वही बात दोहराई तो नौकर मनोज को अंदर ले गया। मनोज ने अंदर जाकर आधा घण्टे तक बर्तन साफ किये। रविकांत होटल में बैठकर उसके बाहर आने का इन्तजार करता रहा। मनोज ने वापस आकर होटल मालिक से कहा – "भोजन के लिए आपका बहुत–बहुत धन्यवाद।"

उसकी आँखों में चमक थी। होटल मालिक अपनी कुर्सी से उठा और काउंटर से बाहर आ गया। मनोज को उसने दरवाजे तक छोड़ा और जाते समय हाथ मिलाने के लिए अपना हाथ बढ़ा दिया। मनोज ने होटल मालिक से हाथ मिलाया। होटल मालिक कुछ बोलना चाह रहा था पर बोल न सका। रविकांत उसे अपने कमरे पर ले गया।

## 12.

रविकांत ने मनोज से कहा– "मनोज तुम तीन दिन से बाहर भटक रहे थे, तुम्हें एक बार अपनी परेशानी मुझे बताना तो चाहिए थी।"

मनोज उसकी बात सुनकर भावुक हो गया। उसने कहा–"ये तो जीवन के अनुभव हैं जो मुझे मजबूत बनाते हैं। इसमें परेशानी कैसी? कितने ही लोग रात को खुली छत के नीचे सोते हैं। कितने ही भूखे पेट सोते हैं। इन तीन दिनों में मैं उस गरीब और दुखी वर्ग के नजदीक पहुंचा हूँ, जिसे मार्क्स ने सर्वहारा की संज्ञा दी है। हमें अपनी निष्ठा इसी सर्वहारा वर्ग के पक्ष में रखनी चाहिए। समाज के सबसे निचले तबके के साथ जुड़ने का यही अनुभव मेरी ताकत है।"

उसने अपने पिछले तीन दिन के अनुभव का मेल प्रिंसिपल सर द्वारा दिए मार्क्सवाद के लेक्चर से कर दिया। अगले दो दिन मनोज रविकांत के कमरे पर ही बना रहा।

रविकांत के एक गुरुजी तिवारी सर नया बजार में कमरा लेकर रहते थे। वे नया बजार में ही एक हॉल किराए पर लेकर इंग्लिश स्पीकिंग और ग्रामर की कोचिंग चलाते थे। उसने मनोज से कहा– "तुम सबको छोड़ो, तिवारी सर को एक रूम पार्टनर की

जरूरत है। उनके कमरे का किराया पाँच सौ रुपए है, आधे तुम देना। वे तुम्हें इंग्लिश भी पढ़ा दिया करेंगे।"

मनोज को यह प्रस्ताव अच्छा लगा। वह त्रिलोकी के कमरे से अपना सूटकेस और दरी लेकर तिवारी सर के कमरे पर आ गया।

तिवारी सर नाटे कद के तीस साल के युवा थे। वह काले रंग का मोटा चश्मा लगाये थे। कोचिंग में बैठे–बैठे उनका पेट निकल आया था। वह कोचिंग पढ़ाकर आने के बाद थककर अपनी चारपाई पर आराम कर रहे थे। मनोज ने उन्हें इंग्लिश का गुरु मानते हुए उनके पैर छू लिए। उसे उम्मीद थी कि उसकी इंग्लिश अब सुधर जाएगी। उसने अपनी दरी को जमीन पर बिछा लिया। अब गुरु व्यास पीठ पर और शिष्य उनके चरणों में बैठे हुए दिखाई दे रहे थे। उसे एक स्थाई कमरा और एक योग्य इंग्लिश गुरु मिल गया। तिवारी सर को एक वर्कर मिल गया। अब मनोज की नई दिनचर्या शुरू हो गई। सुबह सात बजे दूध गर्म करके गुरुजी को देना। सुबह–शाम खाना बनाना। गुरुजी कोचिंग से थके हारे आते और आकर अपनी चारपाई पर लेट जाते।

एक शाम उसने गुरुजी से कहा– "सर मुझे 'मैकबेथ' पढ़ा दीजिये, मुझे कुछ भी समझ नहीं आ रहा।"

थकान महसूस कर रहे गुरुजी ने कहा– "पढ़ा देंगे। आज तो मैं बहुत थक गया हूँ। एक काम कर दो, मेरे तलवे दर्द कर रहे हैं, थोड़ा दबा दो।"

गुरु की सेवा करने में मनोज को कोई संकोच नहीं था। इस सेवा के द्वार से ही ज्ञान की प्राप्ति होगी, इतना वह जानता था। उसने गुरु की आज्ञा का पालन उनकी उम्मीद से भी बेहतर तरीके से करना चाहा। एक बाल्टी में गर्म पानी लेकर गुरु जी के पैर उसमे डाल दिए और रगड़–रगड़ कर तलवों की मालिश करने लगा। मालिश का आनन्द लेते हुए गुरु जी ने उदार होते हुए एक प्रस्ताव दिया– "लिटरेचर से पहले ग्रामर और स्पीकिंग सीखना जरूरी है। तुम कल से शाम सात बजे के बैच में आ जाया करो। नया बैच है, सब तुम्हारी उम्र के लड़के–लड़कियाँ हैं।"

मनोज को यह प्रस्ताव उपयोगी लगा। गुरुजी उसे फ्री में कोचिंग देने वाले थे, इसलिए उन्होंने नहाने के बाद अपने कपड़े धोना बन्द कर दिए। मनोज बाथरूम में नहाने जाता तो पहले गुरुजी के चड्डी–बनियान धोकर डाल देता। शाम को वह इंग्लिश की कोचिंग जाने लगा। एक घण्टे की क्लास में पन्द्रह मिनिट इंग्लिश की पढ़ाई होती थी। शेष समय में इंग्लिश के नाम पर लड़के लड़कियों का जमावड़ा ही अधिक होता था। गुरुजी प्रजेंट टेन्स से क्लास शुरू करते थे और तीन महीने में पास्ट टेन्स से होते हुए

फ्यूचर टेन्स तक पहुचते थे। गुरुजी इंग्लिश का अखबार या कोई मैगजीन ले आते थे जिसे लड़के लड़कियाँ पढ़ते और गुरुजी उसका अर्थ बताते। गुरूजी जानते थे कि इंग्लिश सीखना एक अनन्त प्रकिया है, इसमें जल्दीबाजी नहीं करनी चाहिए। धीमी गति से सीखने पर ही यह विदेशी भाषा समझ आ पाएगी, इसलिए गुरुजी को इंग्लिश सिखाने और बच्चों को सीखने की कोई जल्दबाजी नहीं थी। दस लोगों की क्लास में चार लड़कियाँ और छः लड़के थे। मनोज को क्लास में आते महीना भर हो गया लेकिन वह अब तक प्रजेंट टेन्स भी ठीक से सीख नहीं पाया था। 'ही गोज' 'ही गो' 'ही इज गोइंग' के प्रयोग में वह कोई बंधन नहीं मानता था।

कुछ लड़के गुरुजी के यहाँ साल भर पढ़ते पर उपलब्धि के नाम पर एक अदद प्रेमिका के अतिरिक्त उनके हाथ में कुछ नहीं आता था। कुछ प्रेमिकाओं को प्रेमी भी मिल जाते थे। अर्थात गुरूजी का यह संस्थान एक प्रेम केंद्र के रूप में अधिक विकसित हो गया था। एमएलबी कॉलेज में लड़कियाँ नहीं पढ़ती थीं और केआरजी कॉलेज में लड़के नहीं पढ़ते थे, इसलिए प्रेम के लिए लालायित लड़के लड़कियाँ कहाँ जाते? गुरुजी ने अपना कोचिंग सेंटर खोलकर इस दिशा में महान काम किया था।

चूंकि कोचिंग में सारा इन्वेस्टमेंट गुरुजी ने ही किया था, इसलिए प्रेम करने का पहला अधिकार गुरुजी अपना ही मानते थे। प्रत्येक वर्ष गुरुजी औसतन दो या तीन प्यार करते थे। एक दिन एक लड़की ने गुरुजी से कहा– "सर आज मोना का बर्थ डे है।"

मोना केआरजी गर्ल्स कॉलेज से बीएससी कर रही थी। पुराने बैच बिना इंग्लिश सीखे अपना एक वर्ष पूरा कर चुके थे। उन बैचों में पनपने वाले गुरु जी के पिछले प्रेम भी शादी कर अपनी ससुराल जा चुके थे, इसलिए गुरुजी को मोना से प्रेम करने की जरूरत महसूस हो रही थी पर मोना गुरुजी पर ध्यान नहीं देती थी, लेकिन गुरुजी पुराने खिलाड़ी थे। जन्मदिन प्रेम को प्रारम्भ करने का बढ़िया मौका हो सकता है, इसलिए प्रेम के लिए उतावले गुरूजी ने क्लास में रेंगती हुई इंग्लिश को रोक दिया और एक लड़के से कहा–"अरे आज मोना का बर्थ डे है और तुम लोग हाथ पर हाथ धरे बैठे हो।"

गुरुजी ने एक लड़के को एसएस कचौड़ी वाले के यहाँ से सबके लिए जलेबी और कचौड़ी लाने के लिए भेज दिया।

इन दिनों में मोना ने मनोज को देखना शुरू कर दिया था, उसका सीधापन मोना को भाने लगा था। मोना कॉपी, पेन, मैगजीन की अदला–बदली के नाम पर उससे बात करने के बहाने ढूंढने लगी थी।

मोना ने मनोज को कचौड़ी देते हुए कहा– "लीजिये।"

उसने मोना से कहा– "हैप्पी बर्थ डे।"

मोना ने मुस्कुराकर जवाब दिया– "थैंक्स।"

मोना को लगा कि मनोज के हैप्पी बर्थ डे कहने से उसका बर्थ डे सचमुच हैप्पी हो गया है। गुरुजी के इन्वेस्टमेंट का प्रॉफिट मनोज के अकाउंट में जा रहा था। गुरुजी बिजनेस में इस तरह के लॉस पहले भी देख चुके थे।

मनोज और मोना के रास्ते अलग दिशा में थे, लेकिन एक दिन क्लास के बाद दोनों ने साथ चलने की हिम्मत की। मनोज मोना से बात करने के लिए बातचीत का कोई सिरा ढूंढ रहा था। उसने मोना से साधारण सा प्रश्न पूछा– "तुम बीएससी के बाद क्या करोगी? पीएससी की तैयारी करोगी क्या?"

"नहीं, मैं तो शादी करूंगी।" – मोना ने मनोज की उम्मीद से उलट जवाब दिया। कुछ देर दोनों चुपचाप चलते रहे। मोना का घर जिस दिशा में था वह मोड़ आ गया था। मोना अपने घर जाने के लिए गली में मुड़ गई, मनोज वहीं खड़ा मोना को तब तक देखता रहा, जब तक वह उसकी आँखों से ओझल नहीं हो गई।

एक दिन एक लड़के ने कोचिंग में कहा कि कल मनोज का बर्थडे है, कल मनोज पार्टी देगा। क्लास का यह नियम बन गया था कि जिसका बर्थ डे होता, वह समोसा जलेबी की पार्टी क्लास में देता। लेकिन मनोज के पास पैसे नहीं थे। उसने कहा– "मैं कल पार्टी नहीं दे पाउँगा, क्योंकि मेरे पास पार्टी में खर्च करने के लिए पैसे नहीं है।"

मनोज को अपना सच कहने में कोई संकोच महसूस नहीं हुआ। अगले दिन पार्टी के अभाव में किसी ने उसे हैप्पी बर्थडे नहीं बोला। लेकिन हिम्मती मोना समोसे और जलेबी ले आई थी। मोना द्वारा की गई मनोज की यह विशेष चिंता गुरुजी को अखर गई। वह ईर्ष्या से जलने लगे। उन्हें मनोज पर क्रोध आने लगा।

क्लास के बाद मोना ने मनोज को एक ग्रीटिंग कार्ड दिया। ग्रीटिंग में लाल रंग का दिल बना हुआ था, जिस पर मोना की सुंदर राइटिंग में लिखा था– "हैप्पी बर्थ डे मन।" मोना ने मनोज का पूरा नाम ग्रीटिंग कार्ड पर न लिखकर एक अलग नाम लिख दिया था जिस नाम से इस पूरी दुनिया में उसे कोई नहीं पुकारता था। मोना ही गुनगुनाती रहती थी यह नाम अपने मन में।

रात को तिवारी सर कमरे पर आए। मनोज कुर्सी पर बैठा पढ़ रहा था। मोना का ग्रीटिंग कार्ड वहीं टेबल पर रखा हुआ था। कई महीने से वह तिवारी सर की सेवा कर रहा था। लेकिन आज तिवारी सर की ईर्ष्या चरम पर थी। उन्होंने क्रोध में जलते हुए मनोज से उलटा–सीधा कहना शुरू कर दिया। जब इससे भी उनका मन नहीं भरा तो उन्होंने मनोज

के हीटर और मटके में लात मार दी। हीटर और मटका टूट गया। तिवारी ने गुस्से में मोना द्वारा मनोज को दिया ग्रीटिंग कार्ड भी फाड़ कर फैंक दिया और उसे कमरा खाली करने का अल्टीमेटम दे दिया। मनोज की आँखों से आँसू बहने लगे। वह दुखी मन से अपना सामान समेटने लगा। अपना सामान उठाकर जैसे ही वह कमरे से बाहर निकला तिवारी ने धड़ाम से दरवाजा बन्द कर दिया।

## 13.

मनोज कुछ दिनों के लिए अपने गाँव चला गया। पिता जब से गए थे, तब से एक बार भी गाँव नहीं आये थे। पर पिता ने इस बार कुछ पैसे घर भेज दिए थे जिससे अब घर की आर्थिक परेशानी कुछ कम हो गई थी। टेम्पो थाने में पड़ा–पड़ा अब कबाड़ होने लगा था। कोर्ट को उसका फैसला करने का अभी तक वक्त नहीं मिला था। पंडित कालीचरण अपने कर्ज के लिए तगादा करने लगे थे।

माँ ने मनोज को वापस ग्वालियर जाते समय आगे के खर्चे के लिए एक हजार रुपए दिए। मनोज की बीए फर्स्ट ईयर की परीक्षा नजदीक थी। गाँव से लौटकर मनोज जीवाजीगंज में नाले के पास बसी हुई बस्ती 'टोपे वाले मोहल्ले' में रहने लगा। जबसे उसने तिवारी सर का कमरा छोड़ा उसे मोना फिर कभी नहीं मिली। बड़े से ग्वालियर और छोटी सी दुनिया में फिर कभी मोना और मनोज एक–दूसरे से नहीं मिले।

टोपे वाले मोहल्ले में वह सबसे घुलमिल गया। वह पड़ोसियों की तारीफ़ पाने के लिए रात को छत पर लैम्प जलाकर पढ़ता। कई बार तो सुबह चार–पाँच बजे तक वह छत पर पढ़ता रहता। पड़ोसी महिलाएं अपने घुमक्कड़ और आवारा बच्चों को उससे सीख लेने लिए कहतीं। उसके पास ग्वालियर के समाज में सम्मान और प्रशंसा प्राप्त करने के लिए पढ़ाई के अलावा कोई दूसरा तरीका नहीं था। फर्स्ट ईयर की परीक्षा हो गई। इंग्लिश लिटरेचर में पासिंग मार्क्स आने के कारण उसका टोटल केवल पचपन प्रतिशत ही रहा।

छुट्टियाँ गाँव में बिताने के बाद सेकेण्ड ईयर की पढ़ाई के लिए वह वापस ग्वालियर आ गया। दिसम्बर में एक दिन रविकांत ने उससे कहा– "मनोज क्या तुम विवेकानन्द केंद्र के तीन दिन के युवा प्रेरणा शिविर में चलोगे?"

विवेकानन्द केंद्र के बारे में अधिक जानकारी देते हुए उसने बताया– "यह एक

समाजसेवी संगठन है जो युवा लोगों को देश भक्ति और समाज सेवा के लिए प्रेरित करता है। तुम्हारी रुचि का काम है, तुम्हें जरूर चलना चाहिए।"

मनोज को यह प्रस्ताव अच्छा लगा। आश्रम जैसा यह केंद्र ग्वालियर की एक पहाड़ी पर स्थित था। मनोज सौ रुपए फीस देकर रविकांत के साथ शिविर में पहुँच गया।

अगले दिन सुबह पाँच बजे से शिविर की गतिविधियां शुरू हो गईं। 'सर्वे भवन्तु सुखिनः' श्लोकपाठ से दिन की शुरुआत होती थी। फिर व्यायाम। उसके बाद देश के महापुरुषों के जीवन पर प्रेरणादायक भाषण देने ग्वालियर के विद्वान् वक्ता आते थे। शाम के चर्चा–सत्र में युवाओं के ग्रुप बन जाते थे जिसमे 'आतंकवाद' 'युवाओं की सही दिशा' 'नारी सशक्तिकरण', जैसे विषयों पर ग्रुप डिस्कशन होते थे। मनोज बढ़–चढ़कर सभी गतिविधियों में हिस्सा लेता।

उसे एक विस्तृत और योग्य समाज मिल गया। जहाँ से वह न केवल बहुत कुछ सीखना चाहता था, बल्कि उस योग्य समाज को अपनी योग्यता से प्रभावित भी करना चाहता था। यहाँ तक कि उसकी इच्छा होने लगी कि उसे ही सर्वश्रेष्ठ प्रतिभागी का प्रमाण पत्र मिले, इसलिए वह ग्रुप डिस्कशन में सबसे आगे रहकर अपने विचार व्यक्त करता, विद्वानों द्वारा दिए गए भाषण के बाद प्रश्न पूछने में सबसे आगे रहता। श्रमदान में भी वह सबसे ज्यादा मेहनत करता। तारीफ प्राप्त करने की अदम्य इच्छा ही उसकी चलायमान शक्ति थी।

शिविर के दूसरे दिन उसने अपनी डायरी में लिखा– "इतना आनन्द जीवन में पहली बार प्राप्त हो रहा है। कुछ तो दम है इन लोगों में जो खुद को कार्यकर्ता कहते हैं। राष्ट्र निर्माण में योगदान देने की प्रेरणा देते हैं ये लोग। एक श्रेष्ठ व्यक्ति रजनीश त्यागी के व्यक्तित्व से मैं बहुत प्रभावित हुआ हूँ। वे ग्वालियर के किसी स्कूल में प्रिंसिपल हैं। उन्होंने स्वामी विवेकानन्द के जीवन पर जैसा भाषण दिया वैसा मैंने कभी नहीं सुना। मैं तो पवित्रता से भर गया हूँ। विवेकानन्द कहते थे कि अपने आप को कमजोर मानने से बड़ा पाप कोई दूसरा नहीं है। यहाँ आकर मुझे लग रहा है कि मैं जीवन में कुछ भी कर सकता हूँ, असीम शक्ति मेरे भीतर भर गई है। देश से बड़ा दूसरा कोई धर्म नहीं है और देश भक्ति से बड़ा दूसरा कोई लक्ष्य नहीं हो सकता। यहाँ आकर मैंने संकल्प ले लिया है कि देश सेवा करना ही मेरा लक्ष्य है।"

मनोज विवेकानन्द केंद्र के काम, उसकी विचारधारा और वहाँ के कार्यकर्ताओं से सम्मोहित सा हो गया था। त्यागीजी ने एक प्रोजेक्ट सबके सामने रखा जिसमें अगले रविवार घर–घर जाकर सर्दियों के कपड़े इकट्ठा करने थे और उन्हें गरीब जरूरतमंदों को

देना था। मनोज ने अभी तक देशभक्ति के केवल भाषण सुने थे, पर यहाँ देशभक्ति कार्य रूप में बदल रही थी।

शिविर समाप्त हो गया। मनोज को सर्वश्रेठ प्रतिभागी का प्रमाणपत्र मिला। जिस कारण उसे अपने विचार शिविर में व्यक्त करने का मौका मिला। उसने अपने भाषण में यह संकल्प लिया कि वह हमेशा ईमानदार रहकर देश की सेवा करेगा। वहाँ उपस्थित सभी लोगों ने ताली बजाकर उसके भावनात्मक संकल्प की प्रशंसा की। इन प्रशंसात्मक तालियों से वह आत्मविश्वास से भर गया।

अगले रविवार उसने कपड़े एकत्रित कर बाँटने का काम किया। वापस आकर उसने अपनी डायरी में लिखा-- "मैंने खूब कपड़े इकट्ठे किए। किसी ने सम्मान किया, किसी ने अपमान। पर गरीबी देखकर मन बहुत आहत हुआ। लोग किस तरह से टूट पड़ते थे कपड़ों पर। हे भगवान! क्या होगा इनका?" त्यागीजी ने ठीक ही कहा था कि घर–घर जाकर समाज के लिए कुछ माँगने से हमारा इगो खत्म होता है और हम यह सीख जाते हैं कि समाज ही सब कुछ है, हम कुछ भी नहीं।"

उसके दिमाग में अब क्लीयर हो गया था कि उसे देश और समाज के लिए कुछ करना है। उसने विवेकानन्द केंद्र में प्रशिक्षण के बाद मिले प्रमाण पत्र को पूजा की अलमारी में भगवान की मूर्ति के पास सजा के रख दिया।

## 14.

मनोज ने कोर्स की किताबों को किनारे कर दिया और विवेकानन्द के साहित्य को पढ़ना शुरू किया। उसकी सेकेण्ड ईयर की परीक्षा नजदीक आ रही थी। लेकिन उसके भीतर देश सेवा का जज्बा भर गया था। उसे लगा कि इसके लिए विवेकानन्द केंद्र से बेहतर कुछ नहीं हो सकता, इसलिए पीएससी का विचार पीछे छूटने लगा। उसके स्थान पर अब उसके मन में विवेकानन्द केंद्र में आजीवन कार्य करने की तीव्र इच्छा पैदा हो रही थी। उसने बीए सेकेण्ड ईयर की परीक्षा दे दी। वह सेकेण्ड डिवीजन से पास हो गया। इंग्लिश लिटरेचर में उसके फिर से पास होने योग्य अंक ही आ पाए थे।

मनोज छुट्टियों में गाँव चला गया। वापस आकर फाइनल ईयर की तैयारी करने लगा। सितम्बर में एक बार फिर वह विवेकानन्द केंद्र के शिविर में हो आया। इस बार पन्द्रह दिन का शिविर था। वह शिविर से पूरी तरह चार्ज होकर वापस आया।

उसने अपनी डायरी में लिखा– "विवेकानन्द को पढ़ने का प्रयास किया जरा सा। छः–सात किताबें पढ़ी हैं बस। अब इसके आगे मुझमें दम नहीं। बिलकुल साहस नहीं कि आगे पढ़ सकूँ। मन में आग लगी है। तन जल रहा है। उठते–बैठते हर समय विवेकानन्द केंद्र का कार्यकर्ता बनने की अदम्य इच्छा उभर रही है। यह इच्छा कुछ इस कदर बलवती हो रही है कि मुझे वह दिन दूर नहीं लगता, जब मैं स्वयं को राष्ट्र को समर्पित कर दूं।" इस नई मंजिल के आकर्षण से उसके मन में दस–पन्द्रह दिनों तक खलबली मची रही।

मनोज के पैसे खत्म हो गए। वह गाँव चला गया। कई महीनों से पिता के गाँव न आने से परेशान माँ रजनी को लेकर पापा के पास डिंडोरी चली गई थी। वह राकेश के घर चला गया। वह अपने मन के द्वन्द्व को राकेश के सामने खोलकर रख देना चाहता था। उसने पीएससी की परीक्षा देने के स्थान पर विवेकानन्द केंद्र ज्वाइन करने का विचार राकेश को बताया। उसकी बात सुनकर राकेश गम्भीर हो गया। उसने मनोज से पूछा–"तो अब तू पीएससी की तैयारी नहीं करेगो?"

"मेरा लक्ष्य देश की सेवा करना है। इस देश के जरूरत मंद लोगों के प्रति मैं खुद को समर्पित कर देना चाहता हूँ।"– मनोज ने कहा।

राकेश ने फिर पूछा–"तो तू घर छोड़ देगो? मम्मी, पापा,भाई बहन सबे छोड़ के गरीब की सेवा करेगो?"

"मेरे लिए ये पूरा देश ही मेरा परिवार है।"– मनोज अभी भी विवेकानन्द केंद्र के प्रभाव में डूबा हुआ था।

राकेश के लिए अब मनोज को समझाना कठिन हो रहा था। फिर भी उसने कोशिश जारी रखी– "तेरे बाप को तो तू जानता है। अगर तू भी घर से भजि गयो तो रजनी को ब्याह कौन करेगो? घर कौन सम्हालेगो?"

"मेरे लिए देश की हर लड़की मेरी बहन है। हर महिला मेरी माँ है।"– मनोज पूरे जोश में था। उस पर राष्ट्र सेवा का भूत सवार था। राकेश भूत उतारने के लिए झाड़–फूँक में व्यस्त था।

राकेश–"क्या एसडीएम, थानेदार, जनता की सेवा नहीं करते? एसडीएम दुष्यंत सिंह ने कैसे दो मिन्ट में थानेदार के झूठे केस से मुकेश को बरी कर दिया था? वो समाज सेवा ना हती? आज जिसके पास ताकत है, वही जनता को न्याय दिला सकता है। यदि थानेदार ईमानदार होता तो तेरा टेम्पो पकड़तो? ना पकड़तो। पुलिस, कचहरी, थाने में अच्छे और ईमानदार लोगों की जरूरत है और तू पीएससी छोड़बो चाह रहो है। पढ़बे की

दम ना बची का? बहाने ना बना।"

राकेश का यथार्थ कड़वा होता जा रहा था। मनोज की योग्यता को ललकार रहा था वह। राकेश ने देखा कि दुश्मन घायल हो गया है तभी उसने दूसरा वार किया– "मनोज देश की सेवा करबे के लिए पीएससी में पास होनो जरूरी है। नहीं तो ऐसे मठ, आश्रम में अपनी जिंदगी से भगने वाले तमाम लोग टेम काट रहे हैं।"

मनोज को उम्मीद नहीं थी कि राकेश उसे ध्वस्त करने की तैयारी करके बैठा है। उसके दिमाग में राकेश ने हलचल मचा दी। राकेश की बातों का उस पर असर होने लगा, उसे राकेश की बातें यथार्थ लग रही थीं। उसने अपने संकल्प को दूसरी दिशा देते हुए राकेश से कहा– "तू सही कह रहा है, पीएससी की तैयारी से भागना कायरता होगी। लोग यही कहेंगे कि मुझमें परीक्षा पास करने का दम नहीं था, इसलिए तैयारी छोड़ दी। मुझे पहले अपनी योग्यता एवं क्षमता को जाँचना है, इसलिए मैं पीएससी में सिलेक्ट होकर ही देश की सेवा करूँगा।"

मनोज ने फिर से अपनी छूटी हुई राह थामने का निर्णय ले लिया। उसका द्वंद्व समाप्त हो गया। पीएससी में सफल होना ही एक मात्र लक्ष्य था अब उसका।

माता–पिता के डिंडोरी से न आने के कारण मनोज उनसे मिलने डिंडोरी चला गया। वहाँ जाकर पता चला कि पिता सस्पेंड हो चुके हैं। पिता को आधा वेतन ही मिलता है जिससे बड़ी मुश्किल से गुजारा हो पा रहा है। पूछने पर पिता ने कहा– "मैं डिप्टी डायरेक्टर को बर्बाद कर दूंगा। मैं हार नहीं मानूंगा। मैं ईमानदार हूँ। वे सब बेईमान हैं। मैं सबको ठिकाने लगा दूँगा। मैंने प्रधानमंत्री को पत्र लिखा है। मुझे हाईकोर्ट से ही न्याय की उम्मीद है।"

माँ ने पिता के इन उद्‌गारों का विरोध किया– "इनसे नौकरी ना हो पावते। दुनिया नौकरी कर रही है के जे अनौखे नौकरी कर रहे हैं। बस लड़बो जानते। उल्टो सीधो बोल आवतें अधिकारी से। भरी मीटिंग में अपनी चप्पल निकाल के मार दई डिप्टी डायरेक्टर खों। कर दये सस्पेंड।"

पिता को माँ के द्वारा किया गया यह रहस्योद्घाटन पसन्द नहीं आया। उन्होंने माँ को डाँटते हुए कहा– "तू कछु ना जानती। गरीब किसान को पैसा बेईमानी से खा रहे हैं सब, वे जूता से ही मानते।"

लेकिन माँ आज रुकने वाली नहीं थी–"उनको कछु ना बिगड़ो। बर्बाद तो हम हो रये हैं। मोड़ा के पास फीस भरवे कों पैसा ना है। जा मोड़ी को ब्याह करोगे के नहीं? टेम्पो को चालीस हजार उधार सिर पर धरो है।"

"मैंने तो पहले ही कही थी टेम्पो के चक्कर में ना पड़। अपने बस के ना है जे काम, पर मेई ईमानदारी की लड़ाई में टांग अड़ाने का शौक है तुम लोगों को।"– पिता को अपने आपको सही सिद्ध करने का मौका मिल गया।

इस चर्चा का कोई निष्कर्ष नहीं निकला। लेकिन मनोज को उसके पिता का संघर्ष प्रभावित कर रहा था।

वापसी में ट्रेन के जनरल डिब्बे में बैठकर मनोज सोचता रहा– "आपका रास्ता एकदम सही है पापा, आप सच्चाई की लड़ाई लड़ रहे हैं। आपको दबाना ज्वालामुखी को दबाना है।" विवेकानन्द केंद्र में सिखाई गई ईमानदारी और देशभक्ति की शिक्षा के सांचे में उसे अपने पिता एकदम फिट बैठे हुए दिखाई दे रहे थे।

## 15.

मनोज बीए फाइनल के लिए वापस ग्वालियर आ गया। उसे अभी तक नहीं पता था कि पीएससी की परीक्षा के लिए क्या पढ़े? कैसे पढ़े? पीएससी की प्रिलिम्स परीक्षा कैसे निकाली जाती है यह रणनीति ही अभी उसने नहीं सीखी थी। मुख्य परीक्षा और साक्षात्कार तो फिर बहुत दूर की बात थी। उसके आसपास कोई भी ऐसा सीनियर नहीं था जिसने पीएससी की परीक्षा पास की हो। उसे अभी तक पूरे ग्वालियर में ऐसा कोई ग्रुप नहीं मिला था जो पीएससी की गम्भीर तैयारी कर रहा हो। इस कारण वह पीएससी के लिए अभी तक दिशाहीन पढ़ाई ही कर रहा था।

एक दिन कॉलेज में मनीष ने मनोज से कहा कि उसके एक परिचित सीनियर हैं जिनका इस साल की पीएससी का प्रिलिम्स एक्जाम क्लीयर हो गया है और वह मुख्य परीक्षा की तैयारी कर रहे हैं। मनोज ऐसे सीनियर से मिलने का मौका गंवाना नहीं चाहता था।

दीप सोनी नाम के वह सीनियर हरिशंकर पुरम के पास पीलीकोठी में रहते थे। दो मंजिला बिल्डिंग को पीलीकोठी इसलिए कहा जाता है क्योंकि वह पीले रंग से पुती हुई थी। पीलीकोठी में दस बारह कमरे थे जिनमें पीएससी की तैयारी करने वाले लड़के रहकर पढ़ाई करते थे। उनमें से कुछ लड़के तो ग्वालियर में अपना घर होते हुए भी बिना व्यवधान के पढ़ाई करने के लिए कमरा किराए से लेकर रहते थे। पीलीकोठी में पढ़ाई का अच्छा महौल था, हर साल यहाँ से चार–पाँच लड़के पीएससी की मुख्य परीक्षा देते

थे। पीलीकोठी में पढ़ाई करने वाले लड़के आपस में सामूहिक चर्चा करके पढ़ाई करते थे। जिस कारण इन विद्यार्थियों को पीएससी की पढ़ाई में बहुत लाभ होता था।

दोनों दीप के कमरे पर पहुँच गए। सुबह के दस बजे थे। दरवाजा अंदर से बन्द था। मनीष ने दरवाजा खटखटाने के लिए हाथ बढ़ाया। अचानक उसकी नजर दरवाजे पर चिपकी एक स्लिप पर पड़ी। जिस पर दीप का टाइम–टेबल लिखा था– "सुबह दस से शाम पाँच बजे तक पढ़ना, रात को आठ बजे से सुबह चार बजे तक पढ़ना, सुबह चार से दस बजे तक सोना।"

मनीष ने जोर से इबारत पढ़ी। टाइम–टेबल के अनुसार यह समय दीप के सोकर उठने का था। ठीक दस बजे दरवाजा खुला। दीप ने दोनों को अंदर बुला लिया। अंदर बैठने के लिए जगह नहीं थी। पूरे पलंग पर किताबें फैली हुई थीं। कुछ खुली और कुछ बन्द थीं। पूरे कमरे में भारत, विश्व और मध्यप्रदेश के नक्शे लगे हुए थे। कमरे में कुछ नोट्स भी चिपके हुए थे। जिसमे संविधान के मूल अधिकार, इतिहास के राजाओं के शासनकाल, विभिन्न विटामिन की कमी से होने वाली बीमारी की जानकारी लिखी हुई थी। किताबों की इम्पोर्टेंट पंक्तियाँ पीले, ओरेंज और नीले रंगों से अंडरलाइन की हुई थीं। किताबें रंगीन इंद्र धनुष सी चमक रही थीं। दोनों लोग किताबें, कॉपी, रजिस्टर,पेन, पेन्सिल, सरकाकर पलंग के किनारों पर बैठ गए ।

दीप के कमरे का माहौल और उनकी मेहनत देखकर मनोज आश्चर्यचकित रह गया। इतनी खतरनाक पढ़ाई उसने पहले कभी किसी की नहीं देखी थी। अपनी अब तक की पढ़ाई दीप की फैली हुई किताबों के सामने मनोज को बौनी लग रही थी।

मनोज ने पूछा– "आपके पीएससी में क्या विषय हैं?"

–"केमिस्ट्री और हिस्ट्री।" – दीप ने जवाब दिया।

मनोज का भी एक विषय हिस्ट्री था। मनोज द्वारा दीप से प्रिलिम्स परीक्षा के लिए इतिहास की किताबों के नाम पूछने पर उन्होंने आठ–दस किताबों के नाम लिखा दिए। मनोज के पूछने पर पढ़ाई करने की रणनीति के बारे में दीप ने बताया– "यदि सिलेक्ट होना है तो रोज अठारह–अठारह घण्टे पढ़ाई करनी पड़ेगी। सोना, खाना–पीना, सब भूलना पड़ेगा। दोस्ती–यारी, घूमना–फिरना, फ़िल्में, तमाशे, शादी–विवाह, रिश्तेदारी सब से दूर रहना पड़ेगा। मेरा घर पास में ही है पर मैं घर पर न रहकर यहाँ किराये से कमरा लेकर पढ़ रहा हूँ। दीप ने पीएससी के लिए तपस्या करने का भयावह चित्र खींच दिया।

"पीएससी की पढ़ाई करने का क्या तरीका है?"– मनोज पीएससी की तैयारी के रहस्य को जानना चाहता था।

"बस पढ़ते रहो, बिना थके, बिना रुके, लगातार, असफलता के बावजूद धैर्य के साथ। ये किताबें मैंने कम से कम बीस बार पढ़ ली हैं।– दीप ने पलंग पर खुली रखी रंग बिरंगी हाईलाईट की हुई किताबों की ओर इशारा करते हुए कहा।

मनोज इस चित्रण से घबरा गया, उसने पूछा– "कितने साल की तैयारी के बाद डिप्टी कलेक्टर बन सकते हैं?"

दीप ने उसकी शक्ल देखी और हँसते हुए कहा– "मेहनत करोगे तो एक साल में।"

मनोज दीप की पढ़ाई देखकर अभिभूत हो रहा था। पर उसके मन की शंकाएं अभी खत्म नहीं हुई थीं– "आपने ट्वेल्थ मेथ्स से किया था क्या? कितने परसेंट आए थे आपके?" ट्वेल्थ में एक बार फेल हो चुके मनोज के मन में कहीं कोई संदेह अचानक पैदा हुआ।

"मैं थ्रू आउट फर्स्ट क्लास रहा हूँ। केमिस्ट्री में मुझे पीएचडी करने के लिए स्कॉलरशिप मिलती है।"– दीप के जवाब से मनोज भयभीत हो गया।

दीप की योग्यता देखकर मनोज अपनी तुलना उनसे करने लगा, इस तुलना से उसके चेहरे पर निराशा छा गई। दीप के सामने वह कुछ भी नहीं था।

साढ़े दस बजे दीप ने अपनी इतिहास की किताब उठा ली और पढ़ने लगे। दोनों लड़के एक–दूसरे का मुँह ताकने लगे। मनोज समय की इस पाबन्दी से हतप्रभ रह गया। दोनों खड़े हुए और दीप को नमस्ते करके कमरे के बाहर निकल आए। दीप ने अपनी किताब में नजर गड़ाये दोनों को बस अपनी गर्दन हिलाकर विदा कर दिया।

दीप का ब्राईट कैरियर सुनकर निराश हुए मनोज ने फिर से अपने आप को उत्साहित करते हुए मनीष से कहा– "कितनी खतरनाक पढ़ाई करते हैं ना दीप भाईसाहब! बिलकुल भूतों की तरह। ऐसी पढ़ाई करने से एक साल में जरूर पीएससी में सिलेक्शन हो जाएगा। मैं भी ऐसी ही मेहनत करना चाहता हूँ।" मनोज ने अपने कमजोर कैरियर को मेहनत के बल पर भुलाने की कोशिश की।

"मैं तो अब पीलीकोठी में कमरा लेकर पढ़ाई करूंगा।" – मनीष भी दीप की पढ़ाई और पीलीकोठी के माहौल से प्रेरित हो गया था।

"बीए पूरा होते ही मैं भी पीलीकोठी में कमरा ले लूँगा और गम्भीर तैयारी शुरू कर दूँगा।"– पीलीकोठी में पढ़ाई के जबरदस्त माहौल से प्रभावित होकर मनोज ने नई प्लानिंग बना ली।

वापस लौटते समय वह पीलीकोठी में कमरा लेकर पढ़ाई के सपने तो देख रहा

था, लेकिन ट्वेल्थ फेल का हीनताबोध उसका पीछा नहीं छोड़ रहा था। दीप सर तो शुरू से ब्रिलिएंट रहे हैं, क्या मैं उन जैसी पढ़ाई कर पाऊँगा? क्या मेरा कमजोर बेस मेरी तैयारी के आड़े नहीं आएगा? क्या केवल मेहनत ही पर्याप्त है? मैं यदि इंटेलीजेंट होता तो क्यों ट्वेल्थ में फेल होता? इसी संशय में उलझा हुआ मनोज अपने कमरे पर पहुँच गया।

## 16.

मनोज ने पचपन प्रतिशत से बीए पास कर लिया। इंग्लिश लिटरेचर में हमेशा की तरह पासिंग मार्क्स आए। उसने अपनी डायरी में लिखा,– "अब मुझे पीएससी के मैदान में कूदना है। मैं पीलीकोठी में रहकर कड़ी मेहनत करना चाहता हूँ।"

तैयारी पूरी न होने के बावजूद उसने बीए पास होते ही अनुभव लेने के लिए पीएससी का फार्म भर दिया। प्रिलिम्स परीक्षा का केंद्र नईसड़क पर माधव कॉलेज में था। इतिहास का पहला पेपर होने के बाद सामान्य अध्ययन के अगले पेपर में दो घण्टे के गेप के कारण वह चबूतरे पर बैठा किताब पढ़ रहा था। तभी एक लड़के ने मनोज के पास आकर उससे हाथ मिलाते हुए अपना परिचय दिया– "हैलो, मैं विक्रमादित्य पांडे। आप मुझे सिर्फ पांडे ही कहें तो आपको सुविधा रहेगी। " मनोज ने भी मुस्कुराकर अपना परिचय दिया।

पांडे ने पूछा–"पेपर कैसा रहा?"

फिर बिना मनोज का कोई जवाब सुने खुद ही बोलने लगा– "वैसे तो परीक्षा हॉल के बाहर निकलते ही सभी के सौ में से नब्बे प्रश्न सही होते हैं। पर जैसे–जैसे उन प्रश्नों को किताबों से चेक करते हैं। सही उत्तर कम होने लगते हैं।"

फिर पांडे ने उसे एक दृश्य दिखाया जिसमे एक लड़का किसी दूसरे लड़के का पेपर चेक कर रहा था। पेपर चेक करते समय वह लड़का बेदर्दी से सामने वाले के उत्तरों पर क्रॉस लगा रहा था और कहता जा रहा था– "तुम्हें यह भी नहीं आता, इतना सरल प्रश्न गलत कर दिया, यह तो मुझसे सोते समय भी पूछ लो। इसका 'ए' उत्तर नहीं है बल्कि 'सी' है। मुश्किल है भाई इस बार तुम्हारा प्रिलिम्स क्लीयर होना। आओ कभी तुम्हें यदि गाइडेंस चाहिये तो मेरे कमरे पे।

पांडे ने उस लड़के को आवाज लगाई–"गुप्ता इते आओ। कैसो गओ पेपर?"

गुप्ता बुन्देलखण्ड का था, इसलिए पांडे ने उससे बुन्देलखण्डी में बात की। गुप्ता आत्मविश्वास से भरा हुआ था। उसका यह आत्मविश्वास पिछले साल प्रिलिम्स पास करने के कारण अधिक था – "बहुत बढ़िया गओ। धाँसू। जो समझो के फाड़ दओ।"

गुप्ता ने मनोज से हाथ मिलाते हुए कहा– "मैं मोहन गुप्ता। पिछली बार मेरी प्रिलिम्स क्लीयर हो गई थी। वो तो कुछ नम्बरों से मैन्स रह गई, नहीं तो आज मैं कहीं डिप्टी कलेक्टर होता।"

गुप्ता का बड़बोलापन पांडे को अच्छा नहीं लगा, उसने पूछा– "पुरानी कहानी छोड़ो गुप्ता, आज के पेपर के बारे में बताओ?"

"सौ में से नब्बे सही हैं, दस डाउट में हैं।" – गुप्ता ने जोश में कहा।

पांडे ने गुप्ता के हाथ से उसका पेपर लेकर उसे जाँचते हुए कहना शुरू किया– "गुप्त वंश की स्थापना चन्द्रगुप्त प्रथम ने नहीं की थी, श्रीगुप्त ने की थी। ये गलत हो गया, तुम सही मान रहे थे। लो, एक और गलत हो गया। सल्तनत काल में "लौह और रक्त की नीति" अलाउद्दीन खिलजी ने नहीं चलाई थी, बलबन ने चलाई थी।" वहीं बैठे–बैठे पांडे ने गुप्ता के पन्द्रह प्रश्न गलत कर दिए। लेकिन अपने प्रश्न गलत देखकर भी गुप्ता उन्हें गलत नहीं मान रहा था।

उसने पांडे से पेपर छीना और बोला– "कमरा पे जाके चेक करेंगे। तुम्हारी बात क्यों मानें? ये सब गलत नहीं हैं। फिर भी इन्हें हम डाउट में डार देत हैं।"

गुप्ता चला गया। पांडे ने गुप्ता के व्यक्तित्व का मूल्यांकन करते हुए मनोज से कहा – "थोथा चना बाजे घना।"

मनोज को पांडे की बातों में अब रस आने लगा। उसने पांडे को अपने कमरे का एड्रेस दे दिया, उसे उम्मीद थी कि पांडे पढ़ाई में साथ देने वाला बढ़िया स्टूडेंट हो सकता है। पांडे के घर से मनोज का कमरा ज्यादा दूर नहीं था, इसलिए पांडे हर दूसरे–तीसरे दिन उसके कमरे पर जाने लगा। दोनों की अच्छी दोस्ती हो गई।

मनोज के पिता अभी भी सस्पेंड थे। उस पर उन्होंने कंगाली में आटा गीला कर दिया। सस्पेंशन के बाद उन्हें डिंडोरी से झाबुआ अटैच कर दिया गया था पर पिता ने इस अटैचमेंट को अपने सम्मान के विरुद्ध माना और वह झाबुआ नहीं गए। अब उन्हें आधी तनख्वाह मिलना भी बन्द हो गई। आर्थिक समस्या विकराल हो गई। मनोज को अब महीने के एक हजार रुपए मिलने भी बंद हो गए। पीएससी की पढ़ाई के शुरुआती दौर में ही उसका सामना भीषण आर्थिक संकट से हो गया। आगे की पीएससी की तैयारी के लिए मनोज पीलीकोठी में शिफ्ट होने के ख्वाब देख रहा था पर बिना पैसों के उसे

ग्वालियर में ही रहना असम्भव लग रहा था। पीलीकोठी में रहने के लिए कम से कम महीने के एक हजार रुपए जरूरी थे। पर मनोज को घर से रुपए की अब कोई उम्मीद नहीं थी। लेकिन इस आर्थिक संकट को कोसने और दुखी होने की जगह मनोज ने उससे जूझने का संकल्प लिया। उसने यह तय किया, कि वह बच्चों को ट्यूशन पढ़ाकर इतने पैसे कमाएगा कि पीलीकोठी में कमरा लेकर पढ़ाई कर सके।

एक दिन पांडे मनोज के कमरे पर आया। पिता के सस्पेंशन और बढ़ते आर्थिक संकट से चिंतित मनोज ने पांडे को अपने पिता के संघर्ष और उनके सस्पेंशन की कहानी सुनाई। कहानी सुनाते समय वह अपने पिता को एक हीरो के तौर पर प्रस्तुत कर रहा था। उसे उम्मीद थी कि पांडे उसके पिता की महानता की प्रशंसा करेगा और ऐसे महान पिता के पुत्र के नाते उसका सम्मान पांडे की नजर में भी बढ़ जाएगा। पर पांडे ने पूरी कहानी सुनकर कहा– "आपके पिता अपने अहंकार में आपका जीवन नष्ट कर रहे हैं। उन्हें अपने परिवार और बच्चों को छोड़ सबकी चिंता है। वे दूसरों को घटिया और खुद को श्रेष्ठ मानने वाले भ्रमित व्यक्ति हैं। मेरा विचार है कि आपको उनसे मदद की कोई उम्मीद नहीं करना चाहिए।"

उम्मीद के विपरीत पांडे द्वारा किया गया पिता का चरित्र चित्रण मनोज को पसंद नहीं आया। उसने पांडे से कहा–"पांडे तुम अभी नहीं जानते कि ईमानदारी के रास्ते में कितने संकट आते हैं। मेरे पिता खरा सोना हैं, एकदम ईमानदार।"

उसकी बात सुनकर पांडे के चेहरे पर व्यंग्यात्मक हँसी तैर गई, पर उसने मनोज से कुछ कहा नहीं।

अगले दिन मनोज ने पास की रतन कॉलोनी में एक–एक घर खटखटाकर, घण्टी बजाकर, ट्यूशन के बारे में पूछा। तीन चार महिलाओं ने तो मना कर दिया कि उनके घर में बच्चे नहीं हैं। एक महिला ने कहा कि उसका बच्चा क्लास टेंथ में है उसे केवल गणित और फिजिक्स के टीचर की जरूरत है। गणित और फिजिक्स मनोज के बस की बात नहीं थी। एक महिला ने कहा कि उसके बच्चे सेवेंथ क्लास में हैं पर वे इंग्लिश मीडियम के विद्यार्थी हैं। वह पूरा सिलेबस इंग्लिश मीडियम में नहीं पढ़ा सकता था। कई दिनों तक घर–घर जाकर ट्यूशन मांगने के बावजूद उसे एक भी ट्यूशन नहीं मिला। मनोज को अब अपने ऊपर गुस्सा आने लगा। उसे अपनी क्षमताओं पर ही सन्देह होने लगा। उसने अपनी डायरी में लिखा– "मैं खुद को कितना होशियार मानता था, पर आज समझ आ गया कि मैं कितना अयोग्य हूँ। मुझे कोई हक नहीं है इतने बड़े सपने देखने का। मैं व्यर्थ ही दीप सर के बराबर अपने आपको मान रहा था। जब मैं सौ रुपए का

ट्यूशन नहीं पढ़ा सकता तो पीएससी में क्या ख़ाक सफल होऊँगा?"

मनोज मानसिक और शारीरिक थकान महसूस करने लगा। उसे बुखार आ गया। शाम हो चुकी थी, वह अपनी छत पर निराश बैठा सूनी आँखों से आसमान ताक रहा था। उसकी डायरी पास ही रखी थी। तभी पांडे आ गया। उसने एक फीकी मुस्कुराहट के साथ पांडे का स्वागत किया। दोनों कुछ देर चुपचाप बैठे रहे। पांडे ने उसकी डायरी उठाई और अंतिम पेज पढ़ने लगा। डायरी पढ़ने के कुछ देर बाद उसने केवल इतना कहा कि– "तुम्हारी तबीयत ठीक नहीं है, आज खिचड़ी बनाकर खा लेना।"

पांडे जब मनोज की डायरी पढ़ रहा था, तब उसे लगा था कि पांडे उसके कष्ट को समझ रहा है। पर जब पांडे उसे खिचड़ी बनाकर खाने की सलाह देकर चला गया तो वह समझ गया कि शहर के लड़कों में संवेदनाएं नहीं होती, इन्हें किसी के दुःख से कोई मतलब नहीं होता। उसके दूसरे दोस्त भी बीए के बाद से उसके सम्पर्क में नहीं थे। वह ग्वालियर में अब एकदम अकेला पड़ गया था।

सुबह मनोज का बुखार बढ़ गया। उसके पास डॉक्टर को दिखाने के लिए पैसे नहीं बचे थे। पूरा दिन वह बुखार में तपता रहा। अगले दिन दोपहर तक भी जब बुखार नहीं उतरा तो वह पास के डॉक्टर जैन के क्लीनिक पर चला गया। डॉक्टर के सामने बैठकर उसने सबसे पहले कहा– "सर मेरे पास आपकी फीस देने को पैसा नहीं है।"

उसे लगा कि उसकी सच्चाई और दुःख से डॉक्टर उसे बिना फीस के दवा दे देगा। पर डॉक्टर सावित्री भोजनालय के युवा मालिक जैसा भावुक और सरल नहीं था। डॉक्टर ने उसे अपने क्लीनिक से भगा दिया। मनोज डॉक्टर के व्यवहार से अंदर तक हिल गया। वह सोचता रहा कि कैसे कोई डॉक्टर जैसे पवित्र व्यवसाय करके भी इतना कठोर हो सकता है? उसके पास अब अपने गाँव जाने के अलावा कोई विकल्प नहीं बचा था, इसलिए वह घोसीपुरा नैरो गेज रेल्वे स्टेशन पहुंचा और बिना टिकिट छोटी ट्रेन में बैठ गया। फिर उसे याद नहीं रहा कि वह किस बेहोशी की अवस्था में ट्रेन में तीन घण्टे बैठा रहा और कैसे अपने गाँव पहुंच गया?

## 17.

गाँव में कुछ दिन रहने के बाद मनोज की तबीयत ठीक हो गई। माँ ने उससे एक दिन कहा– "बेटा तू अब गबालियर चलो जा। पढ़ाई पे ध्यान देबे। पैसा तो ना हैं, पंडित

कालीचरण के पैसा भी देने हैं। तेयो बाप बहाल हो जाए तो कछु काम बने। जे पाँच सौ रूपया मो पे धरे हैं, तू रख ले।"

माँ की जीवटता और बेबसी पर उसकी आँखों में आँसू आ गए। उसने ग्वालियर जाने से पहले राकेश को अपने घर की मजबूरी बताई। राकेश ने उसका उत्साह बढ़ाते हुए कहा– "मनोज कुछ भी हो जाए तू अपनी पढ़ाई ना छोड़ियो। हमेशा ऐसे ही दिन ना रहेंगे। ये कठिनाई ही तुझे आगे बढ़ावेगी।"

मनोज के मन में राकेश के प्रति अचानक प्यार फूट पड़ा। उसने महसूस किया कि राकेश में और शहर के दोस्तों में कितना अंतर है। राकेश उसकी समस्याओं से कितना चिंतित हो जाता है जबकि पांडे उसकी समस्याओं से उदासीन ही रहता है। इतना सोचकर उसने राकेश को गले लगा लिया।

इस बार मनोज यह संकल्प लेकर ग्वालियर आया कि चाहे कुछ हो जाए वह जरूर कोई नौकरी ढूंढेगा और पीलीकोठी में कमरा लेकर बहुत पढ़ाई करेगा, जिससे अगले एक साल की तैयारी के बाद ही पीएससी में फाइनल सिलेक्शन हो जाए।

मनोज को ग्वालियर आये हुए दो दिन हो गए। इस बार उसने कुछ प्राइवेट स्कूलों में नौकरी ढूंढी पर कहीं भी उसे नौकरी नहीं मिली। बिना पैसे के वह आगे ग्वालियर में पीएससी की तैयारी कैसे करेगा? उसे समझ नहीं आ रहा था।

शाम को पांडे उसके कमरे पर आया। उसने आते ही मनोज से कहा– "चलो तैयार हो जाओ, तुम्हारे लिए एक नौकरी ढूंढ ली है।"

मनोज जिस चिंता में डूबा हुआ था उसे पांडे एक झटकेसे खत्म कर देगा, ऐसी उम्मीद उसे नहीं थी। लेकिन पांडे ने उसकी उम्मीद के उलट काम किया था। दोनों अपनी–अपनी साइकिल से जीवाजी गंज में पीजीव्ही कॉलेज की गली की ओर चल दिए। एक मकान के सामने दोनों ने दीवार से अपनी साइकिल टिका दी। दरवाजे पर लगी नेम प्लेट पर लिखा था– 'रजनीश त्यागी'। मनोज को याद आया कि ये तो विवेकानन्द केंद्र के त्यागीजी हैं। त्यागीजी से केंद्र में वह बहुत प्रभावित हुआ था। त्यागीजी सफेद धोती कुर्ता पहने अपने पलंग पर बैठे हुए थे। जोरदार ठहाका लगाते हुए उन्होंने कहा– "अहा, आइए–आइए।"

मनोज को देखकर त्यागीजी ने कहा– "आप तो विवेकानन्द केंद्र के युवा प्रेरणा शिविर में रहे थे।" मनोज को सन्तुष्टि मिली कि उसे त्यागीजी ने पहचान लिया है।

त्यागीजी ने पांडे से कहा– "यह तो बड़ा तेजस्वी युवक है। केंद्र के शिविर में इन्हें सर्वश्रेष्ठ प्रतिभागी का पुरस्कार मिला था।"

त्यागीजी के मुँह से अपनी तारीफ़ सुनकर मनोज के चेहरे पर मुस्कान तैर गई। पर पांडे ने त्यागीजी से कहा– "इन्हीं तेजस्वी युवक के लिए नौकरी चाहिए। इनके पिता इनसे भी ज्यादा तेजस्वी हैं। वे दुनिया को बदलने का महान काम कर रहे हैं, इसलिए परिवार पर ध्यान नहीं दे पाते। तेजस्वियों के परिवार से आते हैं मनोज जी।"

त्यागीजी पांडे का व्यंग्य सुनकर जोरदार ठहाका लगाते हुए बोले– "तेजस्वी तो तुम भी कम नहीं हो पांडे, हा हा हा।"

मनोज ने महसूस किया कि त्यागीजी के आसपास कितना खुशनुमा और आनन्द से भरा वातावरण रहता है। दु:ख और तनाव तो जैसे त्यागीजी के सामने ठहर ही नहीं पाते। केवल हँसी ठहाकों का माहौल रहता है।

"नौकरी क्या है! साहित्य सभा की लाइब्रेरी सम्हालना है। दौलतगंज में है। सुबह शाम दो दो घण्टे। तीन सौ रुपए मिलेंगे। मनोज चाहें तो लाइब्रेरी में रह भी सकते हैं।" – त्यागीजी ने कहा।

मनोज को त्यागीजी का प्रस्ताव सुनकर लगा कि उसकी उम्मीदों में फिर से जान आ गई है। यद्यपि वह तीन सौ रुपए में पीलीकोठी में रहकर पढ़ाई नहीं कर सकता था लेकिन उसे अपने पैर ग्वालियर में जमाने का मौका मिल गया। लाइब्रेरी में रहने और नौकरी करने से उसे पीएससी की पढ़ाई छोड़ कर गाँव वापस नहीं जाना पड़ेगा। डूबते को तिनके का सहारा मिल गया। त्यागीजी ने मनोज से पूछा– "तुम्हारा बीए का रिजल्ट कैसा रहा?" त्यागीजी के प्रश्न से मनोज अचानक अपने विचारों से बाहर आया।

उसे त्यागीजी के सामने अपने आपको योग्य सिद्ध करने का मौका मिल गया। उसने ब्रेड का टुकडा मुँह में रखते हुए त्यागी जी से कहा– "अच्छा रहा सर। सिक्सटी टू पर्सेंट आए हैं।"

वह भूल गया कि उसने पांडे को पचपन बताये थे। पांडे ने सुना तो उसने मनोज से पूछा – "मनोज जी जहाँ तक मुझे याद है, आपने मुझे पचपन पर्सेंट बताये थे। क्या मैं सही हूँ?"

मनोज ने तो त्यागीजी को प्रभावित करने के लिए सेकेण्ड डिवीजन को फर्स्ट डिवीजन में बदला था। उसे उम्मीद नहीं थी कि पांडे उसके झूठ को त्यागीजी के सामने उजागर कर देगा, लेकिन पांडे उसकी पोल खोलकर माहौल बिगाड़ रहा था। ब्रेड का टुकड़ा उसके गले में अटक गया। उसे समझ नहीं आ रहा था कि पांडे को क्या जवाब दे? लेकिन चतुर मनोज ने तुरन्त विषय बदला– "स्वामी विवेकानन्द पर आपका भाषण मुझे बहुत अच्छा लगा था।"

लेकिन पांडे ने मनोज की सच्चाई को त्यागीजी के सामने प्रकट करने का पूरा मन बना लिया था। उसने सीधे–सीधे मनोज से पूछ ही लिया– "मनोज जी! विवेकानन्द को छोड़िये, ये बताइये कि बीए में आपके कितने पर्सेंट थे?"

मनोज ने पूर्व में भी इस तरह के सफल झूठ से लोगों की नज़रों में सम्मान प्राप्त किया था। पर आज उसका दाँव उल्टा पड़ गया। अपनी चोरी पकड़ी जाने के कारण वह अपनी नजरें चुरा रहा था। इस उलझ चुके धागे का सिरा त्यागीजी ने पकड़ा। वे समझ गए कि मनोज ने उनकी नजर में योग्य बनने के प्रयत्न में झूठ बोला है। त्यागीजी को इस झूठ में कुछ भी गलत नहीं लगा। वह इसे गाँव के कमजोर माहौल से शहर में अपना स्थान बनाने आए लड़के का सामान्य मनोविज्ञान मान रहे थे।

त्यागीजी ने अपने अनुभव से मनोज को अपराधबोध से मुक्त करने की कोशिश की– "मेरी तो एमए इंग्लिश में थर्ड डिवीजन थी। पर लोग मानने को तैयार नहीं होते। मैं भी नहीं कहता कि थर्ड डिवीजन पास हूँ। मेरे कुछ अति उत्साही प्रेमी तो मुझे पीएचडी मानकर डॉक्टर–डॉक्टर कहते रहते हैं। मैंने पीएचडी तो क्या एमफिल तक नहीं की। पर लोग मानते हैं तो मानते रहें। मैं भी मना नहीं करता, हा हा हा।"

मनोज का तनाव त्यागीजी की समझ और विनोदी प्रवृत्ति ने हल्का कर दिया। दोनों अपने अपने घर को चल दिए। रास्ते में मनोज ने पांडे से गुस्से में कहा– "तुमसे यह उम्मीद नहीं थी। तुमने मुझे आज बहुत बेइज्जत किया।"

पांडे कुछ देर सोचता रहा, फिर बोला– "यह बहुत जरूरी था। जीवन में अब कभी भी तुम्हारे पर्सेंट से तुम्हारे व्यक्तित्व और तुम्हारी योग्यता का आकलन नहीं होगा, इसलिए अपनी पुरानी कमजोरियों को झूठ के सहारे छुपाने के स्थान पर सच्चाई के साथ उनका सामना करो।"

मनोज पांडे का चेहरा देखता रहा। फिर दोनों अलग–अलग दिशाओं में चले गए।

## 18.

मनोज के पास सामान के नाम पर एक सूटकेस, बाल्टी, कुछ किताबें और एक गद्दा था। वह एक तांगे में अपना सामान रखकर दौलतगंज स्थित साहित्य सभा की लाइब्रेरी पहुँच गया। सामने सौ साल पुरानी बिल्डिंग थी। जिसके भूतल पर टिम्बर की

दुकानें थीं और प्रथम तल पर 'साहित्य सभा' का बोर्ड लगा था। गोल चक्करदार सीढ़ियों से अपना सामान लिए वह सभा की लाइब्रेरी में पहुँच गया। इस बड़े हॉल में चारों तरफ किताबों से भरी अलमारियाँ, बीच में पाठकों के पढ़ने के लिए टेबल और बेंच, काव्य सम्मेलन और दूसरे साहित्यिक कार्यक्रम के लिए दो तख्त का छोटा सा मंच, मंच के पास में लेक्चर डेस्क और माइक रखा था। लाइब्रेरी की दीवारों पर देश के तमाम बड़े साहित्यकारों और महापुरुषों की तस्वीरें लगी हुई थीं।

मनोज ने रात को सोने के लिए मंच को ही अपना बिस्तर बना लिया। सुबह—शाम दो घंटे लाइब्रेरी में लोग किताबें पढ़ने आते थे। बाकी समय वह लाइब्रेरी में अकेला ही रहता। इस अकेलेपन को दूर करने का काम उसके लिए लाइब्रेरी की किताबें करती थीं। उसने लाइब्रेरी की किताबें पढ़नी शुरू कर दीं। उसने अब्राहम लिंकन, थामस अलवा एडिसन, एवरेस्ट पर चढ़ने वाले तेनजिंग नार्गे जैसे कई जुझारू लोगों की जीवनियाँ पढ़ डालीं। अब्राहम लिंकन के गरीबी के दिनों के संघर्ष ने उसे बहुत प्रभावित किया। यहाँ तक कि उसने लिंकन को अपना हीरो मानते हुए उन जैसा दिखने के उद्देश्य से अपनी पतली दाढ़ी न कटवाने का फैसला ले लिया।

मनोज ने अपनी तनख्वाह के तीन सौ रुपए भोजनालय में जमा कर दिए। उसके रहने, खाने और पढ़ने का इंतजाम हो गया। महीने में दो बार शाम को लाइब्रेरी में काव्य गोष्ठी होती जिसमें शहर के कवि साहित्यकार इकट्ठा होते। सामाजिक, साहित्यिक विषय पर परिचर्चा का आयोजन भी होता। मनोज को इन आयोजनों की जिम्मेदारी भी निभानी होती थी। फर्श बिछाने और माइक लगाने जैसे काम भी उसे ही करने पड़ते थे।

मनोज ध्यान से विद्वानों के भाषण सुनता। उसकी इच्छा होती कि वह भी मंच से भाषण दे या अपनी लिखी कोई कविता सुनाये, पर मनोज को मौका नहीं मिलता। उसे मंच पर खड़े होकर बोलना एक अद्भुत और दैवीय काम लगता। जब सभा का कार्यक्रम समाप्त हो जाता और सभा में कोई नहीं होता, तब मनोज माइक चालू करके भाषण देने का अकेले अभ्यास करता। अपने विचार उस विषय पर देता जो कुछ देर पहले परिचर्चा में विद्वानों ने उठाये थे। खाली हॉल में उसे सुनने वाला कोई नहीं होता। पर वह कल्पना करता कि सामने श्रोता बैठे हैं। इस तरह वह अपना ज्ञान बढ़ाने और बोलने का अभ्यास करता रहता।

एक रात काव्य सम्मेलन के बाद एक कवि लाइब्रेरी में ही रुक गए। कवि की बस सुबह थी। सुबह कवि ने नहाने के बाद मनोज से कहा– "क्या आपके पास बालों में लगाने के लिए तेल मिलेगा?"

"तेल नहीं है।– मनोज ने संकोच से कहा।

कवि निराश हुए पर उन्होंने उम्मीद नहीं छोड़ी– "कोई बात नहीं कंघा ही दे दो, बिना तेल के ही बाल बना लूंगा।"

मनोज के पास कंघा भी नहीं था, उसने फिर संकोच से कहा –"कंघा भी नहीं है।"

पर कवि ने हार नहीं मानी, उन्होंने अपनी फरमाइश को बदलकर फिर से कहा– "कैसे लड़के हो भाई तुम? चलो शीशा ही दे दो अपनी शक्ल ही देख लूँ एक बार।"

"शीशा भी नहीं है।"– मनोज ने फिर से वही उत्तर दिया।

कवि को अब मनोज को देखकर आश्चर्य हो रहा था। उसने मनोज के उम्र के कई लड़के देखे थे जो सुंदर दिखने और फैशन करने के दीवाने रहते थे।

कवि ने कहा– "जिस उम्र में लड़के नये–नये फैशन करते है, उस उम्र में तुम यह तपस्या क्यों कर रहे हो?"

"मैं पीएससी की तैयारी कर रहा हूँ। पढ़ाई के खर्च के लिए यहाँ नौकरी करता हूँ। तेल, कंघे की जरूरत ही नहीं पड़ती। एक साल से तो मैंने अपनी शक्ल ही आईने में नहीं देखी।" एक छुपा हुआ गर्व उसकी आवाज में झलक आया था।

अपनी बात पूरी करके उसने कवि का थैला उठा लिया और उन्हें टेम्पो में बिठाने जाने लगा। कवि ने टेम्पो में बैठते हुए मनोज को आशीर्वाद दिया– "तुम जरूर सफल होओगे बेटा।"

वापस जाते कवि की आँखें गीली थी। उसमें कोई सरल कविता झिलमिला रही थी।

तीन चार महीने मनोज को लाइब्रेरी में रहते हुए हो गए। लेकिन उसका कोई भी दोस्त हालचाल जानने नहीं आया, यहाँ तक कि पांडे भी एक दो–बार ही उससे मिलने आया था। मनोज महसूस करने लगा कि उसका इस पूरे ग्वालियर में कोई नहीं है, उसे अकेले ही रहना है। यह बिल्डिंग उसे भुतहा अकेलेपन का अहसास कराती। इस अकेलेपन से बचने के लिए उसके पास किताबों के अलावा कोई सहारा नहीं था।

एक दिन वह लाइब्रेरी में मेक्सिम गोर्की का उपन्यास 'माँ' पढ़ रहा था। उपन्यास के नायक पावेल की माँ के संघर्ष और जिजीविषा को देखकर उसकी आँखें भर आई। वह पावेल की माँ में अपनी माँ की कल्पना करने लगा। उसकी माँ भी तो लगातार जूझ रही है, हर मुसीबत में माँ ही तो है जो उसे ग्वालियर में टिके रहने की ताकत देती है।

मनोज उपन्यास पढ़ ही रहा था कि उसके माता–पिता उससे मिलने लाइब्रेरी में आ गए। उसने अधूरा उपन्यास बंद किया। माँ उसका रहन–सहन देख कर समझ गई कि

बेटा कष्ट में रह रहा है। माँ प्यार से उसके सर पर हाथ फेरने लगी।

पिता के पास कहने और समझने के लिए कुछ था नहीं, इसलिए वे हॉल में लगी हुई साहित्यकारों और महापुरुषों की तस्वीरें देखने लगे। ज्यादातर चेहरे उन्हें अपरिचित ही लगे। लेकिन बातचीत के लिए पिता को विषय मिल गया। इसके पहले कि मनोज उनकी नौकरी और सस्पेंशन से बहाली पर प्रश्न पूछे उन्होंने उससे एक तस्वीर की तरफ इशारा करते हुए पूछा– "यह कौन हैं?"

"मुक्तिबोध।" – मनोज ने उत्तर दिया

"मतलब?"– पिता ने पूछा

पिता की सरल अज्ञानता पर उसने मुस्कुराते हुए उत्तर दिया– "इनका नाम मुक्तिबोध है। कवि हैं। बहुत अच्छी कविताएँ लिखते हैं।

"मोय तो वो मुंशी ठीक लागतो। मैंने पढ़ी थी स्कूल में कहानी, बूढ़ी डुकरिया वाली।"– पिता ने मुंशी प्रेमचंद के कथा संसार के बारे में अपनी राय व्यक्त की।

माँ ने पिता को व्यर्थ की बातों में उलझा हुआ देखा तो नाराज हो गई– "तुम देख रहे हो मोड़ा कैसे रह रहो है? कैसो कमजोर हो गयो? अब तो नौकरी ठीक ते कर लो। कर्जा सिर पे चढ़ो है।"

पिता को इस साहित्यिक चर्चा के बीच में माँ का आर्थिक हस्तक्षेप पसन्द नहीं आया। उन्होंने चिढ़ते हुए माँ से कहा–"तू कछू ना जानती। अनपढ़। जे देख कितनी किताबें रखी हैं। पढ़बे की कमी ना है।"– ज्ञान और पुस्तकों के महत्व को पिता ने अपनी अनपढ़ पत्नी को समझाया।

जब कुछ देर लाइब्रेरी में मौन बना रहा तब पिता ने अपनी नौकरी का रहस्य खोला– "अब तो मोय हाईकोर्ट ते ही उम्मीद है। मेई बहाली हाईकोर्ट ही करेगो। मैंने फैसला ले लियो है कि डिप्टी डायरेक्टर के कारनामों की जांच के लिए आमरण अनशन करेंगों।" पिता ने शासकीय खेमे में नए मोर्चे खोलने की जानकारी मनोज को दे दी। वह पिता के आमरण अनशन की बात सुनकर घबरा गया।

उसने अपने पिता को समझाने की असफल कोशिश की– "पापा अनशन मत कीजिये, कोर्ट आपको जल्दी ही बहाल कर देगा और मेरी तो बिलकुल भी चिंता मत कीजिये मैं यहाँ बहुत अच्छे से हूँ।"

उसने अपनी जिम्मेदारी की चिंता से पिता को मुक्त करना चाहा पर पिता ने जिद नहीं छोड़ी– "जब तक डिप्टी डायरेक्टर को ठिकाने नहीं लगा देंगों, मैं चैन से नहीं बैठेंगों।"

पिता ने अपनी बात कहकर मंच पर बैठे बैठे लाइब्रेरी के बड़े से हॉल को निहारा। महापुरुषों की तस्वीरें देखकर पिता के भीतर कुछ हलचल हुई। फिर पिता ने अपनी रीढ़ की हड्डी सीधी की और कुछ बोलने के लिए तनकर बैठ गए।

मंच पर बैठे पिता मनोज से कहने लगे—"आज इस देश की सबसे बड़ी समस्या बेईमानी है, सब स्वार्थी हो गए हैं। सबको अपनी फ़िक्र है, देश की फ़िक्र किसी को ना है।"

मनोज पिता की बात सुनकर कुछ कहता उसके पहले ही माँ बोल पड़ी— "शर्म ना आवते तुम्हें। फालतू बात कर रहे हो। घर सुधार ना सकत, देश की चिंता कर रहे हो। मोड़ा ने तीन—चार साल से नई बुसकट ना खरीदी, खाबे पीबे को कछु ठिकानों ना है। अब तो सुधर जाओ। अब घर बर्बाद होबे में देर ना है।"

पिता को अपने ओजस्वी भाषण की ऐसी प्रतिक्रिया देखकर कष्ट हुआ।

उन्होंने माँ से कहा— "तू जीभ ना चलावे, नये कपड़ा से कछु ना होवत, ईमानदार आदमी पुराने कपड़ा पहनके भी अलग से चमकतो है और खा पी तो जानवर भी रहे हैं, आदमी तो वो है जो भले ही भूखो रह ले पर अपनी आत्मा ज़िंदा रखे। अब तू का जाने देश की समस्या। तुझे समझानों तो भैंस के आगे बीन बजाने जैसो है।"

माँ ने चिढ़कर पिता से कहा— "मोय ना पतो देश की समस्या। पर तुम्हें भी एक बात ना पतो।"

माँ की बात सुनकर पिता को आश्चर्य हुआ कि उनसे पता करने में कौन बात रह गई है, पिता ने पूछा— "मोय का ना पतो? मोय तो सब पतो है।"

"यही के तुम पागल है गए हो।" —माँ ने पिता से कहा

अब पिता का वापसी का समय हो रहा था, उन्होंने माँ की बात को अनसुना करते हुए कहा —"चुप कर। देर हो रही है चल, नहीं तो बस निकर जावेगी।"

मनोज माता—पिता को नीचे टेम्पो में बिठाने चला गया। माता ने पिता से कहा— "मोड़ा को कछु पैसा दे दो के तुम्हारे भाषण से पेट भर लेगो।"

पिता ने माँ की यह माँग अनसुनी करते हुए कठोरता से कहा— "मो पे ना धरे पैसा।"

इतना कहकर पिता उस दिशा की ओर देखने लगे जहाँ से टेम्पो आने की उम्मीद थी।

माँ ने मनोज को सौ रूपए दिए और कहा— "बेटा ठीक से रहियो।" माता—पिता टेम्पो में बैठकर चले गए। मनोज वापस सुनसान लाइब्रेरी में लौट आया।

लाइब्रेरी में आकर वह अपनी कुर्सी पर बैठ गया और सोचता रहा कि क्या उसके पापा सच में पागल हो गए हैं? क्या माँ सही कहती है? पिता हमेशा देश, ईमानदारी, गरीबों की बातें करते रहते हैं। घर की उन्हें बिलकुल फ़िक्र नहीं रहती। पागलों की तरह उनका दिमाग एक ही जगह आकर अटक जाता है।

इतना सोचकर वह टेबल पर रखी मुक्तिबोध की 'अँधेरे में' "कविता जोर–जोर से पढ़ने लगा –

"अब तक क्या किया, जीवन क्या जिया"
बहुत–बहुत ज्यादा लिया, दिया बहुत–बहुत कम
मर गया देश जीवित रह गए तुम"

इतना पढ़कर उसने किताब बंद कर दी। उसकी आँखों के सामने उसके पिता का कठोर और भावहीन चेहरा आ गया। उसने अपनी डायरी उठाई और लिखने लगा– "जो घरबार की फ़िक्र न करके देश की फ़िक्र करते हैं वह पागल ही तो कहलाते हैं। मेरी माँ सही कहती है कि मेरा पिता पागल है। मैं ऐसे पागल पिता से बहुत प्यार करता हूँ। मेरे पिता मेरे आदर्श हैं।"

माता–पिता के जाने के बाद मनोज अकेला और उदास हो गया। अपनी उदासी दूर करने के लिए वह लाइब्रेरी की बालकनी में खड़ा होकर नीचे सड़क की चहल पहल देखने लगा। माँ के जाने के बाद उसे अपना गाँव याद आने लगा। गाँव में कितना अच्छा और आनन्द से भरा जीवन था उसका। ग्वालियर में पिछले कुछ साल से वह अपने भीतर के मस्त मौला और गाँव के रंग में रंगे अल्हड़ मनोज से मिला ही नहीं।

शादियों का सीजन चल रहा था। नीचे सड़क पर एक बारात जा रही थी। बारात में गाना बज रहा था "मेरा पिया घर आया ओ राम जी"। बाराती इस गाने पर झूम–झूम कर डांस कर रहे थे। बारात में कुछ बूढ़े बरात को जल्दी आगे बढ़ाने की कोशिश कर रहे थे पर युवा बार–बार बारात को एक ही जगह रोक कर डांस का आनन्द ले रहे थे। बारात की मस्ती देखकर मनोज सोचने लगा कि निराशा का कोई कारण ही नहीं है। चारों तरफ आनन्द के क्षण बिखरे पड़े हैं बस हमें उन्हें समेट लेना हैं। हालात तो परेशान करने के लिए ही होते हैं। पर मुझे उल्लास और आनन्द की तलाश नहीं छोड़नी चाहिए। ऐसा सोचकर उसने लाइब्रेरी का गेट बंद किया और चप्पल पहनकर लगभग दौड़ता हुआ नीचे पहुँच गया।

अभी भी 'मेरा पिया घर आया ओ राम जी' गाना चल रहा था। पर शायद बूढ़ों को लड़की वाले के दरवाजे पर पहुँचने की जल्दी थी, इसलिए वह बारात को जल्दी–जल्दी

आगे बढ़ाने लगे। मनोज जब वहाँ पहुंचा तो बारात आगे बढ़ने लगी थी। उसने बारात के बीच में पहुँचकर बैंड वाले को आदेश सा दिया– "ये काली–काली आँखें।" बैंड वाला शायद अपने गायन की कला का अभी तक मन भर के प्रदर्शन नहीं कर पाया था, इसलिए मनोज का आदेश पाकर वह तुरंत बाजीगर फिल्म का "ये काली काली आँखें ये गोरे–गोरे गाल" गाना गाने लगा। बूढ़ों की कुड़कुड़ से हतोत्साहित जवान लड़कों में उसने नया जोश भर दिया। असहाय बूढ़े मिसमिसाकर रह गए।

मनोज अपनी आँखों और गालों पर हाथ फेर–फेर कर डांस कर रहा था। एक बार फिर बारात अपने रंग में आ गई। किसी बाराती को पता नहीं चला कि यह जोशीला डांसर बिन बुलाया मेहमान है। पन्द्रह मिनिट लगातार डांस करने के बाद मनोज पसीने से तरबतर हो गया। बारात आगे बढ़ गई।

## 19.

एक दिन लाइब्रेरी के मैनेजर हुकुमचंदजी ने मनोज से कहा कि हॉल की पुताई करानी है, इसलिए पुरानी रद्दी निकाल कर कबाड़ी वाले को बेच देना। मनोज ने रद्दी निकालकर पाँच हजार रुपए में बेच दी। हुकुमचंद जी ने हिसाब माँगा तो उसने पूरा हिसाब रख दिया। हुकुमचंद ने उसे भेदती हुई नजर से देखा और कहा– "पिछले साल सात हजार की रद्दी बिकी थी। इस साल केवल पाँच हजार की ही कैसे बिकी?"

हुकुमचंद इस प्रश्न से मनोज की ईमानदारी पर सन्देह व्यक्त कर रहे थे। उनकी नजर में तीन सौ रुपए कमाने वाले के लिए दो हजार रुपए की हेराफेरी करना बहुत लाभ का सौदा है। मनोज ने कहा–"सर इतने की ही रद्दी निकली थी। मैंने सात कबाड़ियों से सम्पर्क किया था, जिसने रद्दी के सबसे अधिक दाम लगाये, उसी को बेचा।"

लेकिन हुकुमचंद का अविश्वास बढ़ता जा रहा था। हुकुमचंद ने अब अपने अविश्वास को स्पष्ट प्रकट कर मनोज पर सबसे गहरी चोट की। उन्होंने कहा– "मनोज तुम तो युवक हो। त्यागीजी तुम पर भरोसा करते हैं, तुमसे यह उम्मीद नहीं थी।"

ईमानदारी मनोज का सबसे बड़ा संकल्प था, जिसे हुकुमचंदजी ने छिन्न–भिन्न करके उसे बेईमान सिद्ध कर दिया। यह निराधार आरोप सुनकर मनोज भयानक कड़वाहट से भर गया। उसकी इच्छा हो रही थी कि कोई कड़वा जवाब हुकुमचंद जी को दे दे। पर वह कुछ नहीं कह सका। वह बिना कुछ कहे लाइब्रेरी से नीचे चला गया।

मनोज ने तय किया कि जहाँ उसकी ईमानदारी की कोई कद्र नहीं है, वहाँ वह काम नहीं करेगा। पर अगले ही पल उसके मन में विचार आया कि वह जाएगा कहाँ, रहेगा कहाँ, पढ़ेगा कहाँ? पढ़ाई के लिए पैसा कहाँ से आएगा? उसके मन में यही ऊहापोह बनी रही।

शाम को वह लाइब्रेरी में अपनी कुर्सी पर बैठा हुआ था। उसके सामने इतिहास की 'आधुनिक भारत' किताब खुली हुई रखी थी पर उसका मन पढ़ाई में नहीं लग रहा था। उसके मन को हुकुमचंदजी के आरोप परेशान कर रहे थे। अचानक उसने महसूस किया कि उसके सामने रखा मटका हिल रहा है, लाइब्रेरी की छत पर लगा पंखा चलते–चलते अचानक कुछ अधिक तेजी से हिलने लगा। उसे लगा कि दीवाल भी हिल रही है। फिर उसे नीचे सड़क से आवाजें सुनाई दीं– "भूकंप आ गया, भूकंप आ गया।"

पुरानी जर्जर इमारतें कुछ सेकंड थर्राकर थम गईं। मनोज भाग कर नीचे चला गया। मार्केट के कई दुकानदार भी घबराकर सड़क पर आ गए थे। सभी लोग भूकंप के डर से सहम गए थे। जब दोबारा भूकंप नहीं आया तो लोगों ने राहत की साँस ली। लेकिन किसी ने आशंका प्रकट कर दी कि रात को भूकंप आ सकता है। मनोज को बिल्डिंग में जाने से डर लग रहा था। वह शाम से रात बारह बजे तक सड़क पर अकेला भटकता रहा।

फिर वह सड़क के किनारे बनी एक फर्नीचर की दुकान के बाहर बैठा–बैठा सोचने लगा– "आज यह बिल्डिंग गिर जाती और मैं उसमें दब कर मर जाता तो किसी को क्या फर्क पड़ता? इस शहर में कौन मुझे ढूंढता? कोई नहीं। मैंने अपने चार वर्ष ग्वालियर की इन सड़कों पर भटकते हुए बिता दिए। क्या पाया मैंने? ईमानदारी से काम करने के बावजूद बेईमानी का आरोप? क्या मैं बेईमानी का आरोप लिए हुए ही मर जाता। किस पीएससी के पीछे मैं पड़ा हूँ जिसका दूर–दूर तक कोई अता पता नहीं।"

डरा, उदास, हतोत्साहित मनोज सुनसान सड़क पर बैठा रहा। उसके पास कोई नहीं था जिससे वह अपने मन का दर्द बाँट सके। उसकी निराशा, बेईमानी का झूठा आरोप, भविष्य के प्रति उसकी अनिश्चिता, अभावों का जीवन उसे विचलित कर रहा था। सड़क अब पूरी तरह सूनी हो गई थी। वह भटकता हुआ पास के राम मंदिर चौराहे पर चला गया।

मंदिर के गेट बन्द हो गए थे। वह गेट के पास बनी सीढ़ियों पर बैठ गया। काफी देर तक वह भगवान राम की मूर्ति को एकटक देखता रहा जैसे उनसे बात करने की कोशिश कर रहा हो। शायद वह भगवान राम से पूछने आया था कि बताओ अब मुझे क्या करना है? कोई तो दिशा दिखाओ? उसे लग रहा था कि राम उसे देखकर शांत भाव से मुस्कुरा

रहे हैं, आश्वस्त कर रही थी मनोज को उनकी मुस्कराहट। लगभग आधा घण्टा वह सीढ़ियों पर बैठा मूर्ति की ओर देखता रहा। खोया रहा वह उन आँखों में।

अचानक वह सोचने लगा– "मैं भी तो राम की तरह ही एक अंतहीन यात्रा पर निकला हूँ। जिसके पड़ावों पर मिलने वाले दुःख तो मुझे सहने ही होंगे। प्रतिभाएं अकारण आगे नहीं बढ़तीं। वे बढ़ती हैं अपने पुरुषार्थ से, अपने धैर्य से, अपने समर्पण से, अपनी मेहनत से, अपने त्याग से, अपनी प्रबल इच्छाशक्ति से। पता नहीं कौन सी शक्ति उसने मंदिर की सीढ़ियों पर महसूस की। वह सीढ़ियों पर खड़ा होकर बोलने लगा– "मैं किसी भी झूठे आरोप को नहीं सहूंगा। मुझे कोई नहीं हरा सकता।"

इतना कहकर वह लाइब्रेरी की ओर लगभग दौड़ पड़ा। लाइब्रेरी पहुँचकर उसने मंच के पास रखी लेक्चर डेस्क का माइक चालू किया और अँधेरे बन्द हॉल में माइक पर जोर–जोर से कवि निराला की 'राम की शक्ति पूजा' कविता का पाठ करना शुरू कर दिया। उसकी आवाज तेज थी, उसमे घरघराहट और कम्पन था। वह कविता के एक–एक शब्द पर जोर देकर पढ़ने लगा–

"है अमानिशा उगलता गगन घन अन्धकार, खो रहा दिशा का ज्ञान स्तब्ध है पवनचार।

अप्रतिहत गरज रहा पीछे अम्बुधि विशाल, भूधर ज्यों ध्यानमग्न केवल जलती मशाल।"

फिर उसने इस पंक्ति की व्याख्या करनी शुरू की– "राम पराजित अवस्था में पहुंच गए हैं। निराशा और अन्धकार है सब तरफ। पर एक उम्मीद की लौ उनके मन में इस निराश और पराजित माहौल में भी जल रही है।"

उसने इस कविता में खुद को ढूंढना शुरू किया– "एक मशाल मेरे भीतर भी उम्मीद के रूप में जल रही है। इसे मैं कभी बुझने नहीं दूंगा। मैं जरूर जीतूंगा।"

अपने भाषण की अंतिम पंक्तियों तक पहुँचकर मनोज की निराशा भरपूर उत्साह में तब्दील हो गई। वह देर तक काल्पनिक दर्शकों से भरा खाली हॉल देखता रहा। उसने माइक बन्द किया, अपनी टेबल पर पहुँचकर टेबल लैम्प जलाया, बी एल ग्रोवर की 'आधुनिक भारत' किताब उठाई और सुबह की पहली किरण लाइब्रेरी में पड़ने तक प्लासी, बक्सर, और आंग्ल–मराठा सम्बन्ध पढ़ता रहा। रात में कोई भूकंप नहीं आया।

## 20.

अगले दिन मनोज लाइब्रेरी छोड़ने का अपना निर्णय सुनाने त्यागीजी के घर चला गया। उसने कुर्सी पर बैठते हुए सीधे अपनी बात कही– "मैं अब लाइब्रेरी में काम नहीं कर सकता। जहाँ मेरी ईमानदारी की कद्र न हो, वहाँ मैं काम नहीं करूंगा।"

त्यागीजी ने जोर से ठहाका लगाते हुए कहा– "चाय तो तुम पीते नहीं हो। लो गजक खाओ।" – इतना कहकर उन्होंने टेबल पर रखी गजक मनोज के सामने रख दी।

त्यागीजी ने मनोज से आगे कहा– "हुकुमचंदजी व्यवसायी आदमी हैं मनोज! जीवन भर उन्होंने सौ–सौ रुपए की साड़ियाँ बेचकर मुनाफ़ा कमाया है। उन्हें साड़ियों की परख तो है पर आदमी की परख नहीं है। तुम व्यर्थ ही परेशान हो रहे हो। निश्चिन्त होकर नौकरी करो। मुझे तुम पर पूरा भरोसा है।"

त्यागीजी के भरोसे से मनोज को बल मिला। इस बल ने उसका आत्मविश्वास और बढ़ा दिया। अपने इस बढ़े आत्मविश्वास से प्रेरित होकर उसने कहा– "हुकुमचंदजी का भरोसा मुझ पर नहीं रहा, मैं अब लाइब्रेरी में तो काम नहीं ही कर पाऊँगा।"

इतने में पांडे और त्यागीजी के स्कूल की पूर्व छात्रा अंशु गुर्जर आ गईं। अंशु पीएससी की गम्भीर स्टूडेंट थी और इस साल वह मुख्य परीक्षा दे रही थी। त्यागीजी ने मनोज की पूरी कहानी दोनों को कह सुनाई।

पांडे कुछ बोलता, उसके पहले अंशु ने कहा– "मनोज तुम बताओ कि तुम महत्वाकांक्षी हो या नहीं?"

मनोज ने एकदम से कहा– "मैं पीएससी में सिलेक्ट होना चाहता हूँ, मैं महत्वाकांक्षी हूँ।"

अंशु ने मनोज को व्यवहारिक सलाह दी– "फिर तुम्हें लाइब्रेरी में ही रहना चाहिए अभी तुम्हारी आर्थिक स्थिति तुम्हें कहीं दूसरी जगह रहने की इजाजत नहीं दे रही है। "

मनोज अंशु की बात सुनकर भी अपनी बात पर अड़ा रहा– "दीदी मैं वहाँ काम नहीं कर सकता, जहाँ मेरी ईमानदारी पर संदेह किया जा रहा है।"

"फिर क्या करोगे, बिना नौकरी के पढ़ाई कैसे करोगे?" कुछ दिनों के बाद ही एमपी पीएससी की प्रिलिम्स परीक्षा होने वाली है?– पांडे ने गजक खाते हुए मनोज के प्रति चिंता व्यक्त करते हुए कहा।

"पढ़ाई छोड़ दूंगा, सड़क पर रह लूंगा, पर अपने सिद्धांत से समझौता नहीं करूंगा।" – मनोज ने बिना एक सेकंड गवाए तत्काल उत्तर दिया।

उसकी इस जिद का किसी के पास कोई जवाब नहीं था। पर वहाँ बैठे सभी लोगों को उसकी बात एक नवयुवक का जोश और आदर्शवाद ही अधिक लग रही थी। पांडे को मनोज का यह संकल्प व्यवहारिकता से दूर लग रहा था। उसने मनोज के इस अति आदर्शवाद की व्याख्या की और त्यागीजी को देखते हुए बोला– "मनोज जी अपने पिता से प्रभावित हैं। इनके पिता भी अपने सिद्धांतों से समझौता नहीं करते। समझौता न करना इनकी पारिवारिक विशेषता है।"

मनोज को उम्मीद थी कि ईमानदारी पर उसके संकल्प को सुनकर शहर का यह बुद्धिजीवी समूह उससे प्रभावित होगा पर पांडे की ऐसी ठंडी और व्यंग्यपूर्ण प्रतिक्रिया देखकर वह निराश हो गया।

त्यागीजी ने पास ही रखी एक किताब उठाई और मनोज को दे दी। किताब के कवर पेज पर भगत सिंह का चित्र था। त्यागीजी ने मनोज से पूछा– "अच्छा बताओ मनोज, तुम्हें भगत सिंह के इस चित्र में क्या विशेषता नजर आ रही है?"

मनोज कुछ देर तक भगत सिंह के चित्र को देखता रहा, पर कुछ बोल नहीं पाया।

"मनोज मुझे भगत सिंह की आँखों में एक बेचैनी सी नजर आती है, उनके भीतर देश के लिए कुछ करने की तड़प दिख रही है।" –त्यागीजी ने मनोज से कहा।

कुछ देर रुककर उन्होंने आगे कहा– "मुझे तुम्हारी आंखों में भगत सिंह जैसी बेचैनी और देश के लिए कुछ करने की तड़प दिखाई देती है।"

मनोज उनकी बात सुनकर हतप्रभ रह गया। उसे उम्मीद नहीं थी कि उसकी तुलना भगत सिंह से की जाएगी।

अंशु ने मनोज की तारीफ करते हुए कहा– "मनोज का व्यक्तित्व मुझे भी विलक्षण लग रहा है। कोई नवयुवक अपने सिद्धांतों के लिए इतना संकल्पवान हो सकता है मुझे यह देखकर बहुत आश्चर्य हो रहा है।"

मनोज की तारीफ सुनकर पांडे ने अंशु से कहा– "दीदी कल त्यागीजी के स्कूल में ग्यारवीं में पढ़ने वाला एक लड़का अपनी कविता सुनाने यहाँ आया था। बेहद घटिया कविता थी।"

फिर पांडे ने त्यागीजी को सम्बोधित करते हुए कहा– "क्या कविता थी, आपको तो याद होगी?"

"हमसे तो बेहतर हैं वो घास चरने वाले,
हमसे तो बेहतर हैं वो बोझा ढोने वाले।"

वहाँ उपस्थित सभी लोगों को पांडे की यह अप्रासंगिक बात समझ नहीं आई।

अंशु ने पांडे से पूछ ही लिया– "तुम कहना क्या चाहते हो, स्पष्ट कहो?"

"कल त्यागीजी को इस महान काव्य के रचयिता में जयशंकर प्रसाद के दर्शन हो रहे थे। मैं मनोज से यह कहना चाह रहा हूँ कि आम लोगों में महापुरुषों के दर्शन करना त्यागीजी की हॉबी है, इसे गम्भीरता से न लें और जीवन में व्यवहारिकता को अपनाएं।" पांडे ने त्यागीजी द्वारा की गई मनोज की प्रशंसा को शून्य घोषित कर दिया। उसकी बात सुनकर त्यागीजी ठहाका मार कर हँस पड़े। मनोज समझ गया कि अभावों से दूर रहने वाला पांडे कभी उसे नहीं समझ सकता। मनोज बिना किसी निर्णय के वापस लाइब्रेरी चला गया।

एक महीने बाद पांडे मनोज से मिलने लाइब्रेरी पहुंचा। मनोज लाइब्रेरी में नहीं था। लाइब्रेरी के व्यवस्थापक हुकुमचंद कुर्सी पर बैठे हुए कोई रजिस्टर देख रहे थे। पूछने पर हुकुमचंद ने बताया कि मनोज तो एक महीने पहले लाइब्रेरी का काम छोड़कर चला गया है। एक साल लाइब्रेरी में काम करने के बाद मनोज ने लाइब्रेरी छोड़ दी थी।

"कहाँ गया?"– पांडे ने आश्चर्य से पूछा। पांडे को उम्मीद नहीं थी कि मनोज लाइब्रेरी का काम छोड़कर जा सकता है। हुकुमचंद से और अधिक पूछने पर उन्होंने पांडे को एक पर्ची दे दी जिस पर मनोज का नया पता लिखा था– 'घनश्याम आटा चक्की, गणेश मन्दिर, घोसीपुरा'। पर्ची हाथ में लिए पांडे लाइब्रेरी के नीचे उतर आया। उसने अपनी साइकिल घोसीपुरा की ओर मोड़ दी।

घोसीपुरा ग्वालियर की एक पिछड़ी और घनी बस्ती है जहाँ जौरा, सबलगढ़ जाने वाली नैरोगेज ट्रेन का स्टेशन भी है। ढूँढने पर पांडे को आसानी से 'गणेश मन्दिर' मिल गया। मंदिर के पास जगह–जगह घूरे और गन्दगी के ढेर लगे हुए थे। पास ही गंदे पानी की नाली बह रही थी। पांडे ने वहीं खड़े एक लड़के से घनश्याम आटा चक्की का पता पूछा और अगली गली में आटा चक्की के पास पहुँच गया। वह समझ गया था कि मनोज ने आटा चक्की वाले के यहाँ कमरा किराए से ले लिया है। आटा चक्की पर एक लड़का सफेद बनियान और लाल रंग का पैंट पहने गेहूं पीस रहा था और उड़ते हुए आटे के कारण सफेदी में लगभग नहा गया था। पांडे ने लड़के के नजदीक जाकर मनोज का पता पूछना चाहा। नजदीक जाकर पांडे ने देखा तो वह एकदम चौंक गया, आटा चक्की में काम करने वाला लड़का मनोज ही था।

मनोज ने जब पांडे को दुकान के सामने खड़ा देखा तो मुस्कुरा दिया। उसने पांडे से कहा– "थोड़ी देर में मेरा काम पूरा हो जाएगा फिर कमरे पर चलेंगे?" पांडे चक्की के भीतर खड़ा होकर मनोज को काम करते देखता रहा। आधा घंटा काम करने के बाद

मनोज ने अपने शरीर और बालों से आटा साफ़ किया, पास ही खूंटी पर टंगी शर्ट पहनी, दुकान के बाहर आकर दरवाजा बंद किया, ताला लगाया और पांडे के साथ चल पड़ा।

पांडे बिना कुछ कहे चुपचाप अपनी साइकिल हाथ में पकड़े चल रहा था। तंग गलियों से गुजरकर थोड़ी देर में मनोज एक मकान के सामने पहुँच गया। पांडे ने मकान की दीवाल से अपनी साइकिल टिकाई, मकान की गैलरी और छोटे से आँगन से होकर मकान के सबसे पिछले हिस्से में पहुँचकर मनोज ने एक कमरे का दरवाजा खोला। दिन के उजाले में भी कमरे में अंधेरा था। मनोज ने लाइट जलाई। पीले रंग का धुंधला प्रकाश कमरे में फ़ैल गया। जमीन पर गद्दा बिछा था। आले में किताबें रखी थीं। कोने में एक स्टोव और कुछ बर्तन थे। एक लकड़ी का स्टूल भी पास में रखा था, जिस पर पांडे बैठ गया।

"दो सौ रुपए किराया है कमरे का। वैसे तो तीन सौ है पर एक साहित्यकार हैं घनश्यामजी, उनका मकान है। लाइब्रेरी में आते थे। मुझे बहुत पसंद करते हैं। मैंने उन्हें अपनी समस्या बताई तो उन्होंने सस्ते में यह कमरा दे दिया। बहुत भले व्यक्ति हैं। उन्होंने तो अपनी पूरी आटा चक्की की जिम्मेदारी ही मुझे सौंप दी। दिन में चार पाँच घंटे गेहूँ पीसने का काम है। चार सौ रुपए महीने मिलेंगे। बाकी पूरे दिन पढ़ाई करता रहता हूँ। आदमी यदि टाइम का सही मेनेजमेंट कर ले, तो समय की कमी नहीं रहती। भगवान एक रास्ता बंद करता है तो दूसरा जरूर खोलता है।"– मनोज ने अपनी आँखें पांडे के चेहरे से दूर रखकर अपनी बात पूरी की। पीलीकोठी में कमरा लेकर पढ़ाई करने का ख्वाब देखने वाला मनोज अब अपने नए काम और कमरे की तारीफ कर रहा था।

पांडे ने मनोज की बात ध्यान से सुनी पर वह बोला कुछ नहीं। पीले रंग का बल्व अचानक बंद हो गया। शायद लाईट चली गई थी। कमरे में अंधेरा हो गया। कमरे में कोई खिड़की नहीं थी जिसे खोलकर मनोज प्रकाश की व्यवस्था कर सके। दरवाजा पहले से खुला था। मकान के इस हिस्से में सूरज की रोशनी बिलकुल नहीं आ रही थी। मनोज ने पास रखी मोमबत्ती जला दी। मनोज अपनी बात पांडे से कह चुका था अब वह पांडे से कुछ सुनने की उम्मीद में बैठा था।

"तुम माने नहीं मनोज, तुमने लाइब्रेरी छोड़ ही दी।"– कुछ देर पहले छाई चुप्पी को तोड़ते हुए पांडे ने मनोज से कहा।

"मुझे संतुष्टि हैं कि मैंने लाइब्रेरी छोड़ दी पर अपना सिद्धांत नहीं छोड़ा। ईमानदारी की रक्षा अभाव सहकर भी होनी चाहिए।"– पांडे ने मनोज की आवाज में भारीपन महसूस किया, उसने देखा कि मनोज एकटक जलती हुई मोमबत्ती को देख रहा हैं।

"पर अब तुम इस अंधेरे में पीएससी की तैयारी कैसे करोगे?"– पांडे ने अँधेरे सीलन भरे कमरे को देखते हुए कहा।

"बाहर का अंधकार समस्या नहीं है पांडे, समस्या तब होती है जब हमारा मन सुविधाओं के लालच में समझौतों के अंधकार में डूब जाता है।"– मनोज जैसे किसी गहरे तल से बोल रहा था।

बाहर गुजरने वाली नेरो गेज ट्रेन का शोर सुनाई दे रहा था। पांडे को प्यास लग आई थी उसने पास रखे मटके में से एक गिलास पानी भरकर पीया और वापस आकर स्टूल पर बैठ गया। कुछ देर स्टूल पर बैठे–बैठे जब पांडे को बात करने के लिए कोई विषय नहीं सूझा तो उसने मनोज से कहा– "मनोज, मैं अब चलता हूँ।"

दोनों बाहर आ गए। पांडे ने मकान की दीवार से टिकी अपनी साइकिल उठाई और साइकिल पर बैठने से पहले कुछ देर रुककर मनोज को देखता रहा। मनोज ने अपने पिचके हुए गालों को छुपाने के लिए दाढ़ी बढ़ा ली थी, उसका गोरा रंग हल्का पीला हो गया था, उसकी आँखें अंदर को धँस गईं थीं। पांडे साइकिल पर न बैठकर पैदल ही उसके साथ–साथ चलने लगा।

गली का मोड़ आ गया। मनोज ने कहा– "आते रहा करो पांडे, तुम्हारे आने से अच्छा लगता है।"

पांडे कुछ सोचता हुआ अपनी साइकिल पकड़े रहा। पाँच–छह सेकंड उसी चिन्तन की अवस्था में रहने के बाद उसने कहा–"मनोज एक बात कहूँ, मानोगे?"

मनोज समझ गया कि घोसीपुरा और उसके कमरे का माहौल देखकर पांडे उसे फिर से लाइब्रेरी में नौकरी करने के लिए कहेगा, इसलिए उसने कहा– "मैं अब किसी भी कीमत पर लाइब्रेरी में नहीं जाऊँगा।"

पांडे ने उसकी बात को लगभग अनसुना करते हुए अपनी बात जारी रखी–"मनोज हरिशंकरपुरम के पास एक पीलीकोठी है, जिसमें पीएससी की तैयारी करने वाले लड़के किराए से रहते हैं। मेरा दोस्त गुप्ता भी वहाँ रहता है। अंशु दीदी भी पीलीकोठी के ग्रुप से जुड़ी हैं। बहुत अच्छा माहौल है वहाँ पढ़ाई का। मैं सोच रहा हूँ एक कमरा किराए पर लेकर वहीं पीएससी की तैयारी करूँ। तुम मेरे साथ पढ़ोगे तो मुझे लाभ होगा। क्या तुम मेरे साथ रहकर पढ़ाई करोगे?"

मनोज को अपने कानों पर यकीन नहीं हुआ। पीएससी की तैयारी करने वालों की दुनिया बहुत छोटी निकली। जिस पीलीकोठी में रहकर तैयारी करने के लिए मनोज तरस–तरस कर रह गया था, वहीं रहने का प्रस्ताव पांडे ने मनोज को दिया था, मनोज का

तो जैसे कोई सपना पूरा हो रहा था। उसे उम्मीद नहीं थी कि पांडे उसे इस तरह का कोई प्रस्ताव दे सकता है। इससे अच्छा प्रस्ताव इस समय उसके लिए दूसरा कोई हो ही नहीं सकता था। अचानक मनोज का ध्यान अपने आर्थिक हालात पर गया। उसने पांडे से कहा– "पर मेरे पास पीलीकोठी में रहने लायक पैसे तो नहीं हैं।"

पांडे ने साइकिल पर बैठते हुए कहा–"एक आदमी के खर्च में दो लोग आसानी से रह सकते हैं।"

इतना कहकर वह बिना मनोज का जवाब सुने अपनी साइकिल पर बैठकर चला गया। वह झूमता हुआ साइकिल चला रहा था। मनोज तब तक पांडे को देखता रहा जब तक पांडे उसकी आँखों से ओझल नहीं हो गया।

## 21.

पांडे ने पीलीकोठी में कमरा ले लिया। मनोज घोसीपुरा से अपना सामान समेटकर पांडे के कमरे पर आ गया। पीएससी की तैयारी के लिए जिस ग्रुप की तलाश मनोज को थी वह मिल गया था। पीएससी की प्रारम्भिक परीक्षा नजदीक आ गई थी। पिछली बार ग्रेजुएशन के तुरन्त बाद दी गई पीएससी की प्रिलिम्स परीक्षा में वह सफल नहीं हुआ था। उसने तय किया कि वह इस बार कोई कसर नहीं छोड़ेगा। उसने अपनी डायरी में लिखा– "पढ़ाई के लिए यहाँ बहुत अच्छा माहौल है, पीलीकोठी में कई अच्छे प्रतियोगी तैयारी करते हैं जिनसे मुझे बहुत लाभ होता है, इसलिए अब मेहनत से पढ़ाई करना चाहिये।"

दीप सोनी ने मुख्य परीक्षा क्लीयर करने के बाद इंटरव्यू दिया था। एक दिन दीप के पिताजी ने पीलीकोठी आकर सूचना दी कि अभी–अभी आये फाइनल रिजल्ट में दीप डीएसपी पद के लिए चयनित हो चुके हैं। दीप के पिताजी ने भावुक होकर कहा– "हमें तो केवल पाँच हजार पेंशन मिलती है। लला ने जब पीएससी की तैयारी शुरू की थी तब सब कहते थे कि पीएससी में लाखों रुपए रिश्वत देनी पड़ती है। पर देखो एक रुपया नहीं लगा और हमारे लला डीएसपी बन गए।"

खुशी और सन्तुष्टि के कारण उनकी आँखें भीग गईं थीं। इतना कहकर दीप के पिताजी अपने किसी रिश्तेदार को यह खुशखबरी सुनाने चले गए।

मनोज ने दीप से पूछा– "भाईसाहब आप आज कैसा महसूस कर रहे हैं?"

दीप ने मनोज से कहा– "मैं बहुत खुश हूँ। पर एक बात जरूर कहूँगा। इस पीलीकोठी में जितने लोग तैयारी कर रहे हैं, गारंटी देता हूँ कि सभी लोग पीएससी में सिलेक्ट होंगे।"

पीलीकोठी के सदस्य मनीष, गुप्ता, मनोज और पांडे अपने भविष्य के सिलेक्शन की इतनी बड़ी गारंटी पर बहुत खुश हुए। मनोज समझ गया कि सफल लड़के भी उन्हीं के बीच से आते हैं। दीप के सिलेक्शन से पूरी पीलीकोठी में जश्न का माहौल बन गया। देर रात तक सभी लड़के आनंद और आत्मविश्वास में डूबे भविष्य की सफलता पर चर्चा करते रहे।

मनोज और पांडे ने इस बार पीएससी प्रिलिम्स की परीक्षा गम्भीरता से दी थी। पर तीन महीने बाद आए रिजल्ट में दोनों का प्रिलिम्स क्लीयर नहीं हुआ। अच्छी मेहनत के बाद भी मनोज असफल हो गया। मनोज को लगा जैसे वह बर्बाद हो गया है। उसकी सारी मेहनत बेकार चली। वह गहरी निराशा से भर गया। चार–पाँच दिन उसे होश नहीं रहा। वह अपनी कमियाँ ढूंढता रहा। वह समझ गया कि पीएससी की राह उतनी आसान नहीं है, जितनी वह समझ रहा था। उसके पास अब पुरानी असफलता को भूलकर आगे की पढ़ाई करने के अलावा कोई विकल्प नहीं था।

## 22.

मनोज के पिता को हाईकोर्ट ने बहाल कर दिया। उसके पैसे की समस्या अब कम हो गई। हर साल नवम्बर तक आने वाला पीएससी का विज्ञापन इस साल नवम्बर खत्म होने तक नहीं आया। विज्ञापन न आने के कारण तैयारी करने वाले लड़कों की बेचैनी बढ़ने लगी। एक दिन अचानक अखबार में पढ़ने को मिला कि सरकारी खर्चे में कटौती करने के लिए इस साल मध्य प्रदेश में पीएससी की परीक्षा आयोजित नहीं होगी। पूरे प्रदेश में पीएससी की तैयारी करने वाले लड़के–लड़कियों के लिए यह बुरी खबर थी। पीलीकोठी में भी निराशा का वातावरण छा गया। मनोज के कमरे में बैठे लड़के आज की इस खबर से दुखी थे और भविष्य की प्लानिंग पर बात कर रहे थे। मनीष ने कहा– "जब पीएससी की परीक्षा ही आयोजित नहीं होगी तो कितना भी पढ़ लो उससे होगा क्या? मैंने तो तय कर लिया है मैं अपने पिता का ट्रांसपोर्ट का बिजनेस संभालूँगा।"

दतिया का गुप्ता दुखी स्वर में बोला– "इस बार मेरी तैयारी ऐसी हो गई है कि दीप

भाईसाहब जैसी डीएसपी की पोस्ट मिलने से कोई नहीं रोक पाता, पर जब परीक्षा ही नही होगी तो पोस्ट कहाँ से मिलेगी?" बड़बोले गुप्ता ने अपनी तैयारी को बढ़ा–चढ़ाकर बताया।

पांडे ने निराश माहौल में उम्मीद की राह दिखाई– "जहाँ चाह वहाँ राह, हमें अब उत्तर प्रदेश और राजस्थान पीएससी की तैयारी करना चाहिए।"

गुप्ता ने पांडे की बात काटते हुए कहा– "तुम कुछ नहीं जानते पांडे, दूसरे स्टेट वालों का यूपी और राजस्थान में सिलेक्शन नहीं होता। इंटरव्यू में दो सौ में से तीस नम्बर देकर भगा देते हैं।"

प्रतियोगी लड़कों को बहुत ढूँढने पर भी आगे की तैयारी की कोई निष्कंटक राह नहीं दिख रही थी। मनोज ने निराश होकर कहा– "हम लोग अब क्या करें समझ नहीं आ रहा?"

तभी पीलीकोठी में अंशु गुर्जर आ गई। अंशु भी दीप के साथ डीएसपी बन गई थी। वह लड़कों को गाइडेंस देने पीलीकोठी आ जाती थीं। पीएससी परीक्षा आयोजित न होने की निराशा लड़कों के चेहरे पर देखकर अंशु ने कहा– "राज्य लोकसेवा का अब कोई भविष्य नहीं दिख रहा, इसलिए तुम लोग संघ लोकसेवा की सिविल सर्विसेस पर फोकस करो।"

आईएएस, आईपीएस, इनकम टैक्स और दूसरी अखिल भारतीय एवं सेन्ट्रल सर्विस के लिए संघ लोकसेवा आयोग दिल्ली परीक्षा आयोजित करता है। राष्ट्रीय स्तर की इस सिविल सर्विस की परीक्षा में सफल होना मध्य प्रदेश पीएससी की तैयारी करने वालों के लिए दिवास्वप्न के समान ही था। सब जानते थे कि आईएएस या आईपीएस बनने का स्टेंडर्ड उन लोगों का नहीं है। अंशु का सुझाव वहाँ बैठे सब लड़कों को अपनी पढ़ाई के स्टेंडर्ड से बहुत आगे का लगा।

सिविल सर्विस की परीक्षा पास करना गुप्ता की कल्पना से बाहर था, उसने अंशु से कहा– "दीदी आईएएस, आईपीएस बनना बहुत कठिन है। उसकी तो कभी प्रिलिम्स ही नहीं निकलेगी। मेहनत करके पीएससी में तो कहीं लटक सकते थे पर सिविल सर्विस में होना तो नामुमकिन है।" कुछ देर पहले डीएसपी बनने का दावा करने वाला गुप्ता अब वापस पीएससी में लटकने की बात करने लगा।

अंशु ने लड़कों को प्रेरित किया– "मैं जानती हूँ कि यदि तुम लोग दो साल दिल्ली में कोचिंग करोगे तो सिविल सर्विस कोई बहुत कठिन नहीं है। वहाँ कोई आसमान से लड़के नहीं आते।"

फिर अंशु ने निराश लड़कों को उत्साहित करने की कोशिश की– "उड़ान हमेशा ऊँची भरना चाहिए, नहीं मिलेगी मंजिल तो कोई गम नहीं, पंख तो मजबूत होंगे।

मनोज का खोया आत्मविश्वास अंशु की बातें सुनकर लौट आया, उसने अपने भीतर जोश को महसूस करते हुए कहा– "दीदी यह सपना नौकरी पाने का सपना नहीं है, खुद को साबित करने का सपना है। रास्ता, जो हमने चुना है उसी पर चलकर हमें स्वयं को साबित करना है, इसलिए अब पलायन नहीं कर सकते। या तो मर जाएंगे या जीत कर ही आएंगे, लेकिन युद्ध भूमि से पीठ दिखाकर नहीं भाग सकते। मैं सिविल सर्विस प्रिलिम्स की परीक्षा देकर दिल्ली कोचिंग करने जरूर जाऊँगा।" मनोज ने पता नहीं कहाँ से अपने भीतर ताकत भरी और उस ताकत के प्रभाव से एक जोशीला संकल्प सभी के सामने ले लिया।

गुप्ता ने मनोज के जोश की हवा निकालते हुए कहा– "एमपी पीएससी की प्रिलिम्स कभी क्लीयर नहीं हुई, चले सिविल सर्विस की परीक्षा क्लीयर करने, हुंह! बड़े आये युद्ध लड़ने वाले, दिन में सपने देखना छोड़ दो मनोज। आईएएसए, आईपीएस हम जैसे गाँव के सरकारी हिन्दी मीडियम के लड़कों के लिए नहीं है। एमएलबी कॉलेज से कितने बने है आज तक आईएएस आईपीएस? जीरो। आईआईटी, दिल्ली, इलाहाबाद यूनिवर्सिटी जैसी जगह से ही निकलते हैं आईएएस आईपीएस।"

मनोज ने गहरी साँस लेते हुए कहा –"जो भी हो, पर हमें कोशिश जरूर करना चाहिए।"

अंशु भी अपनी बात पर टिकी रहीं– "अब तक नहीं बने तो अब बनेंगे और आप लोग ही शुरुआत करेंगे। मध्य प्रदेश पीएससी परीक्षा आयोजित न होना अच्छा ही है, इस कारण तुम लोग पोखर से निकलकर समुद्र में तैरना सीखोगे।"

"पर मनोज कैसे जाएंगे दिल्ली? ग्वालियर में पढ़ने के लिए ही पैसों की समस्या रहती है इन्हें।" – पांडे ने मनोज की आर्थिक स्थिति को सार्वजनिक किया।

पांडे की बात सुनकर मनोज जैसे आसमान से जमीन पर आ गिरा, उसका चेहरा उतर गया। उसके पिता सस्पेंशन से बहाल तो हो गए थे पर एक जगह टिके रहने की अपनी आदत के कारण वह अपने बदले हुए मुख्यालय डिंडोरी से झाबुआ नहीं गए थे जिस कारण डिप्टी डायरेक्टर ने उनका सस्पेंशन का आधा वेतन भी रोक लिया था।

अंशु ने जब मनोज को दुखी देखा तो उससे पूछा– "क्या तुम सच में दिल्ली जाना चाहते हो?"

"हाँ दीदी मैं पूरी ताकत से मेहनत करना चाहता हूँ।"– मनोज ने कहा

"मनोज! हिम्मते मर्दां तो मददे खुदा, दिल्ली में कोचिंग के लिए मैं तुम्हें दस हजार रुपए देती हूँ।"— अंशु ने अचानक घोषणा की।

वहाँ बैठे सभी लड़के अंशु की यह उदारता देखकर चौंक गये। अंशु का स्नेह देखकर मनोज का मन गीला हो गया। उसने कहा— "दीदी मैं कहीं और से व्यवस्था कर लूँगा। पर आपने मेरे बारे में इतना सोचा, मैं आपका अहसान कभी नहीं भूलूंगा।"

अंशु ने मनोज को भावुक होते देखा तो कहा— "मनोज बेकार की बातें मत करो, तुम मेरे छोटे भाई जैसे हो, मुझे तुम पर भरोसा है, तुम दिल्ली जरूर जाओगे।"

मनोज अब सिविल सर्विस की प्रिलिम्स की तैयारी करने लगा। चार महीने उसने जमकर पढ़ाई की और मई में सिविल सर्विस प्रिलिम्स दे दी।

"प्रिलिम्स परीक्षा से मुख्य परीक्षा तक लगभग पाँच महीने का वक्त मिलता है। यह पाँच महीने प्रतियोगी के लिए सबसे महत्वपूर्ण होते हैं। प्रिलिम्स के रिजल्ट के इन्तजार में यह दो महीने बर्बाद नहीं किए जा सकते। आदर्श तरीका यही है कि प्रिलिम्स परीक्षा के तुरंत बाद बिना उसके रिजल्ट का इन्तजार किए मुख्य परीक्षा की तैयारी में जुट जाया जाये।" अंशु ने यह कहकर मनोज को दिल्ली जाने के लिए दस हजार रुपए दे दिए। पांडे ने डर और कम तैयारी के कारण सिविल सर्विस प्रिलिम्स की परीक्षा नहीं दी थी लेकिन भविष्य की तैयारी के लिए पांडे भी मनोज के साथ दिल्ली जाने के लिए तैयार हो गया।

## 23.

दोनों सपनों और उम्मीदों से भरी दिल्ली पहुँच गए। निजामुद्दीन स्टेशन से किंग्सवे कैंप ऑटो से और वहाँ से रिक्शे से मुखर्जीनगर। बोरियों में किताबें भरे। दोनों रिक्शे में बैठे उत्सुकता और कौतूहल से मुखर्जीनगर में जगह–जगह लगे सिविल सर्विस कोचिंग सेंटर के बोर्ड देख रहे थे। परीक्षा में सफल हो चुके प्रतियोगियों के फोटो लगे होर्डिंग देखकर दोनों अचम्भित हुए जा रहे थे। मुखर्जीनगर आने वाला हर स्टूडेंट इसी उम्मीद और सपने को पाले हुए यहाँ आता है कि कभी वह भी सफल होगा और उसकी तस्वीर भी होर्डिंग पर लगेगी। पर कौन सफल होकर अपना सपना पूरा करेगा और कौन असफल होकर वापस यहाँ से चला जाएगा, कोई नहीं जानता। साल में चार पाँच सौ लोग ही तो सफल होंगे क्योकि उतने ही पद हर साल निकलते हैं। लेकिन

परीक्षा देने वाले तो लाखों में हैं। बाकी का क्या? वे तो अपने सारे अटेम्प्ट पूरे करके असफल और निराश होकर वापस चले जाते हैं। लेकिन असफलता का अनुपात ज्यादा होने के बावजूद उम्मीद तो नहीं छोड़ी जा सकती! बिना संघर्ष के हार भी तो नहीं मानी जा सकती! इसलिए असफलता और हार की आशंकाओं को भुलाकर जीत के संकल्प को लिए हजारों स्टूडेंट हर साल मुखर्जी नगर आते हैं। मुखर्जी नगर दिल्ली की एक सामान्य कॉलोनी न रहकर सकारात्मक ऊर्जा और ज्ञान से भरे देश के तमाम युवाओं की कर्म भूमि बन गई है। परीक्षा की तैयारी करने वालों के लिए किसी तीर्थ से कम नहीं है मुखर्जी नगर। मनोज के मन में मुखर्जी नगर के प्रति एक पवित्र अहसास सा भर गया।

आश्चर्य, उत्सुकता से मुखर्जी नगर को देखता हुआ मनोज सम्मोहित हुआ जा रहा था। कोचिंग के बाहर चाय, जूस की दुकानों के सामने तैयारी करने वाले लड़के-लड़कियाँ खड़े थे। कुछ लड़के किताबों की दुकान पर पत्रिकाएँ पलट रहे थे। कुछ प्रिलिम्स के पेपर में आए किसी प्रश्न के सही उत्तर जानने के लिए आपस में बहस कर रहे थे, कोई हाल ही में घटित किसी समसामयिक घटना पर चर्चा कर रहा था। कोई नया लड़का किसी सीनियर से परीक्षा में सफल होने की रणनीति पूछ रहा था। पूरा मुखर्जीनगर जैसे पढ़ाई में डूबा हुआ था। मनोज को पढ़ाई का यह माहौल देखकर अद्भुत खुशी हो रही थी। पढ़ाई का ऐसा माहौल उसने पहले कभी नहीं देखा था। उसने महसूस किया कि अभी तक वह व्यर्थ ही ग्वालियर में अपना समय नष्ट कर रहा था। पहली बार वह सही जगह आया है।

मनोज और पांडे ने मुखर्जी नगर से लगे हुए नेहरूविहार के सी ब्लॉक में कमरा किराए से ले लिया। नेहरूविहार मुखर्जी नगर से कम समृद्ध बस्ती थी। संकरी गलियों में तीन चार मंजिलों के मकान पूरे नेहरू विहार में फैले हुए थे। नेहरूविहार में कमरे मुखर्जी नगर से सस्ते थे, इसलिए कम पैसा खर्च करने वाले विद्यार्थी नेहरू विहार में रहते थे।

मनोज मुख्य परीक्षा के लिए हिन्दी साहित्य की कोचिंग करना चाहता था। एक दो जगह पूछने पर उसे पता चला कि दृष्टि कोचिंग में विकास दिव्यकीर्ति सर हिन्दी साहित्य बहुत अच्छा पढ़ाते हैं। मनोज ने विकास सर की कोचिंग में एडमीशन ले लिया। पांडे अपने आपको हिन्दी का विद्वान मानता था, इसलिए उसने कोचिंग न करने का फैसला लिया। दृष्टि कोचिंग बत्रा सिनेमा के पीछे एक बिल्डिंग के बेसमेंट में लगती थी। केबिन में कोचिंग की डायरेक्टर वर्मा मैडम बैठती थीं। उसके भीतर एक बड़ा हॉल था जिसमें विकास सर क्लास लेते थे।

मनोज की कुछ लड़कों से बात हुई जो कोचिंग में पहले से आ रहे थे। ये लड़के देश के कोने–कोने से यहाँ पढ़ने आए थे। कुछ लड़के अपने राज्य की पीएससी में पहले ही सिलेक्ट होकर नायब तहसीलदार और डीएसपी बन चुके थे। वे अब यहाँ आईएएस या आईपीएस बनने आए थे। कुछ लड़के–लड़कियाँ दो–दो, तीन–तीन बार सिविल सर्विसेस का इंटरव्यू दे चुके थे। प्रिलिम्स परीक्षा पास करके मुख्य परीक्षा देने वाले लड़के लड़कियों की यहाँ कोई कमी नहीं थी।

ग्वालियर में तो मुश्किल से कोई सिविल की प्रिलिम्स क्लीयर कर पाता है और यहाँ तो इंटरव्यू दिए लोगों की भरमार है। आश्चर्य और खुशी के साथ–साथ मनोज के मन में घबराहट भी हो रही थी। क्या वह इतने योग्य और पहले स्टेट सर्विस में सिलेक्ट लड़कों से कॉम्पीट कर पायगा? वह जानता था कि इन लोगों के सामने वह कुछ भी नहीं हैं। वह ट्वेल्थ फेल का कलंक लिए यहाँ आया है और यहाँ सब उद्भट विद्वान और सफल लोग। पता नहीं वह कैसे टिक पाएगा इन लोगों के बीच?

एक महीना हो गया मनोज को विकास सर की क्लास में जाते हुए। अजीब सा आकर्षण था विकास सर के पढ़ाने में। क्लास के सभी लड़के–लड़कियाँ उन्हें मन्त्रमुग्ध होकर सुनते थे। विकास सर ने अब तक पढ़ाये गए सिलेबस का टेस्ट लेने की घोषणा की। क्लास खत्म होने पर जब मनोज क्लास के बाहर गया तो कुछ लड़के चाय की दुकान पर झुण्ड में खड़े थे और तीन दिन बाद होने वाले टेस्ट के बारे में चर्चा कर रहे थे। मनोज भी उनके साथ खड़ा हो गया।

एक लड़के ने कहा– "हिन्दी साहित्य में विकास सर ने जिसका लिखा हुआ पसंद कर लिया, समझो वह जरूर आईएएस या आईपीएस बनेगा। पिछले साल दीपेन्द्र कुशवाह  नाम के लड़के के बारे में विकास सर ने पहले ही घोषणा कर दी थी और उसी साल वह आईएएस बन गया।"

एक दूसरा लड़का कट चाय पीते हुए बोला– "तो विकास सर इस साल मेरे बारे में घोषणा करेंगे। मैं जयशंकर प्रसाद पर ऐसा उत्तर लिखूंगा कि विकास सर को भी लगेगा कि ऐसा धुरंधर कौन आ गया उनकी क्लास में?"

इसके साथ ही उस लड़के ने प्रसाद की 'कामायनी' कविता सुनानी शुरू कर दी। लड़का तब तक अपनी याद की हुई कविता सुनाता रहा, जब तक उसके साथ वाले लड़के ने उसे रोका नहीं। मनोज को इस कविता की शुरुआती चार–पाँच पंक्तियाँ ही याद थीं। एक लड़के के मुँह से इतनी लम्बी कविता सुनकर वह आश्चर्यचकित रह गया।

पूर्वी उत्तर प्रदेश से दिल्ली तैयारी करने आए एक लड़के ने इलाहबाद को याद

करते हुए कहा– "कोई कुछ भी कहे। मैं ताराचंद होस्टल में था तब से संजीऊ जी को जानता हूँ। एमए हिन्दी गोल्ड मेडलिस्ट है यह आदमी। वह भी इलाहाबाद यूनिवर्सिटी से। ये टेस्ट टॉप न करे तो मेरा नाम बदल देना।" साथ खड़े संजीऊ जी केवल मंद–मंद मुस्कुरा रहे थे। अपनी प्रशंसा के बदले में उन्होंने प्रशंसा करने वाले लड़के के चाय के पैसे अदा कर दिए।

एक लड़के ने अलग राग अलापा– "मुझे तो लगता है कि टेस्ट में राहुल रूसिया टॉप करेंगे। यूपी पीएससी में दो बार सिलेक्ट हो चुके हैं, एक बार ट्रेड टेक्स में और दूसरी बार डीएसपी बने। दोनों बार हिन्दी में बम्पर नम्बर पाए थे।" राहुल रूसिया ने अपनी लम्बी बाहें हवाई जहाज के डैनों जैसी फैलाकर अपने समर्थक को गले लगा लिया।

मनोज ऐसे उद्‌भट विद्वानों को देखकर घबरा गया। इनके सामने वह कहीं नहीं ठहरता। वह समझ नहीं पा रहा था कि इन लड़कों जैसा योग्य और विद्वान बनने के लिए कितना और कब तक पढ़ना पड़ेगा? विद्वान और पूर्व से सिलेक्ट लड़कों के सामने अपनी कमजोर स्थिति से निराश वह अपने कमरे की ओर चल दिया।

वह जानता था कि मुख्य परीक्षा में पास होने के लिए हिन्दी में अच्छे नम्बर लाना जरूरी है, इसलिये वह विकास सर के टेस्ट को बहुत गम्भीरता से देना चाह रहा था। यदि इस टेस्ट में अच्छे नम्बर आ जाते हैं तो वह समझ जाएगा कि उसकी पढ़ाई की दिशा और लेखन शैली मुख्य परीक्षा के लिए एकदम सही है। कमरे पर पहुँच कर उसने पांडे को अपने मन की उलझन बताई।

हिन्दी के विद्वान पांडे ने मनोज को ज्ञान दिया– "तुम्हें यदि टेस्ट में अच्छे नम्बर लाना है तो सबसे अलग लिखना पड़ेगा, भाषा शैली इतनी खतरनाक और आतंकित करने वाली हो कि कॉपी चेक करने वाला हैरान रह जाए। जब तक वह आपको विद्वान् नहीं मानेगा, अच्छे नम्बर नहीं देगा।"

इतना कहकर उसने निराला पर लिखीं पाँच छह किताबें मनोज के सामने रखी और बोला – "इन किताबों में निराला की कविताओं पर बहुत गहराई से लिखा है, इन्हें पढ़ो!" रामविलास शर्मा, दूधनाथ सिंह, सूर्यप्रसाद दीक्षित, जैसे विद्वान् लेखकों की किताबें मनोज के सामने थीं।

मनोज ने किताबों को देखकर कहा– "ये किताबें मैंने पढ़ीं हैं, बहुत श्रेष्ठ लिखा है। पर इनसे प्रश्नों के उत्तर कैसे लिखे जाएंगे? दो–दो सौ पेज की इन किताबों से छह सौ शब्दों का उत्तर लिखना बहुत कठिन काम है।"

ज्ञान के इन अमृत कुंडों में से कौन से अमृत बिन्दुओं को लेकर अपना उत्तर लिखना चाहिए यह मनोज को समझ नहीं आ रहा था। फिर मनोज ने विकास सर के क्लास नोट्स उठा लिए। क्लास में विकास सर के लेक्चर सुने होने के कारण उसे वह नोट्स अच्छे से समझ आ रहे थे। सरल भाषा में और विस्तार से विकास सर ने टॉपिक समझाया था। मनोज ने तय किया कि वह इन्हीं नोट्स को टेस्ट के लिए पढ़ेगा।

टेस्ट हो गया। टेस्ट के अगले दिन विकास सर ने क्लास में पूछा– "मनोज कुमार शर्मा कौन है?" मनोज ने अपना हाथ उठाया।

विकास सर ने कहा– "इस लड़के में सिविल सर्विस एग्जाम क्लीयर करने की क्षमता हैं, टेस्ट में इसके सबसे ज्यादा नम्बर आये हैं।"

मनोज को अपने कानों पर भरोसा नहीं हुआ। उसके उत्तर इतने अच्छे कैसे हो सकते हैं कि विद्वानों से भरी क्लास में वह टॉप कर सके? क्या उसने सच में सबसे अच्छा लिखा है? इलाहबाद के उद्‌भट विद्वानों से भी अच्छा? स्टेट सर्विस में सिलेक्टेड लड़कों से भी बेहतर? मनोज आज पूरी क्लास में हीरो बन गया। सभी लड़के–लड़कियाँ उसकी तरफ देख रहे थे। उसने अपने जीवन में ऐसा दृश्य पहले कभी नहीं देखा था। विकास सर की प्रशंसा पाने के लिए क्लास के सभी लड़के लड़कियों में होड़ लगी रहती थी। विद्यार्थियों की तारीफ करने में कंजूसी बरतने वाले विकास सर ने उसकी भरपूर तारीफ की थी। जिस कारण वह आज क्लास में सभी के आकर्षण का केंद्र बन गया। जब वह क्लास से निकला तो कुछ लड़कियों ने उसे घेर लिया। लड़कियों को उसमें भविष्य का आईएएस या आईपीएस दिखाई दे रहा था। लड़कियाँ उससे बहुत कुछ पूछना चाहती थीं।

"आपने इतने अच्छे उत्तर कैसे लिखे? आप किस लेखक की किताब पढ़ते हैं? आप कहाँ के रहने वाले हैं? आप किस स्टेट में सिलेक्ट हो चुके है? आपको आईएएस बनना पसंद है या आईपीएस? आपका यह कौन सा अटेम्प्ट है?"

लड़कियों ने नए–नए योग्य सिद्ध हुए मनोज पर प्रश्नों की बौछार कर दी। वह एक प्रश्न का उत्तर देने की कोशिश करता तब तक दूसरा प्रश्न दाग दिया जाता और यह सब इतनी गति से हुआ कि वह एक भी प्रश्न का उत्तर नहीं दे पाया। उसे उम्मीद नहीं थी कि वह एक ही महीने में दिल्ली में अपनी ऐसी मनमोहक पहचान बना लेगा। वह अभिभूत सा लड़कियों से घिरा खड़ा रहा। एक लड़की मनोज से एक्सक्यूज मी कहते हुए धीमी आवाज में बोली– "मैं राजस्थान से हूँ, इसी साल इनकम टैक्स इंस्पेक्टर बनी हूँ। अब यहाँ आईएएस बनने आई हूँ। चलिए सामने पार्क में बैठकर बात करते हैं।"

मनोज कुछ कहता, तब तक एक दूसरी लड़की ने मनोज से उसके कमरे का एड्रेस लेकर उससे कहा– "मुझे आपसे प्रेमचन्द की 'कफन' कहानी समझनी है। कब आ जाऊं आपके रूम पर?"

मनोज इन लड़कियों को अस्पष्ट सा जवाब देकर आगे बढ़ गया।

एक तीसरी लड़की जो कुछ पीछे रह गई थी, मनोज के पास आकर उसके साथ चलने लगी। साथ चलते हुए उसने कहा– "मनोज मुझे तुम पर पूरा भरोसा है, तुम जरूर सिविल में सिलेक्ट हो जाओगे। क्यों न हम कम्बाइन स्टडी करें। सच कहूँ तो मैं तुम्हें पसंद करने लगी हूँ।"

इस लड़की की बात सुनकर मनोज को अपने कानों पर यकीन नहीं हुआ। लड़की भी व्यर्थ की बातों में समय बर्बाद करने के पक्ष में नहीं थी, इसलिए वह सीधे मुद्दे पर आ गई थी। लड़कियाँ दिल्ली में आईएएस, आईपीएस बनने आई थीं। पर उनमें से कुछ सोचती थी कि यदि खुद न बन सकें तो उन्हें आईएएस, आईपीएस प्रेमी मिल जाए। विकास सर द्वारा दिए टेस्ट के नम्बरों ने मनोज को आज लड़कियों की नजर में उम्मीदों वाला लड़का बना दिया था।

मनोज आज फूला नहीं समा रहा था। हमेशा लोगों की नजर में श्रेष्ठ बनने की कोशिश करने वाले मनोज को लोगों ने वास्तव में श्रेष्ठ मान लिया था। अपनी मनमोहिनी छवि से आनन्दित होता मनोज लड़की से विदा लेकर अपने कमरे की ओर चल दिया। अपने कमरे पर पहुँचकर कोचिंग में मिले नम्बरों का पूरा किस्सा उसने पांडे को सुनाया। पांडे को उम्मीद नहीं थी कि वह क्लास में टॉप कर सकता है। पांडे ने उसके उत्तर को सरसरी निगाह से देखा और पेपर पलंग पर लगभग फेंकते हुए कहा– "आप व्यर्थ ही खुश हो रहे हैं। आपके उत्तर सामान्य हैं, मुझे इनमें कोई विशिष्टता नजर नहीं आ रही।"

पांडे के भीतर ईर्ष्या पैदा हो गई थी। पांडे खुद को हिन्दी का विद्वान मानता था और मनोज को हिन्दी का एक सामान्य विद्यार्थी, इसलिए पांडे आज उसकी उपलब्धि पर कुढ़ रहा था। पांडे की नकारात्मक प्रतिक्रिया देखकर मनोज को दु:ख हुआ, पर उसने कुछ नहीं कहा, वह फिर से अपने लिखे उत्तर पढ़ने लगा।

सिविल सर्विस की प्रिलिम्स परीक्षा का रिजल्ट आ गया। मनोज और पांडे नेहरूविहार के एक साइबर कैफे रिजल्ट देखने पहुंचे। मनोज का दिल जोर–जोर से धड़क रहा था। पांडे ने यह प्रिलिम्स नहीं दी थी, इसलिए वह अविचलित था। मनोज ने इंटरनेट पर रिजल्ट देखा, उसके जीवन की पहली प्रिलिम्स क्लीयर हो गई। प्रिलिम्स निकलने की खुशी में वह उत्साह और प्रसन्नता से लगभग दौड़ता हुआ कोचिंग की ओर

चल दिया। कोचिंग के बाहर प्रिलिम्स में सफल हुए कई लड़के–लड़कियाँ आपस में बातें कर रहे थे। ग्वालियर में बड़ी मुश्किल से एक या दो लड़कों की सिविल सर्विस की प्रिलिम्स निकलती है। यहाँ तो जिसकी देखो उसी की प्रिलिम्स क्लीयर हो गई है। अभी तक उसे प्रिलिम्स बहुत बड़ी उपलब्धि लग रही थी पर जब उसने देखा कि उसकी आधी क्लास की प्रिमिम्स क्लीयर हो गई तो उसे समझ आ गया कि प्रिलिम्स तो केवल मुख्य परीक्षा देने का प्रवेश द्वार है, असली लड़ाई तो मुख्य परीक्षा में होगी। मनोज कोचिंग के अंदर पहुंचा तो पता चला कि प्रिलिम्स के रिजल्ट के कारण क्लास आज पन्द्रह मिनिट लेट लगने वाली है। कोचिंग की डायरेक्टर वर्मा मैडम एक लड़की को हिन्दी साहित्य के बारे में बता रही थीं।

मैडम ने उस लड़की से पूछा– "आपने हिन्दी साहित्य पहले कभी पढ़ा है?"

"नहीं।"– लड़की ने कहा।

पास खड़े मनोज ने मैडम को नमस्ते किया तो मैडम ने भी मुस्कुराकर मनोज के अभिवादन का उत्तर दिया।

मनोज को देखकर मैडम ने उस लड़की से कहा– "देखिये ये मनोज है, इसने पिछले टेस्ट में क्लास में टॉप किया है।" लड़की ने एक नजर मनोज को देखा और वापस वर्मा मैडम की बात सुनने लगी।

मैडम ने लड़की से कहा–"आप मनोज से कोचिंग की पढ़ाई के बारे में बात कर सकती हैं, एक महीने में मनोज के लेखन में बहुत सुधार हुआ है।"

"मेरा नाम श्रद्धा है, मैं अल्मोड़ा की रहने वाली हूँ। आज ही दिल्ली आई हूँ। मैंने हिन्दी साहित्य पहले कभी नहीं पढ़ा। कैसी है यह कोचिंग? क्या मैं एकदम नया विषय कवर कर लूंगी?"– श्रद्धा की आँखों में कुछ प्रश्न तैर रहे थे। जिनके जवाब वह एक अजनबी लड़के से चाह रही थी। दिल्ली के नए माहौल को समझने और जानने की बेचैनी भी साफ़ नजर आ रही थी उसमें। उसके चेहरे पर नये विषय का खौफ भी नजर आ रहा था। मनोज काफी देर तक उत्सुकता और उम्मीद में डूबी श्रद्धा को देखता रहा।

पता नहीं क्या आकर्षण था इस लड़की में जो मनोज उसके सामने से हट नहीं पाया। पारदर्शी शीशे की तरह साफ़ नजर आ रहा था कि यह लड़की जैसी है, वैसी ही दिख रही है। जो महसूस कर रही है, वही बयान करता है इसका चेहरा। श्रद्धा की सरलता के आकर्षण में मनोज वहीं खड़ा रहा। दिल्ली की दूसरी लड़कियों से अलग लग रही थी उसे श्रद्धा। गणित के सवालों जैसी उलझी लड़कियों से अलग श्रद्धा सरल कविता सी उसके दिल में उतर गई थी। कहीं यही पहली नजर का बंधना तो नहीं है? मनोज समझ

नहीं पा रहा था पर अपने आप को बंधता हुआ महसूस कर रहा था।

श्रद्धा के मन की चिंता को कम करने के लिए उसने कहा– "विकास सर बहुत अच्छा पढ़ाते हैं, उन लोगों के लिए तो बहुत उपयोगी हैं जो हिन्दी में एकदम नए हैं। चिंता करने की कोई बात नहीं हैं, तुमने सही निर्णय लिया है।"

क्लास का समय हो गया था, दोनों क्लास में साथ–साथ बैठ गए। विकास सर ने क्लास में आकर सबसे पहला प्रश्न किया–"प्रिलिम्स किस–किस का क्लीयर हुआ हैं?" मनोज के साथ–साथ लगभग आधी क्लास ने हाथ खड़े कर दिए, विकास सर ने इस भीड़ को बधाई दी।

पास बैठी श्रद्धा ने मनोज से आश्चर्य से पूछा– "आपका प्रिलिम्स क्लीयर हो गया?"

"जी।" – मनोज ने कहा

"कौन सा अटेम्प्ट था?" – श्रद्धा ने आगे पूछा ।

"पहला।" – मनोज ने कहा

सिविल सर्विस में केवल चार अटेम्प्ट देने को मिलते हैं, ऐसे में पहले ही अटेम्प्ट में मनोज की प्रिलिम्स क्लीयर होना उसे श्रद्धा की नजरों में योग्य बना रहा था। श्रद्धा के अल्मोड़ा की स्थिति भी ग्वालियर जैसी ही थी, वहाँ भी सिविल का प्रिलिम्स निकालने वाले बिरले ही होते थे, इसलिए श्रद्धा भी पहले अटेम्प्ट में प्रिलिम्स क्लीयर करने वाले मनोज को सम्मान और उत्सुकता से देख रही थी।

एक शाम मुखर्जी नगर में बत्रा सिनेमा के सामने मेरठवाला रेस्टोरेंट पर कोचिंग से फ्री हुए कुछ लड़के लड़कियाँ समोसे खा रहे थे। कुछ लोग चाय पी रहे थे। मेरठवाला से लगी हुई किताबों की दुकान पर खड़ा मनोज इस महीने आई प्रतियोगिता दर्पण खरीद रहा था।

तभी उसने एक आवाज सुनी– "हैलो मनोज।"

मनोज ने पलट कर देखा तो सामने आसमानी रंग के सूट में श्रद्धा खड़ी थी। उसके चेहरे पर मुस्कुराहट थी। मनोज की नजरें उसके चेहरे पर स्थिर हो गईं। श्रद्धा को देखकर मनोज का मन सुकून से भर गया। उसने बातचीत का सिलसिला चलाया– "कहाँ कमरा लिया है आपने?"

"मुखर्जी नगर बारह सौ उनतीस में।" – श्रद्धा ने कहा

"पढ़ाई कैसी चल रही है आपकी?" – मनोज ने बात आगे बढ़ाते हुए श्रद्धा से पूछा।

"हिन्दी साहित्य उतना भी सरल नहीं है, जितना लोग कहते हैं, मुझे तो बहुत कठिनाई हो रही है।"– श्रद्धा ने उदास स्वर में कहा। चिंता में इस लड़की का चेहरा कितना मासूम हो जाता है। श्रद्धा की मासूमियत में खोया मनोज उसके साथ–साथ चलने लगा।

श्रद्धा का होस्टल नेहरू विहार के पुल के पहले ही था। दोनों के बीच एक दो मिनिट चुप्पी बनी रही। दोनों मुखर्जीनगर से नेहरू विहार जाने वाले कम चहल पहल वाले अँधेरे रास्ते पर बढ़ रहे थे।

"शुरू में कोई भी नया विषय इसी तरह तकलीफ देता है, पर कुछ महीनों में आपको हिन्दी साहित्य समझ आने लगेगा। – मनोज ने श्रद्धा के पढ़ाई के तनाव को कम करने की कोशिश की।

"पता नहीं।" – असमंजस में थी श्रद्धा।

चुप्पी बनी रही कुछ देर तक दोनों के बीच। कुछ तो था इस लड़की में जो मनोज को आकर्षित कर रहा था।

उसने श्रद्धा से पूछा– "अच्छा तुम अब्बू खां की बकरी को जानती हो?"

यह अप्रासंगिक प्रश्न श्रद्धा को समझ में नहीं आया। प्रश्न का रहस्य समझने के लिए उसकी आँखें सामान्य से बड़ी हो गईं। मनोज ने उसकी जिज्ञासा शांत करते हुए कहा– "हमारे यहाँ कक्षा पाँच में 'अब्बू खां की बकरी' की कहानी कोर्स में चलती थी, तभी से अल्मोड़ा मेरे दिमाग में बसा है एक खूबसूरत पहाड़ी शहर।" मनोज को याद था कि श्रद्धा ने पहली मुलाकात में बताया था कि वह अल्मोड़ा की रहने वाली है। उसका उत्तर सुनकर श्रद्धा ने आश्चर्य व्यक्त किया– "क्या तुम्हें अब तक वह कहानी याद है?"

"हाँ, मुझे वह कहानी आज भी याद है, याद कैसे न रहती? इतने सुंदर शहर की कहानी कोई भूल सकता है भला?"– मनोज ने हँसते हुए कहा। लड़की के नजदीक जाने के लिए उसने उसके शहर की तारीफ को आधार बनाया।

मनोज की बात सुनकर श्रद्धा भी हँस दी। उसकी भरोसेमंद हँसी ने मनोज को उत्साहित कर दिया। मनोज ने श्रद्धा को जानने के उद्देश्य से कुछ प्रश्न पूछने शुरू किये– "श्रद्धा क्या तुम्हारे यहाँ बर्फ गिरती है? वहाँ तो इतनी ठंड पड़ती है कि कूलर–पंखे की जरूरत ही नहीं पड़ती होगी? तुम दिल्ली की भयानक गर्मी में कैसे रह लेती हो? तुम्हें तो इतनी गर्मी की आदत ही नहीं होगी? क्या पहाड़ों पर चढ़ते–चढ़ते तुम थक नहीं जाती? क्या जब तुम्हारी बस पहाड़ों का गोल गोल चक्कर लगाकर आगे बढ़ती है तो नीचे देख तुम्हें डर नहीं लगता? मनोज बिना श्रद्धा के उत्तर की प्रतीक्षा किये ढेर सारे सवाल उससे

पूछता रहा। उसका मन अब श्रद्धा और उसके खूबसूरत शहर के आसपास ही मंडरा रहा था।

श्रद्धा को उसके सारे प्रश्न रुचिकर लग रहे थे, उसके शहर के बारे यह लड़का कल्पना मात्र से कितनी सारी बातें कर रहा है। सुनसान रास्ते से श्रद्धा अपने होस्टल की ओर जाने लगी। श्रद्धा को अभी भी मनोज के प्रश्न लगातार सुनाई दे रहे थे, जिनके उत्तर श्रद्धा नहीं दे पाई थी। मनोज ने श्रद्धा के साथ अधिक समय बिताने के लालच में उससे पूछा – "क्या मैं तुम्हें होस्टल तक छोड़ दू?"

श्रद्धा ने हाँ में अपनी गर्दन हिला दी। उसने श्रद्धा को उसके होस्टल तक छोड़ दिया।

जाते समय उसने श्रद्धा से कहा–"श्रद्धा मेरी इच्छा है कि मैं कभी तुम्हारा खूबसूरत शहर अल्मोड़ा जरूर देखूँ।"

इतना कहकर वह वापस मुड़ा और तेज चाल से नेहरूविहार के पुल की तरफ जाने लगा। अपनी बात का श्रद्धा पर असर देखने के लिए मनोज वहाँ नहीं रुका। अपने मन में अजीब सी खुशी महसूस कर रहा था मनोज। ऐसी खुशी उसने अपने जीवन में पहली बार महसूस की थी, उसे लग रहा था कि इस लड़की के मौन में एक भरोसा है और इसकी आँखों में अपनापन। उसका मन श्रद्धा के आसपास ही चक्कर लगा रहा था। अपने कमरे पर आने के बाद भी वह श्रद्धा के खयालों में खोया रहा।

एक दिन विकास सर की क्लास में घुसते ही उसने देखा कि सर के यहाँ साफ़ सफाई करने वाला लड़का बाहर स्टूल पर बैठा है और श्रद्धा जमीन पर बैठकर उसके पैर पर मरहम–पट्टी कर रही है। दो–तीन स्टूडेंट वहाँ खड़े यह दृश्य देख रहे हैं। पूछने पर एक लड़के ने बताया कि छोटू के पैर में चोट लग गई है और श्रद्धा अपने कमरे से फर्स्ट एड किट लाकर उसकी ड्रेसिंग कर रही है।

श्रद्धा ने कहा– "भैया! चिंता मत करो, दो दिन बाद पट्टी बदल दूंगी।"

श्रद्धा ने मनोज को देखा तो मुस्कुरा दी। पता नहीं क्यों श्रद्धा को इस तरह एक गरीब लड़के की मदद करते देख मनोज की आँखें भीग गईं।

श्रद्धा ने मनोज को भावुक होते हुए देखा तो पूछा– "क्या हुआ मनोज?"

मनोज कुछ नहीं बोला, दोनों क्लास में चले गए। क्लास के बाद दोनों साथ–साथ वापस जाने लगे। श्रद्धा के एक हाथ में उसका फर्स्ट एड किट था, दूसरे हाथ में किताबें। मनोज ने श्रद्धा के हाथ से किट ले लिया। वह अपने आप को श्रद्धा की तारीफ करने से नहीं रोक सका– "श्रद्धा तुम बहुत संवेदनशील हो।"

श्रद्धा को उसकी तारीफ में कुछ अतिशयोक्ति लगी, उसने कहा– नहीं मनोज मैं एक बीएएमएस डॉक्टर हूँ, मेरा यह कर्तव्य था।

मनोज ने अपने अतीत की किसी तकलीफ को याद करते हुए कहा– "श्रद्धा कुछ डॉक्टर ऐसे भी होते हैं जो पैसा न होने पर किसी बुखार से तपते लड़के को अपने क्लीनिक से भगा देते हैं। इस दुनिया में तुम जैसे अच्छे लोग बहुत कम रह गए हैं।"

श्रद्धा को अपनी तारीफ़ सुनकर ऐसा लगा जैसे कि उसकी मेहनत का पुरस्कार उसे मिल गया हो। मनोज ने ग्वालियर के डॉक्टर जैन की घटना श्रद्धा को सुनाई। श्रद्धा ध्यान से वह घटना सुनती रही। उसका होस्टल आ गया। मनोज नेहरू विहार की ओर मुड़ गया। आज श्रद्धा अपने गेट पर खड़ी उसे जाते हुए देखती रही। उसने महसूस किया कि क्लास के इस योग्य लड़के के भीतर कोई अलग ही लड़का छिपा है जिसके बारे में अभी बहुत कुछ जानना है।

विकास सर ने दस दिन के लिए निबन्ध की केप्सूल क्लास शुरू की। पांडे ने मनोज के साथ विकास सर की निबन्ध की क्लास ज्वाइन कर ली। मनोज उसके साथ न बैठकर उसके आगे वाली पंक्ति में श्रद्धा के साथ बैठ गया। श्रद्धा के साथ उसका बैठना पांडे को अखर गया। मनोज श्रद्धा से हँस–हँस कर बात कर रहा था, पीछे पांडे का चेहरा अपनी रंगत बदल रहा था। पांडे को इस बात से कष्ट हो रहा था कि मनोज की दोस्ती एक लड़की से कैसे हो गई? मनोज ने जब पांडे को घूरते हुए देखा तो समझ गया कि मामला बिगड़ रहा हैं। उसने पांडे के गुस्से को कम करने के उद्देश्य से श्रद्धा का परिचय पांडे से कराते हुए कहा– "पांडेजी ये श्रद्धा हैं, इनका भी एक विषय हिन्दी है। बीएएमएस डॉक्टर हैं। बहुत योग्य हैं।"

लेकिन पांडे पर श्रद्धा की तारीफ़ का कोई असर नहीं हुआ। उसने अपनी सीट पर बैठे हुए अपनी आवाज को थोड़ा ऊँचा करते हुए मनोज से कहा– "मनोजजी श्रद्धा तो बहुत योग्य हैं, पर क्या आपने इन्हें बता दिया है कि आप ट्वेल्थ में फेल हो गए थे।"

मनोज का दिल धक से रह गया। उसे उम्मीद नहीं थी कि पांडे उसे श्रद्धा के सामने इस तरह से बेइज्जत कर देगा। श्रद्धा पांडे का वाक्य सुनकर मनोज की तरफ देखने लगी। मनोज उससे नजरें चुरा रहा था। श्रद्धा उसे अच्छी लगने लगी थी। पता नहीं अब श्रद्धा उसके बारे में क्या सोचेगी? उससे दोस्ती रखेगी या उसे पढ़ाई में कमजोर मानकर मिलना बंद कर देगी?

क्लास शुरू हो गई। श्रद्धा पूरी क्लास में गम्भीर बैठी रही। उसकी गम्भीरता से मनोज आशंकित होता रहा। वह समझ गया था कि श्रद्धा अब उसे किसी तरह पसंद नहीं

करेगी। पांडे अपना काम करके विकास सर द्वारा पढ़ाए जा रहे 'आर्थिक विकास और बाजारवाद' विषय पर तल्लीनता से उनका लेक्चर सुन रहा था। क्लास खत्म होने के बाद श्रद्धा ने मनोज से कहा– "क्या मैं तुमसे दस मिनिट बात कर सकती हूँ।"

इस प्रश्न से मनोज घबरा गया, पता नहीं क्या कहना चाहती है श्रद्धा? शायद वह यही कहना चाहती है कि वह एक ट्वेल्थ फेल लड़के से कोई दोस्ती नहीं रखना चाहती। श्रद्धा भी तो किसी ऐसे लड़के से दोस्ती करना चाहती होगी, जिसका आईएएस या आईपीएस बनना तय हो? मनोज इसी उधेड़बुन में श्रद्धा के साथ–साथ चलता रहा।

पांडे ने मनोज को श्रद्धा के साथ जाते हुए देखा तो उसे पास बुलाकर कहा–

"मनोज जी आप दिल्ली पढ़ने आए हैं, ये प्रेमलीला बंद कीजिये। क्या अंशु दीदी ने इसी काम के लिए तुम पर भरोसा किया था? इसीलिए तुम्हें पैसे दिए थे?"– पांडे ने उसे अपने विशिष्ठ तरीके से पढ़ाई के लिए प्रेरित किया।

मनोज को अभी भी पांडे पर गुस्सा आ रहा था, पर उसने अपना गुस्सा दबाते हुए बड़े विनम्र स्वर में इतना ही कहा– "पांडे श्रद्धा बहुत अच्छी लड़की है।"

इतना कहकर आशंकित और भयभीत मनोज श्रद्धा के पास पहुँच गया। मुखर्जीनगर में जूस की दुकान के नजदीक पहुँचकर श्रद्धा ने उससे पूछा– "क्या आप ट्वेल्थ में फेल हो गए थे? फिर आपकी फर्स्ट अटेम्प्ट में प्रिलिम्स कैसे निकल गई?"

मनोज की जैसे साँस अटक गई, उससे कुछ बोलते नहीं बन रहा था। कहीं श्रद्धा उसे झूठा तो नहीं समझ रही? कहीं उसे ऐसा तो नहीं लग रहा कि मेरी प्रिलिम्स नहीं निकली, मैं झूठ बोल रहा हूँ? मनोज ने श्रद्धा से कहा– "हाँ उस साल स्कूल में नकल नहीं हुई थी श्रद्धा, इसलिए मैं फेल हो गया था। टेंथ में नकल हो गई थी, इसलिए थर्ड डिवीजन से पास हो गया था।" झूठ के सहारे दूसरों को प्रभावित करने वाला मनोज श्रद्धा से झूठ नहीं बोल सका। सच्चाई का आत्मविश्वास मनोज के चेहरे पर दिखाई दे रहा था।

उसे लग रहा था कि यह लड़की उसके भीतर बस गई है, इसलिए उसके बारे में सब जानती है। कुछ भी इससे छुपा नहीं है, इसलिए कुछ भी इससे छुपाने की जरूरत नहीं है। श्रद्धा के होस्टल के नजदीक पहुँच कर दोनों होस्टल के सामने वाले पार्क में जाकर बैठ गए। श्रद्धा ने मनोज से कहा– "मनोज मैंने मेडिकल एंट्रेस एग्जाम दो बार दिया पर एमबीबीएस के लिए नहीं चुनी गई। बीएएमएस किया मैंने। मैंने अपने पापा को निराश कर दिया था। बहुत मेहनत के बाद भी मुझे नहीं पता मैं क्यों असफल हो गई थी? शायद सिविल सर्विस में सफल होकर पापा की उम्मीदों को पूरा कर पाऊं? तुमने तो ट्वेल्थ फेल हो जाने के बाद भी पहली ही बार में प्रिलिम्स क्लीयर कर ली, सच में

यह बहुत बड़ी बात है। तुम्हारी कहानी सुनकर मैं भी मोटीवेट हो गई हूँ।"

पांडे का दाँव उल्टा पड़ गया था। ट्वेल्थ फेल की कहानी सुनाकर श्रद्धा को मनोज से दूर करने की उसकी कोशिश बेकार हो गई थी। मनोज की सच्चाई जानकर श्रद्धा उससे दूर नहीं हुई, बल्कि उसकी कहानी से वह प्रेरित हो रही थी। श्रद्धा के इस उदार मन को देखकर मनोज देर तक अपने गाँव और ग्वालियर के किस्से उसे सुनाता रहा। श्रद्धा कभी उसके संघर्ष के किस्से सुनकर गम्भीर हो जाती, कभी आश्चर्य से अपनी आँखें बड़ी करके उसे देखती रहती, कभी किसी बात पर देर तक हँसती रहती। शाम अब रात में तब्दील हो गई थी। अतीत की अपनी असफलताओं को भुलाकर दोनों भविष्य में सफलता की राह पर बढ़ना चाह रहे थे।

## 24.

सिविल सर्विस की मुख्य परीक्षा को केवल दस दिन बचे थे। अव्यवस्थित सी तैयारी थी मनोज की। इतिहास और हिंदी साहित्य के अतिरिक्त सामान्य अध्ययन के दो कठिन पेपर भी होने थे। जिसकी तैयारी बहुत अच्छी नहीं हुई। इन पेपरों में संविधान, भूगोल, इकोनॉमी, साइंस, करन्ट अफेयर सभी कुछ पूछा जाएगा। पैसों के अभाव में वह सामान्य अध्ययन और इतिहास की कोचिंग नहीं कर सका था। इंग्लिश का तीन सौ नम्बर का कम्पलसरी पेपर पास करना भी जरूरी है। सुकून की बात यह है कि इस पेपर के नम्बर मुख्य परीक्षा में जुड़ते नही है लेकिन तीन सौ में से यदि पासिंग मार्क्स सौ नम्बर नहीं आए तो शेष किसी भी पेपर की कॉपी ही चेक नहीं की जाएंगी।

हिंदी साहित्य के बचे हुए सिलेबस को पूरा करने के लिए विकास सर ने अंतिम क्लास रात को ली। मनोज की हिन्दी साहित्य की कोचिंग पूरी होने को थी इस कारण से उसे अब वापस ग्वालियर जाना है। पर इस अंतिम क्लास के समय मनोज श्रद्धा के बारे में सोच रहा था। वह नहीं जानता कि श्रद्धा अब उसे कब मिलेगी? मिलेगी भी या नही? इतनी बड़ी दुनिया? इतनी दूरी? दो–तीन महीने की दोस्ती क्या जीवन भर की दोस्ती बन पाएगी? उसे नहीं पता। पर उसकी इच्छा है कि कितनी भी बड़ी दुनिया हो, कितनी भी दूरी हो, श्रद्धा उसमें हर जगह मौजूद रहे। हमेशा मौजूद रहे। रात भर चलने वाली इस क्लास में मनोज श्रद्धा को देखकर यही कल्पना करता रहा कि वह इस लड़की के साथ ही हमेशा रहे तो कितना अच्छा हो। दिल्ली की अपनी आखिरी क्लास में मनोज श्रद्धा की

कल्पनाओं में ही डूबा रहा।

क्लास सुबह छः बजे तक चलती रही। मनोज सोचता रहा अपने अनिश्चित भविष्य के बारे में। यहाँ से जाने के बाद क्या होगा? सफलता–असफलता कुछ भी निश्चित नहीं। क्या सफलता इतनी आसान होती है? क्या सिलेक्ट होना इतना आसान होता है? पता नहीं। अगर सिलेक्ट हो जाए तो? तो सब ठीक हो जाएगा। वह श्रद्धा से कह देगा कि वह उससे प्यार करता है। पर यदि अभी कह दे तो? श्रद्धा एक असफल लड़के को क्यों चुनेगी? आखिरी क्लास में उसके दिमाग में यही सब चलता रहा। क्लास खत्म होने के बाद मनोज ने श्रद्धा से कहा– "श्रद्धा रुकना, मैं विकास सर से मिलकर आता हूँ।"

मनोज विकास सर से मिलने चला गया, सर को क्लास के लड़के लड़कियाँ घेरे हुए थे। मनोज को देखकर सर ने उसे मुख्य परीक्षा के लिए शुभकामनाएं दी। उसने सर के पैर छुए और वापस बाहर आ गया। बाहर आकर उसने देखा कि श्रद्धा सामने के पार्क में बेंच पर बैठी हुई है। पार्क में सुबह की धुली हुई धूप निखर आई थी। श्रद्धा के अलसाये चेहरे पर सुबह की पीली धूप सोने जैसी चमक रही थी।

मनोज ने श्रद्धा से कहा– "श्रद्धा मैं आज शाम को ग्वालियर चला जाऊँगा।" वह श्रद्धा से कुछ और भी कहना चाहता था, लेकिन उसकी हिम्मत नहीं हो रही थी।

श्रद्धा ने उसे आगे की परीक्षा के लिए शुभकामनाएँ दी– "मनोज तुम बहुत मेहनती हो। तुम जरूर सफल हो जाओगे। खूब मेहनत से मुख्य परीक्षा देना। जीवन में कभी हम लोग फिर से मिलें तो मैं गर्व से कह सकूंगी कि सफल मनोज दिल्ली में मेरा दोस्त था।"

अंतिम वाक्य सुनकर मनोज को लगा कि वह श्रद्धा को हमेशा के लिए छोड़कर जा रहा है। वह इस तरह से उसे हमेशा के लिए नहीं छोड़ना चाहता था, इसलिए उसने कहा– "क्या हम हमेशा दोस्त नहीं रह सकते?"

श्रद्धा ने कुछ देर सोचते हुए जवाब दिया– "हम दोस्त तो हैं हीं मनोज! पर मुझे नहीं पता कि मैं आगे कहाँ पढूंगी? सिविल सर्विस की तैयारी का क्या भविष्य है? मुझे डिग्री के बाद इंटर्नशिप भी करनी है। सब कुछ अनिश्चित है मेरा। अगले महीने मैं भी यहाँ से चली जाऊंगी। आगे की तैयारी मैं शायद अपने घर से ही करूँ।"

श्रद्धा मनोज के बारे में अनिश्चय की स्थिति में थी। उसे नहीं पता था कि वह मनोज से कब तक और कितनी दोस्ती रखना चाहती है? मनोज को आज श्रद्धा अचानक अपने से दूर जाती हुई दिखी। वह उसे अपने से दूर नहीं जाने देना चाहता था लेकिन जिन्दगी की डगर सीधी सरल नहीं है, वह इतनी उबड़–खाबड़ है कि कोई सपना इतनी आसानी से अपनी मंजिल पर नहीं पहुंचता। मनोज नहीं जानता था कि एक बार दूर होने पर

दोबारा कैसे ढूँढ़ पाएगा वह श्रद्धा को?

उसने कहा– "क्या तुम्हारा अल्मोड़ा का फोन नम्बर मुझे मिलेगा?" श्रद्धा ने उसकी कॉपी पर अल्मोड़ा का फोन नम्बर लिख दिया। उम्मीद खत्म नहीं होती कभी।

मनोज की इच्छा हो रही थी कि वह श्रद्धा की कॉपी पर रखी उसकी हथेली को थाम ले। पर बिना श्रद्धा की इच्छा से कैसे सम्भव होता यह? काश वह इस हथेली पर विदा के समय पेन से अपना नाम लिख पाता। सीने में ही दबी रही उसकी यह इच्छा।

उसने अपने मन की बात को कहने की फिर हिम्मत की– "श्रद्धा मेरा अभी तक का जीवन संघर्ष में बीता है। पर मैंने सपने देखना नहीं छोड़ा। न ही कभी छोड़ पाउँगा। पता नहीं क्यों तुम्हें देखकर लगता हैं कि मेरे सपने जरूर साकार हो जायेंगे।"

मनोज ने अपने सपनों को श्रद्धा के साथ एकमेक कर दिया, पर श्रद्धा उसकी भावनाओं में नहीं बही, उसने मनोज की भावनात्मक बातें सुनकर संतुलित जवाब दिया– "मनोज तुमसे मैंने बहुत कुछ सीखा है। किस तरह ट्वेल्थ फेल होने बाद भी अपनी असफलताओं से न घबराकर उन्हें पीछे छोड़कर आगे बढ़ा जाता है। तुम्हें देखकर मुझमें भी पढ़ाई की ललक बनी रहती है।"

मनोज को लगा कि यही लड़की है जिसके साथ वह अपनी पूरी जिंदगी बिता सकता है। यही लड़की है जिसके साथ वह दुनिया की कोई भी लड़ाई जीत सकता है। कुछ देर खामोशी बनी रही फिर उसने अपने हाथ में पकड़ी जयशंकर प्रसाद की किताब 'कामायनी' को देखते हुए श्रद्धा से पूछा– "क्या हम आख़िरी बार मिल रहे हैं श्रद्धा?"

मनोज पढ़ना चाह रहा था श्रद्धा का मन। पर इतना आसान कहाँ होता है किसी के मन को पढ़ना?

"पता नहीं मनोज।" श्रद्धा के स्वर में उदासी थी।

क्या सच में श्रद्धा के साथ वाला यह दिन फिर कभी लौट कर आएगा या बस यह लड़की यादों में रहेगी अब। मनोज को नहीं पता। उसके होंठ अब सिले हुए थे। श्रद्धा अपने होस्टल की ओर चल दी, मनोज वहीं खड़ा रहा। मनोज श्रद्धा को तब तक जाते हुए देखता रहा, जब तक वह उसकी आँखों से ओझल नहीं हो गई।

## 25.

ताज एक्सप्रेस के जनरल डिब्बे में अपना सामान बोरियों में भरकर मनोज और पांडे वापस ग्वालियर की ओर चल दिए। सिविल सर्विस की मुख्य परीक्षा की तैयारी करने दिल्ली जाने वाला मनोज वापसी में श्रद्धा के प्यार को अपने मन में बसाए लौट रहा था। उसे अपना मन भरा–भरा सा लग रहा था। वह सोचने लगा कि यदि पहले ही अटेम्प्ट में वह आईएएस या आईपीएस बन जाए तो श्रद्धा से कितनी आसानी से कह सकता है कि वह उससे प्यार करता है।

पीलीकोठी में दोनों ने फिर से एक कमरा किराए से ले लिया। दो दिन बाद मनोज भोपाल मुख्य परीक्षा देने चला गया। दीप सोनी भोपाल में ही डीएसपी थे और सरकारी आवास में रहते थे। उनके यहाँ रुककर मनोज पेपर दे आया। सामान्य अध्ययन और कम्पलसरी इंग्लिश पेपर के बाद दस दिन का गैप था। वह पेपर देकर वापस ग्वालियर आ गया। सामान्य अध्ययन के पेपर में वह एकदम से सटीक उत्तर नहीं लिख पाया था। वह पहले ही अटेम्प्ट में आईएएस या आईपीएस बनने की कल्पना कर रहा था, लेकिन अब उसने अपनी कल्पना को अब थोड़ा छोटा कर दिया। अब वह सोचने लगा कि यदि उसके आगे के पेपर अच्छे चले जाएँ तो वह भले ही आईएएस या आईपीएस न भी बने पर उसे इनकम टेक्स या सेंट्रल एक्साइज या कोई न कोई पोस्ट तो मिल ही सकती है। पहली बार में छोटी पोस्ट मिलने से अगले अटेम्प्ट में प्रॉपर आईएएस या आईपीएस बना जा सकता है।

पीलीकोठी में अविनाश मुद्‌गल नाम के लड़के ने पढ़ाई के लिए कमरा किराए पर लिया था। उसने इसी साल बी.कॉम किया था। उसने मनोज के सामान्य अध्ययन और इंग्लिश कम्पलसरी के पेपर चेक किए। अविनाश के पूछने पर मनोज ने बताया– "मुझे लगता है कि इंग्लिश में तो मैं पास हो जाऊंगा। मैंने 'टेररिज़्म इन इंडिया' का एस्से बहुत अच्छा लिखा है।"

अविनाश ने पेपर देखते हुए मनोज से पूछा–"मनोज कहाँ है 'टेररिज़्म इन इंडिया' का एस्से?"

"अविनाश भाई आप भी ठीक से नहीं देख पाते, पीछे के पेज पर देखो तीसरे नम्बर पर है।"–मनोज ने आत्मविश्वास से कहा।

"इस एस्से में मैंने बहुत विस्तार से टेररिज्म के बारे में लिखा है। टेररिज्म के कारण, उसके इंडिया पर इम्पेक्ट, हाउ टू सॉल्व दिस प्रोब्लम, डिफ़रेंस बिटवीन कश्मीर

एंड पंजाब टेररिज्म।"– मनोज ने जोश और उत्साह से परीक्षा में लिखे गए अपने एस्से की विशेषताएं अविनाश को गिनाईं।

अविनाश अभी भी पेपर में 'टेररिज्म इन इंडिया' टॉपिक ढूंढ रहा था। पर जब वह एस्से नहीं ढूंढ पाया तो मनोज ने पेपर लिया और उस स्थान पर उंगली रख दी जहाँ वह टॉपिक लिखा था।

"ये रहा। तुम देख नहीं पा रहे अविनाश।"– मनोज ने अविनाश से खीझते हुए कहा।

अविनाश ने उस स्थान को देखते हुए कहा जहाँ मनोज की उंगली रखी हुई थी– "यह तो 'टूरिज्म इन इंडिया' है।"

मनोज ने जब दोबारा ध्यान से पेपर पढ़ा तो वहाँ 'टेररिज़्म' नहीं 'टूरिज्म' लिखा हुआ था। मनोज को समझ नहीं आया कि यह कैसे हो गया? इतनी बड़ी गलती कैसे हो गई? वह जिस एस्से को सही समझ रहा था, वह गलत हो गया था। वह 'टूरिज्म' और 'टेररिज़्म' की स्पेलिंग में कन्फ्यूज हो गया था। मनोज को लगा कि उसके भीतर का खून सूख गया है। उसकी आँखों के सामने अन्धेरा छा गया। उसने बहुत बड़ी गलती कर दी थी। इस पेपर में पास नहीं हुआ तो दूसरे सब्जेक्ट की एक भी कॉपी चेक नहीं होगी। गलत विषय पर एस्से लिखने पर निश्चित ही वह इंग्लिश कम्पलसरी के पेपर में फेल हो जाएगा। बड़ी मुश्किल से उसकी प्रिलिम्स क्लीयर हुई थी क्या वह इस तरह बर्बाद हो जाएगी?

मनोज अपने कमरे पर जाकर रोने लगा। वह समझ गया कि इंग्लिश ने एक बार फिर उसका जीवन बर्बाद कर दिया है। एस्से ही उसकी उम्मीद थी। जिसमे सौ में से उसे जीरो नम्बर मिलेंगे। ग्रामर तो वैसे भी वह अच्छा नहीं कर पाया था। उसका आत्मविश्वास पूरी तरह से धराशाई हो गया। उसने निर्णय लिया कि वह आगे के पेपर देने भोपाल नहीं जाएगा। जब कॉपियां ही चेक नहीं होगी तो पेपर देने का क्या लाभ? हिन्दी साहित्य और इतिहास के पेपर देने मनोज भोपाल नहीं गया।

पहला अटेम्प्ट एक घटिया प्रयोग के तौर पर इंग्लिश की बली चढ़ गया। अब फिर से एक साल की मेहनत सामने है। मनोज को फिर से प्रिलिम्स से शुरुवात करनी है। दुःख का दौर फिर से शुरू हो गया। मनोज अपनी इस असफलता को किस मुँह से श्रद्धा को बताएगा? इच्छा होने के बावजूद मनोज श्रद्धा से बात करने की हिम्मत नहीं कर पा रहा था।

पीलीकोठी में रहने वाले लड़कों ने उत्तर प्रदेश पीएससी की प्रिलिम्स परीक्षा दी

थी। मनोज, पांडे, अविनाश, गुप्ता सभी की यूपी प्रिलिम्स क्लीयर हो गई। सिविल सर्विस की मुख्य परीक्षा बर्बाद होने से हताश मनोज ने उत्तर प्रदेश पीएससी की प्रिलिम्स क्लीयर करने के कारण अपने भीतर फिर से उम्मीद को जगाया। रेगिस्तान में तड़पते हुए आदमी को जैसे दो बूँद पानी की मिल गई थीं। उसके सामने फिर से एक मुख्य परीक्षा देने का लक्ष्य था भले ही वह मुख्य परीक्षा सिविल सर्विस की न होकर किसी स्टेट पीएससी की हो। इस उम्मीद से पैदा हुए आत्मविश्वास के कारण उसकी इच्छा एक बार फिर श्रद्धा से बात करने की होने लगी। मनोज श्रद्धा को भुला नहीं पा रहा था, रह–रहकर उसकी याद मनोज को सता रही थी। उसने तय किया कि वह आज श्रद्धा से जरूर बात करेगा। उसने श्रद्धा के घर का फोन नम्बर ढूंढा, पर बहुत कोशिश करने पर भी नम्बर नहीं मिला तो वह निराश होकर पलंग पर बैठ गया।

मनोज को परेशान देख पांडे ने पूछा– "क्या ढूंढ रहे हो मनोज? सिविल सर्विस की परीक्षा तो गई तुम्हारी। यूपी सिर पर है। पढ़ लो। कहाँ भटक रहे हो?"

मनोज श्रद्धा में डूबा हुआ था– "श्रद्धा का फोन नम्बर नहीं मिल रहा है, मुझे उससे बात करना है।"

पांडे ने अपनी किताब बन्द कर दी और वार्ता की मुद्रा में बैठ गया– "तो कर लो बात किसने रोका है? पर कहोगे क्या? हैलो श्रद्धा! मैं फेल हो गया हूँ। ट्वेल्थ के बाद मैं कम्पलसरी इंग्लिश पेपर में भी फेल हो गया हूँ। 'टूरिज्म' की जगह 'टेररिज्म' पर एस्से लिख आया था। करो करो, फोन करो, मेरी भी बात कराना।" पांडे ने श्रद्धा को फोन करने की एक्टिंग करते हुए मनोज से कहा।

जब मनोज ने इस व्यंग्य पर कुछ नहीं कहा तो उसने अपनी अधूरी बात मनोज से फिर कही– "मनोज जी असफल लड़कों को प्यार नहीं मिलता। अगर श्रद्धा से प्यार करना है तो पढ़ाई करो। यूपी में सिलेक्ट हो जाओ। तब शायद श्रद्धा तुमसे प्यार कर ले। अभी तो दुत्कार ही देगी।" पांडे ने 'प्यार में सफलता' विषय पर यथार्थवादी भाषण मनोज को दे दिया।

तभी कमरे में गुप्ता और अविनाश आ गए। पांडे ने कमरे में सबसे कम उम्र के पर दिमाग में सबसे तेज अविनाश मुद्गल से पूछा– "आज की चर्चा का विषय प्यार है। अविनाश जी प्यार के विषय में आपके क्या विचार हैं?"

अविनाश पढ़ाई में गम्भीर और दुनियादारी के झंझटों से दूर रहने वाला लड़का था। उसे इस तरह की निरर्थक चर्चाओं में कोई रुचि नहीं थी।

"पढ़ लो सालों! पाँच–छह महीने बाद यूपी मुख्य परीक्षा होनी है, तुम्हे अभी ही

प्यार करना है?" – अविनाश ने छूटते ही गाली दी।

लेकिन पांडे ने जब एक बार फिर अविनाश से प्यार पर अपने विचार व्यक्त करने का आग्रह किया तो अविनाश ने जवाब देना शुरू किया– "पहला बिंदु, प्यार एक जोंक है जो विद्यार्थी से उसी समय चिपकती है जब उसे अपना सबसे ज्यादा समय पढ़ाई में देना होता है। दूसरा, प्यार व्यार कुछ नहीं होता, यह महज अभावों का आकर्षण है। अभाव माने समझ रहे हैं ना पांडे? जो चीज हमारे पास नहीं होती उसका आकर्षण।"

मनोज को अविनाश की यह फिलॉसफी पसंद नहीं आई। उसने विरोध किया– "मेरे लिए प्यार आंतरिक शक्ति है, जो मुझे पढ़ने के लिए प्रेरित करती है।"

गुप्ता को अविनाश के स्थान पर मनोज की बात पसन्द आई थी। उसने कहा– "वाह मनोज जी क्या बात कही है, मेरे मुँह की बात छीन ली। अविनाश को क्या पता प्यार के बारे में? कभी प्यार किया हो तो जाने, प्यार के बारे में ये निरक्षर हैं।"

अविनाश को गुप्ता का मजाक पसंद नहीं आया। वह गम्भीर हो गया। उसने उसी गम्भीरता से कहा– "पहले सिलेक्ट हो जाओ, फिर कर लेना प्यार। अगर प्यार करोगे तो सिलेक्शन होना मुश्किल है, इसलिए सब छोड़कर केवल पढ़ाई करो। किताब सामने रखकर प्रेमिका के बारे में सोचने से सिलेक्शन नहीं होता।"

कमरे में सन्नाटा खिच गया। अब किसी के मुँह से कोई आवाज नहीं निकल रही थी। इस गम्भीर चर्चा में किसी के पास बोलने के लिए कुछ नहीं बचा था।

## 26.

इंग्लिश आगे कोई रुकावट न डाले इसके लिए मनोज और पांडे ने मनोज के पुराने दोस्त रविकांत द्विवेदी की इंग्लिश कोचिंग में एडमिशन ले लिया। कोचिंग में छः लड़कियाँ और दस लड़के थे। एक दिन रविकांत सर ने क्लास में योगिता नाम की लड़की को किसी बात पर डांट दिया। योगिता की आँखों से आँसू बहने लगे। आँसू बहाती योगिता पांडे को अचानक मासूम लगने लगी। आज पहली बार पांडे ने देखा कि योगिता की आँखें दूसरी लड़कियों से बड़ी और खूबसूरत हैं। इन बड़ी आँखों में पांडे डूब गया। मनोज के प्यार के विरोधी पांडे को आज अचानक योगिता से प्यार हो गया। पांडे को भी इस समय पढ़ाई की सख्त जरूरत थी, पर पढ़ाई के सबसे जरूरी समय में प्यार की जोंक उससे चिपक गई थी। अविनाश द्वारा कही गई प्यार के विषय में पहली

बात पांडे के संदर्भ में सही सिद्ध हो रही थी।

मनोज को यह जानकर सुकून मिला कि पांडे भी प्यार करने लगा है, क्योंकि उसे उम्मीद थी कि पांडे अब श्रद्धा का विरोध नहीं करेगा। पांडे ने योगिता से दोस्ती बढ़ाने के प्रयत्न शुरू कर दिए। मनोज पांडे की मदद करने के लिए तत्पर था। दोनों प्रतियोगियों के पास वक्त की कमी थी, जिस कारण योगिता को पांडे से प्यार करने के लिए राजी करने में ज्यादा वक्त बर्बाद नहीं किया जा सकता था, इसलिए योगिता के मन की थाह लेने दोनों एक दिन उसके घर पहुँच गए।

योगिता ने मनोज से कहा– "रवि सर आप लोगों की बहुत तारीफ़ करते हैं, कहते हैं कि आप लोग जरूर पीएससी में सिलेक्ट हो जाओगे।"

मनोज ने वक्त बर्बाद न करते हुए पांडे को एक योग्य प्रेमी के रूप में योगिता के दिल में स्थापित करने की कोशिश की– "मेरा तो पता नहीं, पर पांडे जरूर सिलेक्ट हो जाएगा। लेखन क्षमता बहुत अच्छी है इनकी। कॉलेज में निबंध लेखन प्रतियोगिता में हमेशा फर्स्ट आते थे।"

मनोज ने पांडे के विषय में एक काल्पनिक झूठ बोल दिया, पांडे के व्यक्तित्व में यह झूठ चार चाँद लगा रहा था, इसलिए मनोज के द्वारा पूर्व में बोले गए झूठ का विरोध करने वाले सिद्धांतवादी पांडे ने इस झूठ का खंडन नहीं किया।

मनोज के इस झूठ का तत्काल असर हुआ। योगिता ने पांडे की तरफ मुस्कुराते हुए देखा। पांडे को प्यार की ऐसी स्पीड की उम्मीद नहीं थी। वह योगिता का मुस्कुराता हुआ चेहरा देखकर समझ गया कि मामला सेट हो रहा है, योगिता उसमें रुचि ले रही थी। योगिता की मम्मी ने पोहे की प्लेट मेहमान के वेश में आए प्रेमियों के सामने रख दी। कुछ देर कमरे में चुप्पी रही। मनोज ने पांडे को देखा कि पांडे योगिता से कुछ कहे, पर पांडे पोहे खाने में व्यस्त रहा। मनोज ने पांडे को इशारा किया कि वह बातचीत आगे बढ़ाए।

मनोज के इशारे से हड़बड़ाए पांडे ने योगिता से कहा– "तुम्हारी मम्मी पोहे बहुत अच्छे बनाती हैं। मैंने आज तक इतने अच्छे पोहे नहीं खाए। मनोज जी के गाँव में तो पोहे बनते ही नहीं हैं, ग्वालियर आकर ही इन्होंने पहली बार पोहे खाये हैं। हा हा हा।"

मनोज ने सिर पीट लिया। पांडे समदर्शी था। वह योगिता से भी वैसी ही बातचीत कर रहा था, जैसी वह त्यागीजी या अविनाश से करता था।

योगिता के कमरे में एक सितार रखा था। सितार को देखकर पांडे की कुछ कहने की इच्छा हुई। उसने कहा– "सितार कौन बजाता है?"

"मैं कभी–कभी बजाती हूँ।"– योगिता ने अपनी बड़ी–बड़ी आँखें नचाते हुए कहा।

"संगीत हमारे मन को बहुत सुकून देता है। मैं एक अच्छा गायक तो नहीं हूँ, पर एक अच्छा श्रोता जरूर हूँ। "– उसने योगिता से कहा।

योगिता को पांडे का मजाक अच्छा लगा, उसने कहा– "अच्छे श्रोता नहीं होंगे तो अच्छा गायक सुनाएगा किसे?"

पांडे ने योगिता के घर से विदा लेते समय कहा –"अगली बार तुम्हारा सितार सुनेंगे।"

पांडे ने एक बार और इस घर में आने की भूमिका बना दी। मतलब उसने यह बता दिया कि अब रिश्ता लम्बा चलना है। आना–जाना लगा रहेगा। इतना कहकर उसने एक भरी हुई नजर योगिता के चेहरे पर डाली। योगिता की बड़ी सी आँखें झुक गई और वह मुस्कुरा दी।

प्यार का अंकुर मन में लिए पांडे मनोज के साथ पीलीकोठी आ गया। पांडे ने वापस आकर अपने कमरे में फैली किताबों को अजनबी निगाहों से देखा। कुछ किताबें पलंग पर खुली पड़ी थीं, जिन्हें वह प्यार की तलाश में निकलने के पहले खुला छोड़ गया था। इन किताबों को उसने बन्द करके रख दिया। दीवार पर चिपके टाइम–टेबल में यह समय मुगल कालीन अर्थव्यवस्था पढ़ने का था। आज दोनों योगिता से बात करने में वह समय बिता आए थे, इसलिए अब दोनों को पढ़ाई की चिंता सताने लगी। दिसम्बर शुरू हो चुका था और मई के पहले रविवार को सिविल सर्विस की प्रिलिम्स और उसके बाद यूपी मुख्य परीक्षा होनी है। पांडे ने बगल के कमरे में झाँककर देखा। वहाँ अविनाश मुद्गल अपनी किताब में डूबा हुआ था। एक अजीब सा अपराधबोध दोनों को महसूस हुआ। दोनों ने किताब उठाई और पढ़ने बैठ गए।

छूट चुकी मुगल अर्थव्यवस्था आधा घण्टा पढ़ने के बाद पांडे के दिमाग में फिर से योगिता घूमने लगी। उसने इतिहास की किताब किनारे रख दी और आँखें बन्द करके लेट गया। अब मामला समानता का था। दोनों प्यार में डूब चुके थे और सामने परीक्षाएं थीं। पांडे ने हाल ही में रिलीज फ़िल्म 'मोहब्बतें' का गाना अपने टेप पर चालू कर दिया। जिसके बोल थे– 'सोणी सोणी अँखियों वाली।' गाना सुनकर वह योगिता की बड़ी और सोणी अँखियों में डूब गया।

27.

गुप्ता पीलीकोठी में नए–नए आए दो लड़कों को परीक्षा की तैयारी के गुर समझा रहा था। वह तल्लीन होकर नौसिखिये लड़कों को ज्ञान दे रहा था– "मैंने और दीप सोनी ने साथ ही इंटरव्यू दिया था, वो तो इंटरव्यू के दिन मेरी तबीयत खराब हो गई थी, इसलिए मुझे अच्छे नम्बर नहीं मिले, नहीं तो मैं भी दीप की तरह आज कहीं डीएसपी होता।"

गुप्ता ने उन लड़कों को आगे प्रेरित करते हुए कहा– "तुम लोग मेरे बताए तरीके से पढ़ाई करोगे तो देखना तुम्हारा सिलेक्शन जरूर होगा। हिस्ट्री में उत्तर कैसे लिखा जाता है, यह तो मैंने ही दीप को सिखाया था, तब जाकर हिस्ट्री में अच्छे नम्बर आ पाए उसके। चेला था मेरा।" दोनों लड़के गुप्ता के झूठ पर टिके विराट व्यक्तित्व से प्रभावित होकर चले गये।

तब तक अविनाश एक नये लड़के के साथ गुप्ता के कमरे में आ गया। पीछे–पीछे पांडे और मनोज भी आ गए। अविनाश ने गुप्ता से कहा–"ये नवल भल्ला है। ये भी पीलीकोठी में रहकर तैयारी करना चाहता है।"

गुप्ता उत्साहित होकर बोला– "बहुत बढ़िया। यहाँ पढ़ाई का बहुत अच्छा माहौल है। तुम्हें पढ़ाई में कोई भी प्रॉब्लम हो तो मुझसे पूछ लेना। इंटरनेशनल रिलेशन में तो पूरी पीलीकोठी में मेरा डंका बजता है। किसी को कुछ भी समस्या आती है, मुझसे ही पूछते हैं। क्यों अविनाश?" गुप्ता ने नवल को नौसिखिया मानते हुए अपने आप को विषय विशेषज्ञ घोषित कर दिया और अविनाश से अपनी योग्यता की स्वीकृति चाही।

अविनाश ने गुप्ता का भ्रम बनाये रखते हुए कहा– "पीलीकोठी क्या, गुप्ता का तो पूरे ग्वालियर में डंका बजता है।"

गुप्ता के वक्तव्य को नवल ने चुनौती के रूप में ले लिया। नवल ने गुप्ता के साथ–साथ पूरी पीलीकोठी की ग्रेविटी जांचने का मन बना लिया। उसने अपने नोट्स निकाल लिए और एक प्रश्न इस समूह के सामने उछाल दिया–"अच्छा बताइये, अभी जापान के प्रधानमंत्री भारत आये थे। भारत सरकार से उनके किन महत्वपूर्ण बिंदुओं पर समझौते हुए?"

यह पूरी पीलीकोठी की परीक्षा का अवसर था। लेकिन अंतरराष्ट्रीय सम्बन्धों के विशेषज्ञ गुप्ता को नवल के इस प्रश्न का उत्तर नहीं पता था, इसलिए प्रश्न सुनते ही उसे भूख लग आई। समय का सदुपयोग करते हुए गुप्ता किचिन से भोजन की प्लेट ले आया,

जिसमे आलू की सब्जी और घी में डूबी चार रोटियां रखी थीं। गुप्ता के गाँव में भैंस पली हुई थी, इसलिए उसे घी की कोई कमी नहीं थी। औपचारिकतावश गुप्ता ने मेहमानों से भोजन के लिए पूछा जिसे सभी मेहमानों ने शर्मवश मना कर दिया। गुप्ता को नवल के पूछे गए प्रश्न के उत्तर का ओर–छोर भी नहीं पता था, इसलिए उसने खुद को इस परीक्षा से अलग ही मान लिया। गुप्ता विरक्त भाव से घी में डूबी रोटियाँ खाता रहा।

नवल ने चुनौती की तरह अपना प्रश्न फिर से याद दिलाया– "बताइये। ये तो बहुत इम्पोर्टेन्ट यात्रा थी। इतना तो पता होना चाहिये। गुप्ताजी आप तो अंतर्राष्ट्रीय सम्बन्धों में विशेष रुचि रखते हैं, आपको तो पता होना चाहिए।"

नवल ने जब यह बात गुप्ता से पूछी तो रोटी का टुकड़ा उसके मुँह में था। नवल की चुनौती के कारण गुप्ता रोटी चबाना भूल गया और बड़ी–बड़ी आँखें करके उत्तर याद करने का सफल अभिनय करने लगा। पर उसे इस प्रश्न का उत्तर नहीं पता था। फिर भी उत्तर याद करने का गुप्ता का अभिनय ऐसा था कि बस उत्तर उसकी जुबान पर आ ही रहा है, लेकिन मुँह में रोटी होने के कारण वह बोल नहीं पा रहा।

नवल ने वहाँ बैठे अविनाश, मनोज, और पांडे को ललकारा– "आप लोगों को पता है?"

किसी को उत्तर नहीं पता था। किसी को यह उम्मीद भी नहीं थी कि पहली बार मिलने वाला लड़का उनकी परीक्षा ले सकता है। पर नवल कट्टर था। उसने सभी परीक्षार्थियों को पराजित देखते हुए भी विषय नहीं बदला, पर उसने दया करते हुए प्रश्न को थोड़ा सरल कर दिया– "चलिए नाम ही बता दीजिये जापानी प्रधानमंत्री का?"

नवल की नजर में सरल प्रश्न शेष लोगों की नजर में जटिल ही बना रहा। प्रश्न सुनकर लोगों के चेहरे के भावों में कोई बदलाव नहीं आया। पहले प्रश्न जैसी स्थिति ही बनी रही। इस सरल प्रश्न का उत्तर भी चारों नहीं जानते थे। गुप्ता ने इस समय का बेहतर उपयोग किया, वह जूठे बर्तन माँजने चला गया। सभी ने नवल के सामने हथियार डाल दिए।

नवल ने अपनी पढ़ाई युद्ध की तैयारी की तरह की थी, आज मौका पाते ही वह सामने बैठे लड़कों को अपना दुश्मन मानते हुए उन पर टूट पड़ा था। नवल को लग रहा था कि उसने अपने हथियारों से अपने दुश्मनों को गाजर–मूली की तरह काट दिया है और उसके दुश्मन युद्ध भूमि में पड़े तड़प रहे हैं। विजयी मुस्कान लिए नवल ने अपने लहूलुहान दुश्मनों से कहा– "तुम लोगों को इतना भी नहीं पता? उनका नाम है जूनीकीरो कोईजूमी। वे नीला कोट और लाल टाई पहनकर भारत आये थे।"

नवल का उत्तर सुनकर सभी लोग अवाक रह गए। इतना सूक्ष्म अध्ययन कैसे कर सकता है कोई? सभी को नवल भयावह लगने लगा। मनोज और पांडे के पास इस पराजय के बाद एक–दूसरे का चेहरा देखने के अलावा कोई रास्ता नहीं था। नवल अगले दिन अपना सामान ले आया और पीलीकोठी में कमरा लेकर रहने लगा।

## 28.

नए साल के पहले दिन की उमंग ने मनोज को विचलित कर दिया। नए साल पर अगर वह श्रद्धा से बात नहीं करेगा, तो फिर कब करेगा? नये साल का बहाना उसके लिए एक अवसर था, जिसे वह गवाना नहीं चाहता था। उसने जब पांडे को अपना दर्द बताया तो योगिता के प्यार में डूबे पांडे को उसके प्यार का दर्द सच्चा लगने लगा। पांडे की इच्छा मनोज की सहायता करने की होने लगी। उसने काफी देर तक कमरे में श्रद्धा का फोन नम्बर ढूंढा। पर नम्बर नहीं मिला। योगिता के प्यार के कारण दयालू हो चुका पांडे मनोज से कहता जा रहा था– "मनोज परेशान मत हो, श्रद्धा का नम्बर मिल जाएगा।"

पन्द्रह मिनट मेहनत करने के बाद भी नम्बर नहीं मिला। उदार पांडे को मनोज का दुखी चेहरा अच्छा नहीं लग रहा था, उसके उर्वर दिमाग ने एक तरकीब मनोज को बताई– "मनोज विकास सर की कोचिंग में जरूर होगा श्रद्धा के घर का नम्बर।"

पांडे की तरकीब सुनकर मनोज उत्साहित हो गया। दोनों दृष्टि कोचिंग का नम्बर लेकर एसटीडी पर चले गए। मनोज को दृष्टि कोचिंग की डायरेक्टर वर्मा मैडम अच्छे से जानती थीं। उसे लगा कि उसे कोचिंग से श्रद्धा का नम्बर आसानी से मिल जाएगा। उसने दृष्टि कोचिंग फोन लगाया।

एक महिला की आवाज आई– "नमस्कार! दृष्टि कोचिंग से बोल रही हूँ, बताइये मैं आपकी क्या मदद कर सकती हूँ।"

मनोज ने आत्मविश्वास से कहा– "नमस्कार मैडम! मैं मनोज, ग्वालियर से बोल रहा हूँ। मैंने दृष्टि में कोचिंग की है। मेरी मित्र श्रद्धा भी दृष्टि में पढ़ती थी। उनका फोन नम्बर मिल सकता है?"

मैडम मनोज के आत्मपरिचय से बिलकुल प्रभावित नहीं हुई। मैडम ने उत्तर दिया– "जी नहीं। हम किसी का फोन नम्बर नहीं दे सकते।" मनोज को लगा कि मैडम ने उसे पहचाना नहीं है। उसने मैडम को अपना परिचय फिर से याद दिलाया– "आप वर्मा

मैडम बोल रही हैं ना! मैं मनोज शर्मा बोल रहा हूँ ग्वालियर से।"

महिला ने रूखे स्वर में मनोज को जवाब दिया– "वर्मा मैडम आज कोचिंग नहीं आईं, मैं राखी बोल रही हूँ।"

श्रद्धा का फोन नम्बर लेने की मनोज की यह आखिरी उम्मीद भी खत्म होती जा रही थी। लेकिन उसने हार नहीं मानी– "मैडम आप समझ नहीं रही हैं। श्रद्धा से बात करना बहुत जरूरी है, उनके आईएएस का परीक्षा फार्म रिजेक्ट हो गया है उसी के बारे में बात करना है।"

मनोज ने अपने पुराने पर अब तक न भूले उपयोगी हथियार 'झूठ' का उपयोग किया। पर आज उसका यह हथियार बेकार चला गया। उसकी बात पूरी होती उसके पहले दूसरी तरफ से अपने काम में परिपक्व महिला ने फोन पटक दिया। उसने गुस्से में फिर से फोन लगाया। उसे लगा कि विकास सर उसकी बहुत तारीफ़ करते हैं, इसलिए इस बार सीधे विकास सर से ही बात करेगा। उसे पूरी उम्मीद थी कि विकास सर उसे निराश नहीं करेंगे।

मनोज ने महिला से कहा– "विकास सर से बात कराइए। मैं उनका स्टूडेंट बोल रहा हूँ। मैंने इस बार आईएएस मैन्स दिया है।"

उसे लगा कि मैन्स का नाम सुनकर महिला उसे जरूर महत्व देगी और विकास सर से बात करा देगी। लेकिन अप्रभावित महिला ने यन्त्रवत् जवाब दिया– "सर छुट्टी मनाने राजस्थान गए हैं।"

यह सुनकर मनोज की आखिरी उम्मीद भी जाती रही। बात वहीं आ गई, जहाँ से चली थी। सारी मेहनत बेकार गई। श्रद्धा का फोन नम्बर नहीं मिला। प्यार की तलाश में असफल हुए मनोज का दुखी चेहरा देखकर पांडे भी दुखी हो गया। मनोज के प्यार को मंजिल तक पहुँचाने को आतुर पांडे ने रास्ते में फिर एक नई सलाह मनोज को दे डाली– "मनोज अब तुम्हारे पास कोई दूसरा रास्ता नहीं बचा, तुम्हें अल्मोड़ा की ओर कूच करना चाहिए। श्रद्धा को अपने दिल का हाल सुनाए बिना अब तुम नहीं रह सकते।"

ग्वालियर से अल्मोड़ा एक हजार किलोमीटर है, कैसे जाएगा वह? फिर अल्मोड़ा में श्रद्धा से मिलेगा कैसे? क्या सीधे उसके घर चला जाएगा? उसके मम्मी–पापा होंगे? क्या कहेगा श्रद्धा से? क्यों आया है? केवल फोन नम्बर लेने? मनोज को कुछ समझ नहीं आ रहा था।

मनोज ने पांडे से कहा– "पांडे अल्मोड़ा जाना आसान नहीं है, मैं कैसे जाऊँगा इतनी दूर?" उसके मन में अल्मोड़ा के नाम से भय और घबराहट पैदा हो गई।

"यहाँ से दिल्ली तक ट्रेन से, फिर दिल्ली से बस से, सिंपल।" – पांडे ने मनोज की जटिल समस्या का सरल समाधान प्रस्तुत करते हुए उसे परिवहन का चार्ट समझाया। लेकिन मनोज अभी भी दुविधा में था।

मनोज को दुविधा में देखकर पांडे ने उसे फिर समझाया– "मनोज प्यार में लोग क्या–क्या नहीं करते? नदी, नाले, पहाड़, पर्वत सब लांघ जाते हैं और तुम अल्मोड़ा तक नहीं जा पा रहे? है कितना दूर अल्मोड़ा? अभी निकलो तो सुबह अल्मोड़ा पहुँच जाओगे।" योगिता के प्यार में डूबे पांडे को अब दुनिया के सारे प्रेमी अपने हमदर्द नजर आ रहे थे, जिनकी मदद करने को वह उतावला हो रहा था। पांडे द्वारा कठिन यात्रा के सरलीकरण से मनोज को बल मिला। उत्साहित होकर मनोज अल्मोड़ा जाने के लिए तैयार हो गया।

पांडे के पास हिंदी साहित्य के कुछ नोट्स पड़े हुए थे। दुश्मन के एरिये में घुसने के लिए हथियार सौंपने की तरह पांडे ने मनोज को हिन्दी के नोट्स देते हुए कहा– "मनोज ये नोट्स रख लो, ये नोट्स श्रद्धा के घर में घुसने में तुम्हारी मदद करेंगे।"

साथ ही उसने पाँच सौ रुपए भी मनोज को दिए, कुछ पैसे मनोज के पास भी थे। वह मनोज को रेलवे स्टेशन छोड़ आया। मनोज को छोड़ने के बाद पांडे ने एसटीडी से योगिता को फोन लगाया और हँस–हँसकर देर तक बात करता रहा।

## 29.

दिल्ली पहुँचकर मनोज को आनन्द विहार बस अड्डे से अल्मोड़ा के लिए हिना ट्रेवल्स की बस मिल गई। खूबसूरत अल्मोड़ा देखने की मनोज की बहुत इच्छा थी, लेकिन आज अल्मोड़ा जाते समय वह घबराया हुआ था। रातभर वह यही कल्पना करता रहा कि अल्मोड़ा में श्रद्धा से कैसे मिलेगा? श्रद्धा उसे अचानक देखेगी तो क्या सोचेगी? उसके मम्मी–पापा से मनोज क्या बहाने बनाएगा? उसे समझ नहीं आ रहा था। सुबह हो गई। चारों तरफ ऊँचे–ऊँचे पहाड़ उसे दिख रहे थे, इन पहाड़ों के ऊपर घने धुंए से बादल तैर रहे थे। उसे लग रहा था कि बस के बाहर हाथ बढ़ाकर वह इन बादलों को छू सकता है। बादलों के साथ धुंध भी चारों तरफ फैली हुई थी। ऐसा प्राकृतिक दृश्य उसने पहले कभी नहीं देखा था। मनोज पहाड़ी सौंदर्य में डूब सा गया। उसे लगा कि इसी सौंदर्य के कारण ही शायद श्रद्धा भी इतनी सुंदर और भली है। पहाड़ी सौंदर्य को निहारते हुए मनोज अल्मोड़ा पहुँच गया।

अल्मोड़ा पहुँचकर मनोज एक सस्ते से लॉज में जाकर तैयार हुआ और पांडे द्वारा दिए गए हिन्दी साहित्य के नोट्स का लिफाफा लेकर बाहर सड़क पर आ गया। उसे श्रद्धा ने अल्मोड़ा के बारे में बहुत कुछ बताया था। श्रद्धा ने बताया था कि अल्मोड़ा में माल रोड है, माल रोड से नीचे सर्वोदय नगर है। यहीं से पचास सीढ़ियाँ नीचे उतर कर उसका घर है। जिन सीढ़ियों पर रोज श्रद्धा जाती थी, आज वह उन सीढ़ियों पर था। इन सीढ़ियों पर श्रद्धा के नजदीक होने का अहसास उसे हो रहा था। लेकिन जैसे–जैसे वह सीढ़ियाँ उतर रहा था वैसे–वैसे उसके भीतर का आत्मविश्वास कम होता जा रहा था।

पचास सीढ़ियाँ नीचे उतरकर मनोज एक बड़े से घर के सामने आ गया। घर के दरवाजे पर एक नेमप्लेट लगी थी, जिस पर लिखा था– 'गणेशचन्द्र जोशी' प्रोफेसर। उसकी हिम्मत अपनी प्रेमिका के दरवाजे पर आकर जवाब दे गई, उसे समझ नहीं आ रहा था कि वह श्रद्धा का सामना कैसे करेगा? क्या कहेगा उससे? उसकी सारी कल्पनाएं सारी रणनीति गायब होती हुई दिखने लगी।

उसने हिम्मत करके घण्टी बजाई। उसे अब अपनी धड़कनों की धमक का शोर खुद सुनाई दे रहा था, उसमे खड़े रहने की शक्ति नहीं बची। क्या प्रेमिका के घर पहली बार आने पर ऐसी ही घबराहट होती है? उसका यह अनुभव एकदम नया और अकथनीय था। तभी एक नौकर नुमा लड़का बाहर आया। मनोज ने दो–तीन लम्बी सांसे लेकर गले को बोलने लायक बनाया और उस लड़के से बोला– "मैं दिल्ली से आया हूँ, श्रद्धा जोशी से मिलना है।"

लड़का मनोज से पीछे आने को कहकर आगे आगे चलने लगा। वह अब उस घर में था जहाँ उसकी श्रद्धा रहती है, वह अब उस बगीचे से गुजर रहा था जिसका एक–एक पौधा, गुलाब, गेंदे, सेवंती के फूल श्रद्धा के हाथ के स्पर्श से खिलखिला रहे थे। लड़का उसे बैठक में बिठाकर अंदर चला गया। मनोज को काँच की अल्मारी में वाद–विवाद, निबंध, गायन प्रतियोगिता में जीतीं ढेर सारी ट्राफियां और कप दिखाई दिए। हर एक पर श्रद्धा जोशी नाम लिखा था। पास ही एक तस्वीर टंगी थी जिसमें श्रद्धा रंगोली निकाल रही थी। मनोज अब श्रद्धा का इन्तजार कर रहा था। उसकी आँखें, उसका चेहरा, उसका मन, उसके कंट्रोल में नहीं था। उसकी नजरें श्रद्धा को ढूंढ़ रही थीं। उसके कान श्रद्धा की आवाज सुनने को तरस रहे थे। श्रद्धा के चेहरे की चमक से चकाचोंध होने के लिए उसकी आंखें बेताब हो रही थीं। तभी अंदर से श्रद्धा की मम्मी आ गईं। मनोज ने श्रद्धा की मम्मी को नमस्ते किया– "आंटीजी, मैं दिल्ली में श्रद्धा के साथ पढ़ता था।"

श्रद्धा की मम्मी ने अभी तक श्रद्धा को नहीं बुलाया था। क्या पता पहले वह मनोज

को परख लेना चाहती हों, फिर श्रद्धा को बुलाएं या मुरैना की तरह किसी अनजाने लड़के से अपनी लड़की को न मिलने देने का रिवाज अल्मोड़ा में भी हो। ऐसा तो नहीं श्रद्धा घर पर न हो, कहीं बाहर गई हो। कई तरह के प्रश्न, आशंकाएं, उम्मीदें मनोज के मन में आ रही थीं।

"तुम दिल्ली के रहने वाले हो?"– श्रद्धा की मम्मी ने मनोज से पूछा। उसे अब मम्मी को जवाब देने थे।

"मैं ग्वालियर का हूँ।"– मनोज ने उत्तर दिया।

मनोज मम्मी से ज्यादा बात करना नहीं चाहता था, पर मम्मी के पास आज शायद पर्याप्त समय था।

"ग्वालियर, भिंड, मुरैना का तो बहुत नाम सुना है।– मम्मी ने मनोज से कहा।

मनोज को यह सुनकर अच्छा लगा कि उसके शहर का नाम दूर पहाड़ों तक रोशन है। मम्मी ने अपनी अधूरी बात पूरी की– "अभी भी वहाँ डाकू बंदूक लिए दिख जाते हैं क्या?" सुना है बहुत लड़ाई–झगड़े वाले लोग होते हैं, बात–बात पर बंदूक चला देते हैं।" संगीत की शिक्षिका अब समाजशास्त्र में रुचि ले रही थी।

मनोज को यह चर्चा अपने भविष्य के लिए खतरनाक लगने लगी। उसे पता नहीं था कि चम्बल की बंदूकें बिना चले अल्मोड़ा तक खौफ पैदा करती हैं। पर उसने बात सम्हालने की कोशिश की– "अब ऐसा नहीं है, पढ़ाई में ग्वालियर बहुत आगे है।"

श्रद्धा की बात छोड़कर मम्मी सब बातें कर रही थीं। मनोज को समझ नहीं आ रहा था कि वह कैसे कहे कि श्रद्धा को बुला दीजिये। उसने पांडे के दिए हुए हिन्दी साहित्य के नोट्स लिफ़ाफ़े में से निकालकर अपने हाथ में ले लिए और मम्मी से बोला– "आंटीजी ये नोट्स श्रद्धा के लिए लाया था।"

श्रद्धा की मम्मी ने अब जाकर रहस्य खोला "–श्रद्धा तो इंटर्नशिप करने हरिद्वार गई है। लाओ ये नोट्स मुझे दे दो, मैं दे दूंगी।"

कल्पना और सपनों का बड़ा सा महल भरभराकर जमीन पर गिर पड़ा और अदृश्य हो गया। बड़ी सी योजना शुरू होते ही समाप्त हो गई। पर जल्दी हार न मानने वाले मनोज ने अपनी आदत के अनुसार समस्या से जूझना नहीं छोड़ा। मनोज ने हिम्मत करके मम्मी से कहा– "श्रद्धा का फोन नम्बर चाहिए, मेरे पास था पर मुझसे कहीं खो गया।" मनोज ने इस बात की चिंता छोड़ दी कि श्रद्धा की मम्मी उसके बारे में क्या सोच रही होगी। श्रद्धा की मम्मी उदार निकलीं, उन्होंने श्रद्धा के होस्टल का फोन नम्बर मनोज को दे दिया।

मनोज वापस बस स्टैंड आ गया। उसने अल्मोड़ा से विदा होने के पहले श्रद्धा से

बात करनी चाही। उसने बस स्टैंड के पास से श्रद्धा को हरिद्वार होस्टल फोन लगाया। घंटी जा रही थी। धड़कनें फिर बढ़ने लगीं। बात न करो तब भी बेचैनी और बात करने को तैयार हो, तब भी बेचैनी। उसे समझ नहीं आ रहा था कि कैसे वह अपनी बढ़ती हुई धड़कनों को कंट्रोल करे। वह इन्तजार करता रहा। घंटी जा रही थी।

किसी महिला ने फोन उठाया तो उसने कहा– "मैं अल्मोड़ा से बोल रहा हूँ, श्रद्धा जोशी से बात करना है।"

महिला ने कहा– "रूकिए, बुलाती हूँ।"

थोड़ी देर बाद श्रद्धा फोन पर आ गई। मनोज अब वह आवाज सुनने वाला था जिसके लिए वह पता नहीं कब से तरस रहा था। दिल थाम कर वह खड़ा रहा।

"हैलो।"– क्या यही वह आवाज है, जो उसके लिए संजीवनी है? जिसे सुनना उसके लिए साँसे लेने जैसा है। जो दुनिया की सबसे प्यारी आवाज है। क्या इसी आवाज को सुनने के लिए वह यहाँ इतनी दूर आया है? मनोज कुछ नहीं बोल सका।

फोन में से फिर आवाज आई– "हैलो, कौन है?"

अब वह चुप नहीं रह सका– "मैं मनोज बोल रहा हूँ श्रद्धा।"

"मनोज तुम?"– श्रद्धा उसे पहचान गई। फैंटेसी गायब हो गई थी। यथार्थ सामने था।

"क्या तुम अल्मोड़ा से बोल रहे हो?"– श्रद्धा ने आश्चर्य से कहा।

"हाँ मैं अल्मोड़ा से ही बोल रहा हूँ।" मनोज ने बेहोशी के अंदाज में बोला।

"अल्मोड़ा क्यों आए हो मनोज?"– श्रद्धा ने पूछा।

"तुमसे मिलने आया था।" –मनोज श्रद्धा से झूठ नहीं बोल पाया।

"क्या मेरे घर गए थे?" – श्रद्धा के स्वर में तल्खी थी।

श्रद्धा समझ गई थी कि मनोज को उसके घर से ही हरिद्वार का फोन नम्बर मिला है। "तुम ग्वालियर से अल्मोड़ा मुझसे मिलने आए हो? पूछ सकती हूँ क्यों?"– श्रद्धा अब असहज हो रही थी। मनोज का उतावलापन उसे पसन्द नहीं आ रहा था।

क्या श्रद्धा दिल्ली को पूरी तरह भूल गई है? क्या लड़कियाँ इतनी जल्दी सब भूल जाती है? क्या लड़कियों की स्मरणशक्ति इतनी कमजोर होती है? या लड़कियाँ सब भूलने का अभिनय करती हैं। मनोज को समझ नहीं आया। पर उसे सब याद था। एक–एक पल जो श्रद्धा के साथ बिताया था।

"मैं तुम्हारे बिना नहीं रह सकता श्रद्धा। मैं तुमसे मिलने के लिए, बात करने के

लिए तड़प रहा हूँ।" आँखें बन्द किए, आँखों में श्रद्धा को बसाये, लरजती हुई आवाज में, डगमगाते स्वर में मनोज ने श्रद्धा से कह दिया।

"आर यू मेड मनोज, क्या तुम पागल हो गए हो? मैं तुम्हें समझदार लड़का समझती थी। आगे से मुझे फोन मत करना।"– बिजली सी कड़की और मनोज के दिल पर गिर पड़ी, फोन पर टूँ–टूँ की टोन बजती रही। अमृत पिलाने वाली आवाज ने मनोज का साथ छोड़ दिया। अभी तक प्यार को आसान समझने वाला मनोज समझ गया था कि प्यार उतना आसान नहीं है, जितना वह समझ रहा था। प्यार अब अपने मूल स्वभाव में था, कठिन और दम घोंटने वाला।

आंसुओं से पूरा टेलीफोन भीग चुका था। आंसुओं में डूबा चेहरा लिए मनोज एसटीडी के बाहर ही बस स्टैंड पर बैठा रहा। उसे श्रद्धा से ऐसी कठोरता की उम्मीद नहीं थी। क्या वास्तव में श्रद्धा के मन में उसके लिए कोई जगह नहीं है? क्या यह सब केवल उसके मन की कल्पना थी? वह चुपचाप वहीं बैठा रहा। फिर उसकी आँखों के सामने श्रद्धा का चेहरा आ गया।

मनोज सोचने लगा– "नहीं, मैं किसी को भी पहचानने में गलती कर सकता हूँ लेकिन श्रद्धा को नहीं। श्रद्धा सबसे अच्छी है, वह कभी गलत नहीं हो सकती। मेरी ही गलती है जो उसके घर पहुँच गया। मुझे अल्मोड़ा नहीं आना चाहिए था।" कुछ देर पहले श्रद्धा के व्यवहार से दुखी मनोज ने श्रद्धा के प्रति अपने भरोसे और प्यार को कम नहीं होने दिया।

तभी मनोज को किसी की आवाज सुनाई दी– "आप मनोज शर्मा हैं?" – यह एसटीडी वाला था।

"आपका फोन है।"– उसने कहा।

मनोज फिर एसटीडी पर पहुँचा। श्रद्धा फिर से फोन पर थी।

इस बार उसने अपनी नाराजगी को छुपाते हुए कहा– "मनोज, ये तुम क्या कर रहे हो? तुम्हें अपनी पढ़ाई पर ध्यान देना चाहिए। तुम्हारा मेंस एग्जाम कैसा गया?"

प्यार की तलाश में हजार किलोमीटर दूर आए मनोज को अब अपनी पढ़ाई का रिपोर्ट कार्ड श्रद्धा को देना था। उसके जीवन की असफलताओं की लम्बी श्रृंखला में एक और कड़ी जुड़ गई थी। उसने अपना मैन्स एग्जाम इंग्लिश के पेपर में गलत एस्से लिखने के कारण अधूरा छोड़ दिया था। श्रद्धा उससे उसकी यही उपलब्धि पूछ रही थी।

मनोज ने कहा– "मैंने मैन्स पूरा नहीं दिया, इंग्लिश के पेपर में एस्से गलत लिख दिया था।" मनोज ने झिझकते हुए अपने अधूरे एग्जाम की कहानी श्रद्धा को कह सुनाई।

श्रद्धा कुछ देर खामोश रही।

फिर श्रद्धा ने मनोज को समझाते हुए कहा– "मनोज, इस समय तुम्हें पढ़ाई के अलावा कुछ भी दिमाग में नहीं लाना चाहिए। बहुत मुश्किल से मुख्य परीक्षा देने को मिलती है और वह तुमने अधूरी छोड़ दी। अपनी उन कमियों को दूर करने की जगह तुम अल्मोड़ा बेकार की बातों को दिमाग में लिए चले आए। क्या इस तरीके से तुम कभी एग्जाम में सफल हो सकते हो? तुम्हीं बताओ?"

मनोज कुछ कह नहीं पाया। वह चुपचाप फोन पर श्रद्धा को केवल सुनता रहा। लेकिन श्रद्धा की बातों से उसे लग रहा था कि उसका खाली मन फिर से भरने लगा है। उस भरे मन में अब कहीं कोई भय या आशंका नहीं बची। न श्रद्धा के प्रति न अपने भविष्य के प्रति।

## 30.

मनोज जिस प्यार की तलाश में अल्मोड़ा गया था, वह प्यार उसे नहीं मिला। लेकिन प्यार की जगह उसे श्रद्धा का भरोसा मिल गया था। श्रद्धा के संदेश को मन में बसाए वह वापस ग्वालियर आ गया। दूसरे अटेम्प्ट की सिविल सर्विस की प्रारंभिक परीक्षा में अब केवल तीन महीने बचे थे।

मनोज ने डायरी में लिखा– "मैं तुम्हारी उम्मीद को टूटने नहीं दूँगा, तुमने मुझे सही राह दिखाई है। यदि मैं अल्मोड़ा नहीं जाता तो शायद मुझे यह रास्ता भी दिखाई नहीं देता। अब मेहनत के दिन आ गए। अब मुझे लगातार मेहनत करना चाहिए।"

दिन के ग्यारह बज चुके थे। मनोज और पांडे ने तय किया कि वे आज सात–आठ घंटे लगातार पढ़ेंगे। साथ के कमरों में अविनाश, नवल और गुप्ता भी पढ़ रहे थे। तभी पीलीकोठी के नीचे एसटीडी पर योगिता का फोन आ गया। योगिता ने कहा कि वह मिलने आ रही है। पांडे का दिन भर पढ़ने का विचार पीछे छूट गया। देखने के लिए अब सामने इतिहास की किताब खुली थी, लेकिन पांडे उस किताब में कुछ पढ़ नहीं रहा था। पूरी दोपहर ऐसे ही इन्तजार करते हुए उसकी कट गई, पर योगिता नहीं आई। न पढ़ाई हुई। वह कभी छत पर जाता, कभी नीचे। वह योगिता के इन्तजार में मचलते भूत की तरह पीलीकोठी में भटकता रहा।

योगिता के आने तक पांडे को अपना समय काटना था इस उद्देश्य से वह नवल के

कमरे में चला गया। उसे देखकर नवल ने कोई प्रतिक्रिया नहीं दी। अर्थात नवल नहीं चाहता था कि पांडे वहाँ खड़ा रहकर उसकी पढ़ाई डिस्टर्ब करे। नवल का सपाट चेहरा देख पांडे समझ गया कि उसे यहाँ से चले जाना चाहिए। वह अपने मन में नवल को गालियाँ देता हुआ उसके कमरे से बाहर चला गया।

पाँच बजे योगिता के आने के बाद प्रेमी पांडे ने राहत की साँस ली। योगिता ने बड़ी सी आँखें नचाते हुए कहा– "सॉरी लेट हो गई। बीस तारीख को मेरी दीदी की शादी है, आप लोग जरूर आइये।" इतना कहकर योगिता ने शादी का एक कार्ड निकालकर पांडे के सामने टेबल पर रख दिया।

पाँच घंटे के इन्तजार के बाद पांडे को अपनी प्रेमिका का पाँच मिनिट का साथ ही नसीब हुआ। योगिता के जाने के बाद वह लम्बी साँस लेकर पलंग पर लेट गया। यह सुख की साँस थी। उसने महसूस किया कि अब वह पढ़ सकता है। सिविल सर्विस की प्रिलिम्स के लिए अब माहौल सकारात्मक है। उसने किताब उठा ली।

दस मिनिट किताब पकड़े रहने के बाद पांडे ने योगिता की दीदी की शादी का कार्ड उठा लिया और उसे बारीकी से निहारता रहा। फिर उसकी इच्छा टेप पर गाना सुनने की होने लगी। उसने फिर से मोहब्बतें फ़िल्म का गाना– 'सोणी सोणी अँखियों वाली', लगा दिया। गाने की आवाज फुल थी। पास के कमरे में नवल को इस गाने से पढ़ाई में डिस्टर्ब होने लगा। उसने पांडे के कमरे में आकर मनोज से कहा– "गाने की आवाज कम कर दो।"

मनोज ने गाने की आवाज कम कर दी। नवल वापस अपने कमरे में पढ़ने चला गया।

पांडे ने मनोज से कहा–"ये नवल पढ़ने का अभिनय बहुत करते हैं। हम क्या पढ़ाई नहीं करते? हमे तो गाने से डिस्टर्ब नहीं होता। उलटे जब गाना चलता है तो हम और अच्छा पढ़ते हैं।" पांडे ने उसके बाद नवल को जी भरकर गालियां दी।

## 31.

मनोज के पैसे खत्म हो गए थे। उसे पता चला कि पिता गाँव आए हैं तो वह उनसे मिलने और आगे की पढ़ाई के लिए पैसे लेने गाँव चला गया। बस से उतरते ही पुलिया पर उसे विष्णु और बल्ले मिल गए। विष्णु सरकारी स्कूल में टीचर बन गया था। मनोज

को देखते ही विष्णु बोला– "क्यों मनोज, आ गया? कब तक बनेगा डिप्टी कलेक्टर? बहुत साल हो गए अब तो।"

मनोज़ को उम्मीद नहीं थी कि गाँव में प्रवेश करते ही उसे इस तरह का व्यंग्य सुनना पड़ जाएगा। उसने विष्णु को समझाते हुए कहा– "हो जाएगा विष्णु। समय लगता है।"

पर विष्णु अपने पुराने ट्वेल्थ फेल दोस्त का स्तर जानता था। उसे लगता था कि मनोज सिर्फ मस्ती मजे के लिए ग्वालियर में रह रहा है। उसकी नजर में मनोज को शहर की हवा लग चुकी है।

"तू मुझे पागल नहीं बना सकता, मैं जानता हूँ तुझे और तेरी पढ़ाई को" – विष्णु को मनोज पर बिलकुल भी भरोसा नहीं था।

बल्ले ने टैम्पो चलाना बन्द कर दिया था। वह जौरा में कन्सट्रक्शन का काम करने लगा था। उसने मनोज पर व्यंग्य करते हुए कहा– "जे मूंछे काय कटाय लई। चश्मा लगाये लओ। मोय तो तेय लच्छिन ठीक ना लग रहे। मोय तो लागते कि तैनें मोड़ी फसाये लई है गवालियर में। देखिये भैया नाक ना कटाय दिए गाँव की।"

अपने दोस्तों की बात सुनकर मनोज अपमानित सा अपने घर की और चल दिया।

पिता कमरे के बाहर बरामदे में अपने कागज लिए बैठे थे। कमलेश कहीं बाहर गया हुआ था। माँ पड़ोस में चर्चा के लिए गईं थी। छोटी बहन रजनी घर का काम कर रही थी। गाँव आते ही मनोज को लगा कि श्रद्धा कितनी दूर की कल्पना है। वह श्रद्धा का घर और उसका खूबसूरत शहर देख आया था। श्रद्धा के शहर के सामने उसका गाँव कितना घटिया, कितना कमजोर है। इस माहौल में किसी को बात करने की तमीज नहीं है। सब गन्दा बोलते हैं, व्यंग्य करते हैं। कहाँ श्रद्धा का घर और कहाँ उसका घर? उसे समझ आ गया कि श्रद्धा को लेकर उसकी कल्पना कितनी अव्यवहारिक है।

पिता ने मनोज को देखा तो हुंकारते हुए बोले–"हूँ! कब आयो?"

मनोज के जवाब का इन्तजार किये बिना पिता ने अपनी बात कहनी शुरू कर दी– "अब वे फिर मेरो ट्रासंफर करबो चाह रहे हैं। देखें कैसे करते हैं। सबकी खटिया खड़ी कर देंगो। क्या समझता है डिप्टी डायरेक्टर। बेईमान साला।"

एक साल से पिता की नौकरी व्यवस्थित चल रही थी। पर पिता ने अब फिर से जंग खा रहे अपने हथियारों को चमकाना शुरू कर दिया था। मनोज समझ गया कि पिता विश्राम के बाद फिर से जंग के लिए तैयार हो गए है। कभी भी वह फिर से सस्पेंड हो सकते है। मनोज ने आज पहली बार अपने पिता से घर की अर्थव्यवस्था को ठीक बनाये

रखने की विनती की– "पापा दो–तीन साल ठीक से नौकरी कर लो। मेरी पढ़ाई चल रही है। दिल्ली जाऊँगा कोचिंग के लिए। पैसों की जरूरत पड़ेगी।"

पिता ने उसे अनसुना करते हुए कहा– "तू जानता नहीं है इन लोगों को। बहुत हरामी हैं। मैं सबको ठीक कर दूंगा।"

मनोज समझ गया कि संकट बढ़ने वाला है। पिता फिर से संघर्ष के मूड में आ चुके हैं, अब उन्हें किसी भी तरह रोका नहीं जा सकता। किसी भी दिन खबर आ सकती है कि पिता सस्पेंड हो गए हैं। दूसरी तरफ दिल्ली जाए बिना सिलेक्शन नहीं होगा। सिविल की प्रिलिम्स ग्वालियर से निकल सकती हैं पर मुख्य परीक्षा के लिए दिल्ली जाना जरूरी है।

मनोज अगले दिन माँ से दो हजार रुपए लेकर वापस ग्वालियर चला गया। रास्ते भर वह सोचता रहा कि वह व्यर्थ ही इतने बड़े सपने देख रहा है। आईएएस, आईपीएस, श्रद्धा, पीएससी। उम्मीद के साथ गाँव जाने वाला मनोज लौटते समय अपने साथ नाउम्मीदी और हताशा लेकर आया था।

## 32.

योगिता की दीदी की शादी में जाने के लिए पांडे और मनोज तैयार हो गए। अविनाश के पास लाल रंग की मारुति कार थी, कार से प्रेमिका के यहाँ जाने से पांडे का प्रभाव बढ़ता, इसलिए उसने शादी में जाने के लिए अविनाश को भी तैयार कर लिया। शादी के सुस्वादु भोजन के बदले अपनी कार ले जाने के लिए अविनाश तैयार हो गया। शादी में योगिता के सौंदर्य को देखकर पांडे आश्चर्यचकित रह गया।

अपनी पसन्द पर गर्व करते हुए उसने अविनाश को कोहनी मारते हुएं कहा– "देखो अविनाश योगिता कितनी सुंदर है।"

अविनाश स्पष्ट उद्देश्य से आया था, उसे इन बेकार की बातों में कोई रुचि नहीं थी। उसने व्यर्थ समय बर्बाद नहीं किया। उसने पांडे की बात पर ध्यान नहीं दिया और अपनी प्लेट सजा के पांडे के पास आकर खड़ा हो गया।

अविनाश– "पांडे मटर–पनीर अच्छा बना है। तुम भी प्लेट ले लो। ज्यादा वक्त बर्बाद करने की जरूरत नहीं है, चलकर पढ़ना भी है।"

अविनाश ने पांडे को इस रोमांटिक मौके पर पढ़ाई की याद दिला दी। पर पांडे की

भूख–प्यास मर चुकी थी। पढ़ाई वह भूल चुका था। वह मेहमानों से बात करती, चहकती, मुस्कुराती योगिता को ही निहार रहा था। पांडे ने इस बार मनोज से कहा– "देखो मनोज योगिता कितनी खुश है।"

मनोज ने पांडे को सन्तुष्ट किया– "मुझे तो लगता है कि वह तुम्हारे कारण ही खुश है। उसकी खुशी छुपाये नहीं छुप रही।"

अविनाश ने बहुत दिनों से दहीबड़ा नहीं खाया था, उसने दहीबड़ा खाते हुए कहा– "पांडे दही बड़ा अच्छा बना है, खाओगे?"

योगिता के सौंदर्य में डूबे पांडे को अविनाश का व्यवधान पसंद नहीं आया। उसने गुर्राते हुए अविनाश से कहा– "तुम ठूंस लो पहले।"

मनोज को उत्सव के इस माहौल में श्रद्धा की याद सताने लगी। एक प्रेमी अपनी दूरस्थ प्रेमिका को याद कर रहा था, दूसरा प्रेमी अपनी निकटस्थ प्रेमिका को निहार रहा था।

"तुम सही कह रहे हो, योगिता मेरे आने के कारण ही बेहद खुश दिखाई दे रही है।" संतुष्टि की गहरी साँस लेते हुए पांडे ने मनोज से कहा।"

अविनाश पांडे की बात पर हँसना चाहता था पर इस डर से चुप रहा कि हँसने से उसके मुँह में भरे कढ़ी चावल गिर जाएंगे। फिर भी मुँह में कढ़ी चावल भरे हुए ही उसने अपने मन की बात कह दी–" पांडे तुम्हारी आँखें फूट गईं हैं क्या?"

अविनाश बिन बुलाई शादी में केवल भोजन करने आया था। पर उसने पांडे को यथार्थ के दर्शन कराने का अपना दायित्व निभाया। पांडे ने अविनाश से गुस्से में कहा– "उल्टी सीधी बातें बहुत करते हो तुम। तुम क्या जानो प्यार की खुशी क्या होती है? तुम्हें यहाँ लाकर हमने बहुत बड़ी गलती कर दी। बताओ अब क्या कहना चाहते हो?"

अविनाश की नजर बारीक थी। उसने पांडे को वह दिखाया जो प्यार में अंधा पांडे नहीं देख पा रहा था। अविनाश ने चासनी वाले गरम गुलाब जामुन का आनन्द लेते हुए पांडे से कहा– "योगिता तुम्हारे कारण नहीं चहक रही है पांडे। वो देखो काले कोट में तुमसे लम्बा और सुंदर लड़का खड़ा है ना! उसके कारण चहक रही है।"

पांडे और मनोज ने देखा कि योगिता एक स्मार्ट लड़के से हँस–हँसकर बात कर रही है। पांडे ने इस दृश्य को देखकर भी अविनाश का विरोध किया– "अविनाश तुम विघ्नसंतोषी हो। यहाँ कई लोग योगिता के मेहमान हैं, हँसकर बात करना मेहमान का धर्म है।"

"मत मानो पांडे, यदि नहीं मानना है तो, पर उस लड़के से ही चक्कर है योगिता का।

तुम बेकार ही बीच में कूद रहे हो।" – अविनाश ने आत्मविश्वास से कहा।

पांडे अब चौकन्ना हो गया। उसे उम्मीद नहीं थी कि योगिता उसके कारण नहीं, किसी और लड़के के कारण खुश है। अविनाश ने कॉफी पीते हुए फाइनल निर्णय सुनाया– "पांडे तुम्हारा अब यहाँ कोई काम नहीं है। तुम्हारी योगिता ने तुमसे ज्यादा स्मार्ट और संभावनाशील लड़का ढूंढ लिया है। चलो अब चलकर पढ़ाई करो।"

पांडे तनाव में था। उसने चिढ़कर कहा– "मैं नहीं मानता तुम्हारी बात। मैं खुद पता लगाता हूँ।"

"रुको पांडे मैं पता लगाता हूँ तुम शांत रहो।"– मनोज ने विचलित पांडे को कंट्रोल करते हुए कहा।

योगिता के पास पहुँचकर मनोज योगिता को परखने के उद्देश्य से बोला– "योगिता अब हम लोग चलते है।"

जब तक योगिता कुछ बोलती मनोज ने योगिता के साथ खड़े लम्बे और स्मार्ट लड़के से हाथ मिलाकर कहा– "हैलो मैं मनोज।"

लड़के ने विनम्रता से कहा– "हैलो मैं शशांक।"

योगिता ने शशांक का परिचय दिया–"ये शशांक है, जीजाजी के रिश्तेदार। इंग्लैंड में सॉफ्टवेयर इंजीनियर हैं।"

यह एक अधूरा और आशंकित करने वाला परिचय था। पास खड़ा पांडे समझ गया कि इस लड़के के सामने वह कुछ भी नहीं है। शादी की लाइटिंग और चकाचौंध में पांडे का चेहरा फीका पड़ गया। उसे अपनी हार एकदम सामने दिखाई देने लगी। पांडे बुझ गया। लड़का उन लोगों से विदा लेकर चला गया। मनोज पूरी तरह कन्फर्म करना चाह रहा था कि वास्तविकता क्या है?

मनोज ने योगिता से कहा– "योगिता, शशांक अच्छा लड़का है।"

योगिता को मनोज का आशय समझने में वक्त नहीं लगा। उसने मनोज से बड़ी उत्सुकता से पूछा– "सच में?"

मनोज ने पूरी जाँच पड़ताल के उद्देश्य से योगिता से कहा– "योगिता, इंग्लैंड जाकर हम लोगों को भूल मत जाना।"

योगिता शरमा गई। उसने अपना सिर केवल 'ना' के इशारे में हिलाया जिसका अर्थ था कि वह इंग्लैंड जाकर इन दोनों को नहीं भूलेगी। पांडे को अब कोई फर्क नहीं पड़ता कि इंग्लैंड जाकर योगिता उसे याद करेगी कि भूल जाएगी। कुछ देर खामोशी बनी रही। पांडे की हिम्मत योगिता के चेहरे की ओर देखने की नहीं हो रही थी।

योगिता ने मनोज से कहा– "आप लोग खाना खाकर ही जाइए।"

योगिता ने पांडे की तरफ देखा भी नहीं। वह दूसरी तरफ चली गई। अविनाश ने देखा कि अब पांडे और मनोज अकेले हैं तो वह लपक कर आ गया।

मनोज ने अविनाश से कहा– "तुम सही थे अविनाश। योगिता उस इंग्लैंड वाले लड़के से प्यार करती है।"

अविनाश ने पांडे से व्यंग्य में कहा– "पांडे अब चलें या खाना खाकर जाओगे। एमए हिंदी में लात मारकर सॉफ्टवेयर इंजीनियर के साथ तुम्हारी प्रेमिका निकल ली इंग्लैंड। पढ़ लो। नहीं तो कहीं के नहीं रहोगे।"

मनोज ने पांडे से कहा– "पांडे खाना खा लेते हैं। देर हो रही है।"

पांडे अविनाश से कुछ नहीं बोला था पर उसके भीतर आग लगी हुई थी। योगिता से कुछ कहने की हिम्मत पांडे की नहीं थी, इसलिए वह मनोज पर फट पड़ा– "जिस दिन श्रद्धा तुम्हें छोड़ कर जाएगी उस दिन खा लेना तुम खाना। तुम्हें क्या करना मुझसे? तुम्हें श्रद्धा की याद आ रही होगी, जाओ तुम श्रद्धा को फोन कर आओ। मेरी चिंता करने की तुम्हें जरूरत नहीं है।"

पांडे ने अपने लुट चुके प्यार का गुस्सा मनोज पर उतार दिया। मनोज समझ गया कि इस समय पांडे से कुछ भी कहना खतरे से खाली नहीं है। अविनाश, पांडे को दूर खींच ले गया। मनोज वहीं खड़ा रहा।

डीजे पर 'कमबख्त इश्क है जो, सारा जहाँ है वो' गाने पर कुछ लोग डांस कर रहे थे। सुखविंदर और आशा भोंसले के इस गाने से मनोज अपने अधूरे इश्क में डूब गया। उसे लग रहा था कि यह गाना जैसे उसी के लिए गाया जा रहा है। 'ये इश्क इश्क हिम्मत है, ये इश्क इश्क किस्मत है, ये इश्क इश्क ताकत है।' श्रद्धा के इश्क में डूबे मनोज के सामने इस समय श्रद्धा के अलावा कोई नहीं था।

गाना खत्म होने के बाद यह भरा प्रेमी लुटे प्रेमी के पास आ गया। पांडे कन्फ्यूजन में था कि खाना खाए या नहीं। उसके दिल और पेट में जद्दोजहद चल रही थी। उसे पता था कि आज पीलीकोठी में भी उसे खाना नहीं मिलेगा, इसलिए उसने भूख से समझौता नहीं किया। भरपेट खाने के बाद तीनों कार से वापस चल दिए। पेट में भोजन जाने के बाद पांडे में फिर से दुखी होने की ताकत आ गई। वह दुखी मन से सड़क पर देखने लगा। पांडे की रोने की इच्छा होने लगी। पर रोने के लिए कार उसे उपयुक्त नहीं लग रही थी। अविनाश ने दोनों प्रेमियों से कार चलाते हुए कहा– "कॉम्पटीशन की तैयारी करने वालों के लिए प्रेमिकाएं मीठा जहर होती हैं, जिनसे शुरुआत में ही हाथ जोड़ लेना

चाहिए, नहीं तो ये जान लेकर ही छोड़ती हैं।"

अविनाश ने प्रेम और प्रेमिका के बारे में अपना विचार दोनों प्रेमियों को बता दिया। दोनों प्रेमी अविनाश की बात से सहमत नहीं दिखे तो अविनाश ने अपनी बात आगे बढ़ाई– "प्रेमी तो कुत्ते होते हैं, जो उनके पीछे पढ़ाई लिखाई छोड़कर लपलपाई जीभ निकालकर भागते रहते हैं। क्यों पांडे?"– अविनाश ने पांडे को कुत्ता कह दिया था और अविनाश उसकी स्वीकारोक्ति भी पांडे से चाहता था।

पांडे जोर–जोर से बोलने लगा– "हाँ मैं कुत्ता हूँ! हूँ मैं कुत्ता।"

इतना कहकर उसकी रुलाई फूट पड़ी और वह अविनाश से लिपट कर रोने लगा। अविनाश को इस लिपटने से कार चलाने में असुविधा होने लगी। उसने पांडे को अपने से अलग किया और कहा– "पांडे कार चलाने दो, अभी घुस जाएगी किसी में। प्रेमिका से हाथ धोया है, जान से भी हाथ धोना पड़ेगा। हटो अलग।"

मनोज अभी भी उसी गाने के सुरूर में था। अविनाश ने मनोज से पूछा– "मनोज जी बताइये, क्या मैं गलत कह रहा हूँ?"

मनोज ने पूरे गले से, पूरी आवाज में, उसी गाने की लाइनें गाना शुरू कर दी– "ये इश्क इश्क हिम्मत है, ये इश्क इश्क किस्मत है, ये इश्क इश्क ताकत है, ये इश्क दिल की दौलत है।"

गाना इतना तेज और बेसुरा था कि कार के बाहर सड़क पर चलने वाले कुछ लोग भी मनोज को देखने लगे।

तीनों पीलीकोठी पहुँच गए। इस अव्यवस्थित रात में पढ़ाई नहीं होनी थी। पांडे कमरे में पड़ा–पड़ा अपनी छूट चुकी प्रेमिका के लिए दुखी होता रहा। 'सोणी सोणी अँखियों वाली' गाना आज उसने नहीं चलाया। उसने लगान फिल्म का भजन 'ओ पालनहारे निर्गुण और न्यारे तुम बिन हमरा कौनु नाहीं, हमरी उलझन सुलझाओ भगवन तुम बिन हमरा कौनु नाहीं' अपने टेप पर लगा दिया और पलंग पर लेटकर रोता रहा। दोनों प्रेमी फिर से भूल गए थे कि उनका प्रिलिम्स सामने है।

## 33.

सिविल की प्रिलिम्स परीक्षा हो गई। मनोज और पांडे की यह प्रिलिम्स क्लीयर नहीं हुई। मनोज का यह दूसरा और पांडे का पहला अटेम्प्ट था। साँप–सीढ़ी के खेल की

तरह मनोज फिर से जीरो पर आ गया। अविनाश और नवल ने धमाका कर दिया। दोनों की प्रिलिम्स क्लीयर हो गई। युद्ध का यह पहला मोर्चा जीतने के कारण नवल की इच्छा फिर से अपने दुश्मनों को अपमानित करने की होने लगी। मनोज के कमरे पर नवल ने मंद–मंद मुस्कुराते हुए व्यंग्य के तीर से पांडे को घायल करना शुरू किया– "पांडे ऐश्वर्या राय ने तुम्हें बर्बाद कर दिया।"

पांडे को नवल का यह कथन समझ नहीं आया, उसने चिढ़ते हुए पूछा– "कौन ऐश्वर्या राय?"

"वही सोणी सोणी अंखियों वाली, जिसके इन्तजार में तुम प्रिलिम्स ठीक से नहीं दे पाए थे।" – नवल ने अपने होंठ वक्र करते हुए पांडे से कहा।

"मैं किसी लड़की के कारण डिस्टर्ब नहीं हुआ, वो तो इस साल इतिहास के पेपर में प्रागैतिहासिक भारत और दक्षिण भारत से ज्यादा प्रश्न आ गए थे, जिसकी तैयारी हमलोग ठीक से नहीं कर पाए।"–पांडे ने सफाई दी।

अविनाश बीच में कूदा– "पांडे प्रिलिम्स की तैयारी पूरे सिलेबस की करनी पड़ती है, अंदाज के आधार पर तैयारी करने से यही रिजल्ट होता है, जो आपका हुआ है।"

नवल ने इस बार मनोज से कहा– "मनोज, एक बार प्रिलिम्स क्लीयर होने के बाद दूसरी बार फेल हो जाना सच में चिंता की बात है।"

मनोज इस बात का कुछ उत्तर देता इसके पहले ही नवल अविनाश की तरफ मुड़ा– "अविनाश मैं अब ग्वालियर में समय बर्बाद नहीं करना चाहता, इसलिए कल ही हम कोचिंग के लिए दिल्ली जाएंगे।"

इतना कहकर नवल उठा और पांडे की तरफ देखते हुए पड़ोसन फिल्म के गाने की पंक्तियाँ गुनगुनाने लगा– 'नाच न जाने आँगन टेढ़ा।' इसके बाद 'टेढ़ा' शब्द को मन्ना डे की तरह अलग–अलग तरीके से गाता हुआ वह अपने कमरे की ओर चला गया। पांडे और मनोज नवल के घातक व्यंग्य को सुन मन मसोसकर रह गए।

मनोज के आत्मविश्वास की धज्जियां उड़ चुकी थीं। मनोज को यह समझ आ गया कि इस परीक्षा में हर साल नए सिरे से तैयारी करनी पड़ती है। पिछले अटेम्प्ट की सफलता अगले अटेम्प्ट में सफलता की गारंटी नहीं हो सकती। उसे लगने लगा कि जब प्रिलिम्स में ही नहीं हुआ तो मैन्स और इंटरव्यू तो बहुत दूर की बात है। दिल्ली में पहले अटेम्प्ट की प्रिलिम्स की सफलता अब बेमानी हो गई थी। कठिन प्रतियोगी परीक्षाओं की वास्तविकता उसे समझ आ गई, इसीलिये इन परीक्षाओं में सिलेक्शन मुश्किल से होता है। सपना देखने के बाद भी हर कोई सफल नहीं हो पाता।

हजारों, लाखों लोगों से अपने आप को बेहतर सिद्ध करने के लिए उन सबसे बेहतर बनना पड़ता है। वह तो पास के कमरे के नवल और अविनाश से ही बेहतर नहीं बन पाया फिर पूरे देश में तो कितने ही प्रतियोगी उससे ज्यादा मेहनत कर रहे हैं, उससे ज्यादा योग्य हैं। वह कैसे पूरे देश के प्रतियोगियों को पछाड़कर आगे बढ़ पाएगा उसे समझ नहीं आ रहा था।

उम्मीद थी तो केवल इतनी कि हिन्दी साहित्य में उसके लेखन पर विकास सर ने भरोसा जताया था। विकास सर के एक टेस्ट का मूल्यांकन उसके मन की उम्मीद को मरने नहीं दे रहा था, इसलिए असफलताओं के बावजूद वह मैदान छोड़कर भाग नहीं सकता था। धैर्य के साथ पढ़ाई करने के अलावा दूसरा कोई रास्ता उसके पास नहीं था। उसके सामने अब उत्तर प्रदेश पीएससी की मुख्य परीक्षा थी, पर उसकी अभी कोई डेट नहीं आई थी। तीसरे अटेम्प्ट की प्रिलिम्स अगले साल मई में होगी। लम्बी मैराथन के लिए उसे फिर तैयार होना है।

लेकिन इस असफलता के बावजूद श्रद्धा के प्यार को वह दिल से नहीं निकाल सका। दो महीने तक उसने अपने आप को दृढ़ करके बिना विचलन के अच्छी पढ़ाई की। पर प्यार की तड़प आसान नहीं होती। कुछ दिनों तक शांत रही यह भावना फिर से हिलोरें मारने लगीं। श्रद्धा की याद फिर सताने लगी, दिलो दिमाग पर श्रद्धा का चेहरा, उसकी बातें, उसकी हँसी, उसकी आवाज फिर छाने लगी। प्रात:स्मरण सी श्रद्धा फिर उसकी नींदे उड़ाने लगी, सपनों में आ आकर श्रद्धा फिर उसे जगाने लगी। पढ़ाई और प्रेम के अजीब से द्वंद्व में घिरा था मनोज इन दिनों।

एक उदास शाम मनोज पीलीकोठी की छत पर रेलिंग के पास खड़ा श्रद्धा की याद में दूर डूबते सूरज को निहार रहा था। पांडे की स्थिति मनोज से अलग थी। उसकी प्रेमिका उसे छोड़कर बेहतर प्रेमी के साथ निकल गई थी। प्रेम और प्रेमिका से दूर होने के कारण पांडे के भीतर 'प्रेम से नुकसान' नाम का ज्ञान अचानक पैदा हो गया।

पांडे ने मनोज को समझाया– "मनोज प्यार ने मुझे और तुम्हें बर्बाद कर दिया है। अब हमें सब कुछ छोड़कर केवल पढ़ाई पर ध्यान देना चाहिए।"

मनोज ने डूबते हुए सूरज को देखते हुए जवाब दिया– "मेरी रणनीतिक गलती के कारण प्रिलिम्स क्लीयर नहीं हुई। श्रद्धा के प्रति मेरा प्यार तो मुझे अधिक पढ़ने के लिए प्रेरित करता है।"

पांडे के विपरीत मनोज अपनी असफलता का कारण अपने प्यार को नहीं मान रहा था। बल्कि अपने प्यार को वह पढ़ाई में सहयोगी ही मान रहा था। उसने अपनी बात

आगे बढ़ाते हुए पांडे से कहा– "श्रद्धा मेरे लिए क्या है, तुम नहीं समझ सकते। मैं अब श्रद्धामय हो गया हूँ। रात–दिन मुझे श्रद्धा ही दिखती है। तुम इसे प्यार कह सकते हो, मैं इसे भक्ति कहता हूँ। यही भक्ति मुझे शक्ति देती है।"

मनोज ने इन दिनों प्यार, भक्ति, भय, पढ़ाई, संकल्प का आपस में घालमेल कर लिया था। पांडे ने उसे समझाने की असफल कोशिश बंद कर दी।

पांडे ने मनोज से कहा– "मनोज हम त्यागीजी के घर चलें? उनसे बात करके पढ़ाई का मोटिवेशन मिलता है।"

मनोज भी बहुत दिनों से त्यागीजी से नहीं मिला था, इसलिए दोनों उनके घर चले गये। त्यागीजी अपनी बैठक में हमेशा की तरह पलंग पर लोढ़ से टिके किताब पढ़ रहे थे। दोनों को देखकर त्यागीजी ने ठहाका मारकर उनका स्वागत किया।

"कैसी चल रही है पढ़ाई?" – त्यागीजी ने पूछा।

मनोज अपनी बात कहने के लिए मुँह खोलने ही वाला था कि पांडे बोल पड़ा– "पढ़ाई नहीं, अब भक्ति चल रही है।"

"किसकी भक्ति चल रही है ?" – त्यागीजी को समझ नहीं आया, इसलिए उन्होंने सहज उत्सुकता से पूछ लिया।

"श्रद्धा की।" – बम सा पांडे ने मनोज के सामने फोड़ दिया। वह शायद त्यागीजी के घर कुछ और ही तय करके आया था। मनोज को अपने कानों पर यकीन नहीं हुआ कि वह त्यागीजी जैसे अनुशासनप्रिय स्कूल प्रिंसिपल के सामने ऐसी कोई बात कह सकता है। पर पांडे मनोज के प्यार का राज खोलकर त्यागीजी के रिएक्शन का इन्तजार कर रहा था। मनोज का मुँह शर्म से लाल हो गया। वह त्यागीजी के कमरे से भाग जाना चाहता था। पर वह अपनी जगह से हिल भी नहीं पाया।

त्यागीजी कुछ पूछते उसके पहले पांडे ने कहना शुरू किया– "श्रद्धा से कुछ दिन पहले तक मनोज जी प्रेम करते थे, पर अब वह कह रहे हैं कि वह भक्ति करने लगे हैं। आप तो सुदर्शन हैं। मुझे उम्मीद है कि आपका इतिहास इस क्षेत्र में अवश्य समृद्ध रहा होगा, इसलिए इस मार्मिक विषय पर आपके विचार जानने हम आज यहाँ आए हैं।" मनोज की पोल खोलकर पांडे अब त्यागीजी की कोई गोपनीय प्रेम कहानी जानना चाह रहा था।

"हाहाहा, समृद्ध तो नहीं था, पर ठीक ठाक था।" – त्यागीजी ने ठहाका मारते हुए पांडे की बात का जवाब दिया। मनोज को त्यागीजी से इस तरह की किसी स्वीकारोक्ति की उम्मीद नहीं थी।

"ठीक ठाक" का नाम बताएंगे या रहने दें। – पांडे अपने दोनों हाथ मसलते हुए अब उनकी किसी पुरानी प्रेम कहानी की खोज कर रहा था ।

"अब तो बुढ़ा गई होंगीं।"– त्यागीजी ने अपने दोनों हाथों को फैलाकर जोर से ताली पीटते हुए कहा। मनोज की आँखें फटी जा रही थीं। पांडे ने त्यागीजी पर कृपा कर दी। उसने उनकी बूढ़ी हो चुकी पूर्व प्रेमिका का नाम जानने की ज्यादा जिद नहीं की ।

"मनोज जी श्रद्धा से बात किये बिना नहीं रह पा रहे हैं। ये अत्यंत विचलित हैं। मनोज की पढ़ाई डिस्टर्ब हो गई है, जबकि ये कह रहे हैं कि श्रद्धा इन्हें पढ़ाई के लिए प्रेरित करती है, शक्ति देती हैं। "– पांडे ने त्यागीजी से मनोज की मनोदशा का वर्णन किया।

"यदि प्रेम है तो विचलन का तो प्रश्न ही नहीं उठता, प्रेम तो स्थिर करता है, एकाग्र करता है। मन की सारी नकारात्मकताओं को दूर करता है। यदि आप प्रेम में हैं तो आप जो भी कार्य कर रहे हैं वह उत्साह से करेंगे, प्रसन्नता से करेंगे, पवित्रता से करेंगे, एकाग्रता से करेंगे। "– त्यागीजी ने प्रेम पर अपने विचार व्यक्त किए।

मनोज को त्यागीजी के विचार उसके मनमाफिक लगे। लेकिन पांडे त्यागीजी के विचारों से सहमत नहीं दिख रहा था।

"पर समस्या यह है कि श्रद्धा मनोज से प्रेम नहीं करती। " – पांडे ने त्यागीजी को मसाला प्रदान किया।

"तो न करे। प्रेम की यही तो खूबसूरती है। यह अकेले भी किया जा सकता है। मनोज श्रद्धा से प्रेम करते हैं इससे श्रद्धा को क्या? इस प्रेम से समृद्ध तो मनोज ही हो रहे हैं ना, पवित्र भी तो मनोज ही हो रहे हैं ना। 'मुझे जगत जीवन का प्रेमी बना रहा है प्यार तुम्हारा'। श्रद्धा से प्रेम करने के कारण ही तो मनोज का हृदय इस चराचर जगत को प्रेम करने के काबिल बन पा रहा है। प्रेम तो हमेशा लाभ का सौदा होता है। "–त्यागीजी ने मनोज को प्रेम का अलग और नया रूप दिखाया।"

मनोज ने त्यागीजी से अपने मन की बात कहने की हिम्मत की– "आप एकदम सही कह रहे हैं, मैं भी यही मानता हूँ, पर फिर मुझे तनाव क्यों होता है। मैं विचलित क्यों हो जाता हूँ।"

त्यागीजी ने शांत भाव से मुस्कुराते हुए मनोज से कहा–"उम्मीद नहीं, अपेक्षा नहीं, इच्छाएं नहीं, सिर्फ प्रेम। सिर्फ प्रेम है जो आपके अधिकार में है। शेष सब बेमानी है। क्योंकि तुम उम्मीद कर रहे हो कि श्रद्धा भी तुमसे प्रेम करे। जैसे ही आपने प्रेम को इच्छाओं की ज़ंजीर पहनाई, वैसे ही 'प्रेम' अदृश्य हो जाता है। आपके अधिकार में

केवल आपका मन है, दूसरे किसी का नहीं।"

"मुझे लगता है कि बिना सफलता के प्रेम मिलना असम्भव है।" – पांडे ने अपने दिल का दर्द त्यागीजी को सुनाया।

त्यागीजी ने कहा– "सफलता–असफलता का प्रेम के मिलने से क्या सम्बन्ध? आप सफल हैं तो प्रेम मिल जाएगा, असफल हैं तो प्रेम नहीं मिलेगा। ये कौन सा नियम है भाई? और सफलता क्या है? क्या तहसीलदार, थानेदार बनना ही सफलता है? जिस तरह से प्रेम को लोग ठीक से नहीं समझते। उसी तरह सफलता को भी लोग ठीक से नहीं समझते, क्या शक्ति, सत्ता, धन, प्रतिष्ठा प्राप्त करना ही सफलता है? मुझे लगता है, संतुष्टि और आनन्द के साथ देश हित में कोई भी काम आप पूरी ईमानदारी से करें तो आप सफल हैं। फिर चाहें आप थानेदार बन जाएँ या सुबह–सुबह सड़क पर झाड़ू लगाएं।"–त्यागीजी ने कहा।

पांडे को उम्मीद थी कि त्यागीजी मनोज को श्रद्धा से प्यार करने से रोकेंगे और पढ़ाई को अधिक गम्भीरता से करने की सलाह देंगे पर त्यागीजी ने तो दूसरा ही राग अलापा, जिसे पांडे ने पसंद नहीं किया।

लेकिन मनोज को लग रहा था कि त्यागीजी एकदम सही कह रहे हैं। श्रद्धा से अपने प्यार के बारे में बात करने का कोई अर्थ नहीं। यदि उसमें ताकत होगी तो श्रद्धा अपने आप उससे प्यार करेगी। मनोज त्यागीजी के घर से संतुष्ट होकर और पांडे असंतुष्ट होकर वापस पीलीकोठी चले गए।

त्यागीजी ने मनोज को अपने प्यार को अपने मन में ही रखने का सुझाव दिया था। अभिव्यक्ति के स्थान पर अनुभूति पर बल दिया था। कुछ दिन मनोज ने श्रद्धा को फोन नहीं लगाया। पर कब तक? कब तक केवल अनुभूति को पालता रहे वह?

जब बहुत दिनों तक श्रद्धा से बात नहीं होती तो थोड़ी देर के लिए संशय का, अविश्वास का धुंआ उठने लगता है। कितना क्षणिक है ना सब! एक पल में भरपूर विश्वास, तो दूसरे ही पल अविश्वास। अजीब प्यार है यह। जो एक समय में मजबूत दिखता है, फिर खुद को परखने में लग जाता है। डगमगाने लगता है। फिर यह अविश्वास, यह परखना, यह डगमगाना सब अस्थाई लगता है। स्थाई लगता है तो सिर्फ प्यार, उस प्यार की तड़प, और उस प्यार की याद।

कुछ दिनों श्रद्धा से बात न करने की तपस्या के बाद मनोज को फिर लगने लगा कि श्रद्धा से बात किये बिना रहना मुश्किल है। न करूँ प्यार की बात, आवाज ही सुन लूँ। एक बार बात कर लूँ फिर दो तीन महीने की छुट्टी। श्रद्धा भूल तो नहीं गई? अगर नहीं

भूली तो क्या वह भी मुझे उतना ही याद करती हैं, जितना मैं उसे याद करता हूँ? यह जानना भी तो जरूरी है। बिना फोन पर बात किए कैसे जाने यह सब?

इसलिए एक दिन मनोज ने हिम्मत करके श्रद्धा को एसटीडी से फोन लगा ही दिया। प्यार की बात तो वह कर नहीं सकता था श्रद्धा से, इसलिए उसने केवल पढ़ाई की बात की। श्रद्धा ने उसे बताया कि उसकी इंटर्नशिप पूरी हो गई है, इसलिए फिर से तैयारी के लिए वह दिल्ली जा रही है। मनोज के लिए यह अच्छी खबर थी। वह भी अपने तीसरे अटेम्प्ट और श्रद्धा के साथ के लिए दिल्ली जाने के लिए तैयार हो गया।

## 34.

फिर दिल्ली। फिर मुखर्जी नगर। दृष्टि कोचिंग के सामने वाला पार्क। मनोज श्रद्धा का इन्तजार कर रहा है। दो दिन पहले मनोज और पांडे ने दिल्ली के नेहरूविहार में कमरा ले लिया और नए सिरे से पढ़ाई करना शुरू कर दी। मनोज के पिता अभी सस्पेंड नहीं हुए थे, वह झाबुआ में ही नौकरी कर रहे थे, इसलिए घर की अर्थव्यवस्था पटरी पर थी। माँ ने उसे दिल्ली जाने के लिए पाँच हजार रुपए दे दिए थे। अविनाश और नवल पहले ही दिल्ली आ गए थे, उन्होंने गांधीविहार में कमरे किराए से ले लिए थे और मुख्य परीक्षा दे दी थी। गुप्ता भी सबकी देखा देखी दिल्ली आ गया उसने अविनाश के बगल में गांधीविहार में कमरा किराए से लिया।

श्रद्धा दिल्ली आ गई थी। उसने बारह सौ उनतीस मुखर्जी नगर में उसी होस्टल में कमरा ले लिया था, जिसमें वह पहले रहती थी। जिद्दी वक्त का पहिया एक बार फिर पीछे घूम गया था। मनोज पर समय भरपूर मेहरबानी कर रहा था। उसकी नजरें लगातार उस रास्ते की ओर देख रही थीं जहाँ से श्रद्धा आने वाली थी। तभी श्रद्धा सुर्ख लाल रंग पर काले फूल वाली ड्रेस पहने उसे आती हुई दिखाई दी। रेगिस्तान में ठंडी फुहार सी, सारी भटकन के बाद एक सुखद आरामगाह सी। उम्मीदों के बनने, फिर उसके बिखर जाने की पृष्ठ भूमि तो नहीं है यह? मनोज सोचता रहा।

कुछ देर दोनों चुप बैठे रहे। फिर श्रद्धा ने मनोज से कहा –"कैसे हो?"

मनोज ने सिर्फ इतना कहा– "अच्छा हूँ। फिर आ गया दिल्ली। देखते हैं दिल्ली अब क्या रंग दिखाती है।"

मनोज का दार्शनिक अंदाज देखकर श्रद्धा ने कहा– "दिल्ली अब केवल भरपूर

मेहनत ही कराएगी मनोज। टूटकर मेहनत करना है बस।"

मनोज के लिए श्रद्धा का साथ ही बड़ी बात थी। रोज श्रद्धा से मिलने के लिए उसने पढ़ाई को अपना आधार बनाया। मनोज ने श्रद्धा से रोज शाम को दो घंटे साथ में हिन्दी साहित्य पढ़ने का प्रस्ताव दिया तो श्रद्धा तैयार हो गई।

श्रद्धा रोज शाम को दो घंटे मनोज के कमरे पर हिन्दी साहित्य पढ़ने जाने लगी। पढ़ाई करने के बाद मनोज उसे छोड़ने उसके होस्टल तक जाता। एक दिन पढ़ाई करने के बाद वापस जाते समय नेहरूविहार से मुखर्जी नगर को जोड़ने वाले संकरे पुल पर मनोज ने श्रद्धा से कहा– "श्रद्धा पिछले एक महीने से पढ़ाई में जो सघनता आई है वैसी पढ़ाई यदि साल भर कर ली जाए तो सिलेक्शन पक्का है।"

श्रद्धा ने पुल की सीढ़ियाँ उतरते हुए कहा– "हम लोग जब तक सिलेक्ट नहीं हो जाते, ऐसे ही पढ़ेंगे।"

श्रद्धा का ध्यान केवल पढ़ाई पर रहता था। मनोज को अब यह उम्मीद सच में हो चली थी कि इस तरह की पढ़ाई चलती रहे तो सफलता मिल जाएगी।

होस्टल पहुँचने पर श्रद्धा कुछ देर खड़ी रही। फिर मनोज से बोली– "मुझे बत्रा तक जाना है किताबें रखने के लिए एक रैक खरीदना है। क्या तुम चलोगे?"

मनोज तो अधिक से अधिक श्रद्धा के साथ रहना चाहता था। दोनों बत्रा चल दिए। वहाँ पहुँचकर श्रद्धा ने एक रैक खरीदी। श्रद्धा ने रैक के लिए रिक्शा बुलाया तो मनोज ने कहा कि छोटी सी रैक तो है, मैं ही ले चलता हूँ। श्रद्धा कुछ कहती उसके पहले मनोज अपनी मस्ती में मुस्कुराते हुए अपने कंधे पर रैक उठाकर चलने लगा। होस्टल पहुँचकर श्रद्धा ने मनोज से कहा– "थैंक्यू मनोज।"

मनोज कुछ देर तक थैंक्यू बोलने के बाद श्रद्धा के चेहरे पर आए आत्मीयता के भाव को देखता रहा। फिर मनोज ने पूछा– "जाऊं?"

श्रद्धा ने मुस्कुराकर हल्के से सिर हिलाया और मनोज को जाते हुए देखती रही।

मनोज जब कमरे पर पहुँचा तो पांडे नाराज बैठा था, पांडे ने उससे पूछा– "इतनी देर कहाँ हो गई?"

"श्रद्धा को रैक दिलवाने गया था।" – मनोज ने कहा

योगिता से जब तक पांडे का प्यार चल रहा था, तब तक वह मनोज के प्यार का समर्थक था। यहाँ तक कि उसने मनोज को अल्मोड़ा जाने को प्रेरित किया था। पर योगिता के जाते ही उसने गिरगिट की तरह रंग बदल लिया।

उसने मनोज से कहा– "मनोज, श्रद्धा पर्याप्त चतुर है। वह तुमसे प्यार व्यार नहीं

करती। उसे हिंदी साहित्य पढ़ना है, इसलिए आती है यहाँ। ये लड़कियाँ खूब जानती हैं किससे क्या काम निकालना है? आज उसने तुमसे रैक उठवाई है। कल तुमसे दूसरे काम करवाएगी। मुखर्जी नगर में लड़कियाँ लड़कों से इसीलिये दोस्ती करती हैं कि उन्हें अच्छा वर्कर मिल जाए। श्रद्धा कोई अलग नहीं है।" पांडे की व्याख्या मनोज को पसंद नहीं आई। वह तो आज विदा के समय आए श्रद्धा के चेहरे के आत्मीय भाव में ही डूबा रहा। उसने पांडे की बात पर ध्यान नहीं दिया।

## 35.

प्रगति मैदान में पुस्तक मेला लगा हुआ था। श्रद्धा ने मनोज से पुस्तक मेले में चलने के लिए पूछा तो वह तैयार हो गया। श्रद्धा ने मेले में तीन चार किताबें खरीद लीं। मनोज एक स्टॉल पर खड़ा हो गया और किताबें उठा उठाकर देखने लगा। विवेकानन्द, महात्मा गांधी,भगतसिंह, लिंकन की जीवनियाँ उस स्टॉल पर थीं। वह उन किताबों को उठा–उठा कर देखता और देखकर वापस रख देता।

श्रद्धा ने कहा– "मनोज तुम ये किताबें लेना चाहते हो क्या, महापुरुषों की ये जीवनियाँ बहुत प्रेरणादायक हैं।"

श्रद्धा की बात सुनकर उसने कहा– "श्रद्धा मैंने ये सारी किताबें पढ़ी हैं। लिंकन की जीवनी तो तीन चार बार पढ़ी है।" उसके कथन में गर्व था, उसे श्रद्धा के सामने अपनी तारीफ करने का मौका मिल गया।

सरल श्रद्धा ने प्रभावित होकर उससे पूछा – "ये तुमने कब पढ़ लीं?"
श्रद्धा के सुखद आश्चर्य से वह प्रसन्न हो गया। उसे अपनी तारीफ की डिग्री बढ़ाने का मौका मिल गया – "बीए में ही पढ़ ली थी।"

"क्या तुमने इतना सब पढ़ा है !"

"हाँ श्रद्धा। मैंने ग्वालियर में एक लाइब्रेरी में नौकरी की थी, वहाँ बहुत सारी किताबें पढ़ी थीं।"– श्रद्धा का प्रसन्नता मिश्रित आश्चर्य देखकर उसने कहा ।

मनोज के हाथ में एपीजे अब्दुल कलाम की किताब 'अग्नि की उड़ान' थी। किताब की कीमत देखकर उसने वह किताब वापस रख दी। किताबों के स्टॉल से आगे बढ़कर दोनों कॉफ़ी की एक दुकान पर आकर बैठ गए। श्रद्धा ने अपनी किताबें टेबल पर रख दीं। तीन घंटे से घूमते–घूमते वह थक गई थी। मनोज श्रद्धा के लिए कॉफ़ी ले

आया। श्रद्धा ने मुस्कुराकर कहा– "थैंक यू मनोज।"

मनोज की इच्छा बहुत समय से श्रद्धा से अपने मन की बात कहने की हो रही थी। पुस्तक मेले के खुशनुमा माहौल में उसने हिम्मत की– "श्रद्धा मैं तुमसे कुछ कहना चाहता हूँ।"

श्रद्धा उसके चेहरे की रंगत देखकर मामला समझ गई। श्रद्धा ने बात बदलते हुए उससे कहा– "मनोज, तुम्हें अब इंग्लिश एस्से और ग्रामर पर भी ध्यान देना चाहिए, रोज एक घंटा इंग्लिश पढ़ना चाहिए।" लेकिन मनोज का मन कहीं और ही घूम रहा था।

श्रद्धा ने जैसे मनोज को जगाते हुए कहा– "सुन रहे हो न मेरी बात।"

श्रद्धा की बात सुनकर मनोज ने कहा– "श्रद्धा तुम कुछ कहती हो, तुम्हारी आँखें कुछ कहती हैं। मैं किसकी सुनूँ?"

मनोज की बात सुनकर श्रद्धा ने अपनी नजरें कॉफ़ी के कप पर टिकाये हुये मनोज से कहा– "मैं तुम्हें सरल इंग्लिश में एस्से लिखना सिखाऊंगी, पहले अटेम्प्ट जैसी गलती अब दोबारा नहीं की जा सकती।"

प्यार की बात करने के मनोज के अरमानों को श्रद्धा ने इंग्लिश की पढ़ाई के नाम पर ठंडा कर दिया। मनोज फिर से कुछ नए शब्द तलाशने लगा। आज वह श्रद्धा से कुछ कहने की ठान कर आया था शायद, लेकिन कुछ कहने की उसकी हिम्मत श्रद्धा के सामने जवाब दे रही थी। कॉफ़ी पीने के बाद श्रद्धा ने मनोज से कहा– "मनोज मेरी एक किताब स्टॉल पर रह गई है, मैं अभी उसे लेकर आती हूँ।"

पाँच मिनिट बाद श्रद्धा अपने हाथ में एक किताब लिए तेज चाल से वापस आ गई। श्रद्धा ने अपने साथ लाई हुई किताब उसे देते हुए कहा– "मनोज यह तुम्हारे लिए।"

मनोज के हाथ में कुछ देर पहले अधिक कीमत के कारण स्टॉल पर छोड़ी गई किताब 'अग्नि की उड़ान' थी। मनोज ने किताब का पहला पन्ना खोलकर देखा जिस पर लिखा था – 'मनोज की उड़ान के लिए'।

"श्रद्धा क्या तुम्हें पता चल गया था कि मेरा मन इस किताब को खरीदने का था?"– मनोज ने श्रद्धा से पूछा।

श्रद्धा कुछ नहीं बोली। बस उसने एक भरपूर दृष्टि मनोज के चेहरे पर डाली और टेबल पर रखी अपनी किताबें उठा लीं। मनोज ने 'अग्नि की उड़ान' के कवर पेज को देखते हुए श्रद्धा से कहा– "श्रद्धा इस किताब को देखकर मुझे लग रहा है कि तुम सच में पढ़ाई में बहुत तेज हो।"

"क्यों"?– श्रद्धा ने आश्चर्य से पूछा।

"क्योंकि तुम बहुत अच्छे से मेरा मन पढ़ना जानती हो।" – मनोज पुरानी लीक ही पकड़े रहा, छूटी हुई हिम्मत बटोरता रहा। पर श्रद्धा भी जिद्दी थी, वह मनोज की बातों की लीक पर चलने को बिलकुल तैयार नहीं थी।

"मनोज अब चलें? लेट हो रहे हैं।" श्रद्धा ने मनोज की बात का जवाब टाल दिया और दोनों मुखर्जी नगर जाने के लिए बस स्टैंड पर खड़े होकर बस का इन्तजार करने लगे।

बस में मनोज के पास बैठी श्रद्धा को लग रहा था कि क्या किसी को इतना छोटा सा गिफ्ट देने के बाद इतना सुकून मिल सकता है जितना उसे आज मिल रहा है? श्रद्धा बस की खिड़की के बाहर देखती रही।

मनोज शाम को कमरे पर पहुंचा तो पांडे बिस्तर पर लेटा हुआ था। मनोज आनन्दित था, उसने पांडे को श्रद्धा द्वारा दी हुई किताब दिखाई। मनोज सुख से किसी लड़की के साथ मेले में घूमे और पांडे अकेला कमरे डला रहे, यह बात पांडे को बहुत कष्ट दे रही थी।

पांडे ने किताब हाथ में ली, किताब का पहला पेज खोला और उस पर लिखा वाक्य जोर–जोर से पढ़ने लगा– "मनोज की उड़ान के लिए।"

फिर वह मनोज से बोला– "ओहो! तो अब आप प्रेमिका की दी हुई इस किताब से मोटिवेट होंगे, अपने घर की भुखमरी से नहीं? कोर्स की किताब पढ़ने से सिलेक्शन होगा मनोज जी। प्रेमिका द्वारा दी गई इस किताब को पढ़ने से कुछ नहीं होने वाला।"

इतना कहकर पांडे ने किताब को दूर पलंग पर फेंक दिया। पांडे के इस व्यवहार पर मनोज को गुस्सा आने लगा पर उसने अपने गुस्से को दबाते हुए कहा– "पांडे हमें इस तरह की मोटिवेशनल किताबें पढ़ना चाहिए, पता नहीं इस किताब की कौन सी बात कब हमारे काम आ जाए।"

प्रेम कर रहे मनोज से पांडे चिढ़ रहा था, उसने चिढ़ते हुए कहा– "प्यार में डूबे लोगों को प्रेमिका की हर बात मोटिवेशन लगती है। मनोज, तुमसे मुझे बहुत उम्मीदें थीं, तुम्हारा संघर्ष और लक्ष्य के प्रति गम्भीरता देखकर लगता था कि तुम जरूर सफल हो जाओगे। पर अब प्यार के जंजाल में फँसकर तुम अपने पतन की ओर बढ़ रहे हो। मैं स्पष्ट कह रहा हूँ कि श्रद्धा से दूर रहने में ही तुम्हारा भला है। एक तरफ़ा प्यार के चक्कर में तुम अपने आप को बर्बाद कर लोगे।"

"श्रद्धा मेरे लिए क्या है तुम अच्छे से जानते हो, तुमसे कुछ भी नहीं छुपा। श्रद्धा के कारण मैं और अधिक गम्भीरता से पढ़ पा रहा हूँ, श्रद्धा मेरी पढ़ाई में लाभ ही पहुँचा रही

है।" मनोज ने श्रद्धा से अपने प्यार की पुरानी विचारधारा पांडे को फिर से समझाने की कोशिश की।

"ये सब बेकार की बातें हैं, अपने आप पर नियंत्रण बेहद जरूरी है मनोज।"–पांडे ने मनोज से नाराज होते हुए कहा।

"जब तक योगिता से तुम्हारा प्यार चल रहा था, तब तक तुम्हें श्रद्धा से कोई समस्या नहीं थी, अब तुम्हें फिर से कष्ट होने लगे।" मनोज ने पांडे को उसकी असलियत बता दी।

मनोज की इस सच्चाई से पांडे तमतमा गया, वह अपने पलंग से खड़ा हुआ, उसने खड़े–खड़े मनोज से कहना शुरू किया– "मनोज, अब तुम्हें तय करना पड़ेगा कि तुम मेरे साथ रहना चाहते हो या श्रद्धा के साथ। यदि श्रद्धा इस कमरे में आई तो मैं तुम्हारा रूम पार्टनर नहीं रह सकता। अपना निर्णय बताओ। मैं या श्रद्धा?" मनोज को पांडे से इस तरह की जिद की उम्मीद नहीं थी। उसने उदास होकर पांडे से कहा–"मैं श्रद्धा के बिना नहीं रह पाऊँगा।"

"मुझे तुमसे यही उम्मीद थी मनोज।" इतना कहकर पांडे ने तुरंत अपना सूटकेस उठाया, उसमें अपनी किताबें और कपड़े भरे, दीवार पर चिपका संविधान के मौलिक अधिकारों का पेज उखाड़ा और मनोज से फिर कहा– "यहाँ अपनी प्रेमिका का फोटो चिपका लेना मनोज। मौलिक अधिकार पढ़ने की जरूरत तो अब तुम्हें नहीं रही, श्रद्धा का फोटो देखकर ही पास हो जाओगे।"

मनोज कुछ कहता इसके पहले पांडे कमरे से बाहर निकल गया।

## 36.

एक दिन अविनाश और नवल भागते हुए मनोज के कमरे पर आए। मनोज से घबराए हुए स्वर में अविनाश बोला– "मनोज, गुप्ता को पुलिस ने पकड़ लिया है मुखर्जीनगर की पुलिस चौकी में बैठा लिया है। जल्दी चलो।" तीनों मुखर्जी नगर पुलिस चौकी पहुंचे तो देखा कि गुप्ता एक स्टूल पर घबराया बैठा है और उसे एक हवलदार डांट रहा है।

हवलदार– "यदि तुम पर केस बन जाए तो तुम्हारी जिन्दगी बर्बाद हो जाएगी, आईएएस की बात तो दूर, चपरासी बनने लायक भी नहीं रहोगे। बोलो बनाऊं केस?"

मनोज हवलदार का व्यवहार देख कर घबरा गया। पर उसने बड़े शालीन तरीके से पूछा – "क्या हुआ सर, क्या गलती हो गई गुप्ता से?"

हवलदार ने देखा कि एक आरोपी के तीन साथी उसे छुड़वाने आ गए हैं तो वह चिढ़ गया। उसने मनोज से कहा– "भाईसाहब बत्रा के पीछे बैठकर खुलेआम शराब पी रहे थे, मना किया तो बोलने लगे कि मैं एमपी में डीएसपी हूँ और यहाँ आईएएस की तैयारी कर रहा हूँ। मैं अपनी औकात में रहूँ। मैंने जब पूछा कि एमपी में कहाँ पोस्टेड है तो कुछ नहीं बोल पाए। ऐसे नकली पुलिस वालों से मेरा रोज पाला पड़ता है। मैं इन पर सार्वजनिक स्थल पर शराब पीने का केस बना रहा हूँ।"

तीनों समझ गए कि गुप्ता अपनी गलती और नशे के कारण बड़ी मुसीबत में फँस गया है। अविनाश ने हवलदार के कान में कहा– "सर इसे माफ़ कर दीजिये, पढ़ाई के बोझ के कारण डिप्रेशन में चला गया है बेचारा। आगे से कभी ऐसी गलती नहीं करेगा।"

नवल ने हवलदार को संतुष्ट करने के लिए गुप्ता के सर पर चपत लगाते हुए कहा– "क्यों गुप्ता तुम्हें शर्म नहीं आती सर से बदतमीजी करते हुए। झूठे आदमी! माफी मांगो सर से।"

गुप्ता तुरंत हवलदार के पैरों में गिर गया। उसे शायद समझ आ गया था कि अब अकड़ने का कोई फायदा नहीं। मनोज ने हवलदार से कहा– "सर माफ़ कर दीजिये, प्लीज।"

हवलदार पिघल गया। उसे ऐसे कई केस मुखर्जीनगर में देखने को मिलते थे। पर वह डरा धमकाकर ऐसे लड़कों को छोड़ देता था। गुप्ता भी छूट गया।

हवलदार ने कहा– "तुम्हारे माँ–बाप ने बड़ी उम्मीदों से तुम लोगों को यहाँ पढ़ने भेजा है। पढ़ाई पर ध्यान दो। कभी भी अपने माँ–बाप को धोखा मत देना।"

मनोज को हवलदार भला आदमी लगा। उसने हवलदार को धन्यवाद दिया और सभी लोग गांधी विहार पहुँच गए।

गुप्ता ने कहा– "इस हवलदार को मैं नहीं छोडूंगा। अब मेरी जिन्दगी का एक ही लक्ष्य है, आईपीएस बनना और इस हवलदार को सस्पेंड करना।"

गुप्ता की बकवास पर किसी ने ध्यान नहीं दिया। पांडे मनोज का कमरा छोड़कर गुप्ता का रूम पार्टनर बन गया था। मनोज, गुप्ता को छोड़ने गांधी विहार गया तो पांडे उसे मिल गया। चार–पाँच दिन हो गए थे पांडे को मनोज से अलग रहते हुए, लेकिन पांडे का गुस्सा कम नहीं हुआ था, मनोज को देखकर पांडे ने उससे कोई बात नहीं की।

## 37.

मनोज ने तय किया कि वह पापा से कहेगा कि उसे एक साल तक हर महीने दो हजार रुपए भेजते रहें, जिससे वह दिल्ली में पढ़ाई ठीक से कर सके। एसटीडी पर पहुँचकर उसने अपने पापा को फोन किया। जब तक वह अपनी बात कहता, पिता ने कहना शुरू कर दिया– "साले सब हरामी हैं। किसी को देश की चिंता नहीं। मोय फिर सस्पेंड कर दओ। मैं ना मानेंगो। डिप्टी डायरेक्टर की अक्कल ठिकाने लगा देंगो। मैंने भी ठोक के कह दी है कि भूखों मर जाऊँगा, पर मैं पीछे नहीं हटूँगा।"

पिता की अमूर्त बातों से मनोज यह नहीं समझ सका कि इस बार उनके सस्पेंशन की क्या वजह है, पर वह इतना जरूर समझ गया कि उसे उनसे पैसों की उम्मीद नहीं करना चाहिए। वह वापस निराश होकर अपने कमरे पर आ गया। उसने आज अपने पिता से चर्चा के बाद यही सीखा कि उसे अपने पिता से केवल एक चीज मिल सकती है– वह है उनकी जिद्दी प्रवृत्ति और कभी हार न मानने का हौसला।

वह कमरे में बैठकर अपने पिता के बारे में सोच ही रहा था कि श्रद्धा आ गई। उसने श्रद्धा से पूछा– "क्या तुम मेरे साथ नेहरू विहार के हनुमान मंदिर तक चलोगी?"

श्रद्धा मनोज के साथ मंदिर चल दी। मनोज मंदिर में हनुमानजी की मूर्ति के सामने आँखें बंद किए बैठा रहा।

फिर उसने श्रद्धा से कहा– "श्रद्धा मैंने आज संकल्प लिया है, चाहे कुछ भी हो जाए, चाहे कैसी भी परिस्थिति आए मैं हमेशा अपना संघर्ष जारी रखूंगा। मुझे सफलता मिले न मिले, मैं ईमानदारी का रास्ता कभी नहीं छोड़ूंगा, मैं अपने पिताजी के सिद्धांत पर चलूँगा।" मनोज संकल्प लेकर श्रद्धा की प्रतिक्रिया का इन्तजार करने लगा।

श्रद्धा ने मनोज को संकल्पवान होते हुए देखा तो उसने भी प्रेरित किया– "मनोज तुम्हें जरूर सफलता मिलेगी।"

श्रद्धा द्वारा संकल्प पर मुहर लगा देने से उसका उत्साह दुगुना हो गया। आत्मसम्मान और श्रेष्ठत्व के भाव को लिए वह मंदिर से बाहर निकला। मंदिर के बाहर गरीब मजदूर का एक परिवार भीख माँग रहा था। मनोज और श्रद्धा से उन्होंने कुछ पैसे मांगे। पूछने पर पता चला कि वह लोग बुन्देलखण्ड के खेतिहर मजदूर हैं। चार–पाँच दिन तक भटकने के बाद भी उन्हें दिल्ली में कोई मजदूरी नहीं मिली। उनके सारे पैसे समाप्त हो गए, इसलिए उन्हें अब वापस जाने के लिए किराए की जरूरत है। मनोज ने उस आदमी से पूछा– "कितने रुपए चाहिए तुम्हें वापस अपने गाँव जाने के लिए।"

"एक हजार रुपया किराओ लग है, महोबा तक को।" – मजदूरों के दल के बुजुर्ग आदमी ने कहा।

मनोज ने सोचने में एक पल भी गँवाए बिना अपनी जेब में पड़ा सौ रुपए का नोट उस बुन्देलखण्डी मजदूर को दे दिया।

"मनोज, ये क्या किया तुमने? तुम्हारे पास ये आख़िरी सौ रुपए थे। क्या पता ये लोग सही भी कह रहे हैं या नही? इनका यह पैसे कमाने का तरीका भी हो सकता है।" श्रद्धा ने अपने मन की आशंका मनोज के सामने प्रकट की।

मनोज ने श्रद्धा से कहा– "हो सकता है कि यह झूठ बोल रहा हो। मुद्दा यह नहीं है कि ये सही हैं या गलत। मुद्दा यह है कि मेरी भावना क्या है? मुझे ये जरूरतमंद दिख रहे हैं। मुझे इनकी मदद करनी है बस। मेरे मन में इस समय इनकी मदद करने के संकल्प के अतिरिक्त कोई संदेह आ ही नहीं रहा। मनोज ने उस आदमी से कहा– "चिंता मत करो। तुम्हें एक हजार रुपए मिल जाएंगे।"

श्रद्धा ने आश्चर्य से मनोज से पूछा– "क्या तुम्हारे पास इन्हें देने को एक हजार रुपए हैं?"

"नहीं।" मनोज ने उत्तर दिया।

फिर कहाँ से दोगे इन्हें एक हजार रूपये?"– श्रद्धा को कुछ समझ नहीं आ रहा था।

"कहीं से भी दूँ। अब मुझे इन्हें एक हजार रुपए देना ही है।" – मनोज शायद अब तर्क और दिमाग से ठसाठस भरी इस दुनिया में नहीं था, बल्कि भावनाओं के गीलेपन में डूब गया था। उसने शर्म और संकोच त्यागकर आसपास खड़े लोगों से इन मजदूरों की व्यथा सुनाकर कुछ पैसे मांगने शुरू किए। वह हर आने–जाने वाले से, दुकानदारों से पैसे माँग रहा था। कुछ लोग उसे दुत्कार रहे थे, कुछ पागल कह रहे थे। राहगीरों और दुकानदारों ने उसे पैसे नहीं दिए। श्रद्धा उसे कुछ भी नहीं समझा पा रही थी। वह बस उसके पीछे–पीछे घूम रही थी।

मनोज जैसे किसी गहरे नशे में डूब गया था। वह फिर से मंदिर में चला गया। उसने मंदिर के पुजारी को पूरी कहानी सुनाई। पुजारी ने कहा– "बेटा इस तरह पैसे मांगने वाले बहुत आते हैं। किस–किस को पैसे देंगे?"

उसने पुजारीजी को समझाते हुए अपनी बात कही– "आप जैसा तपस्वी और लोगों का भला करने वाला दूसरा कोई नहीं है। आपको देखकर मन अपने आप श्रद्धा से भर जाता है। आप तो ईश्वर के सबसे नजदीक हैं, हम सांसारिक लोगों से ज्यादा उसकी

लीला समझते हैं। पता नहीं ईश्वर कब इंसान की शक्ल में हमारे सामने आ जाए, वो देखिये वह छोटी बच्ची कैसी कातर निगाहों से आपकी ओर देख रही है। आप तो जानते ही हैं, विवेकानन्द जी ने कहा है कि नर सेवा ही नारायण सेवा है।"

वह कुछ देर पुजारीजी पर अपनी बात की प्रतिक्रिया जानने के लिए चुप हो गया। पुजारी जी पर उसकी बातों का शायद सकारात्मक असर हो रहा था वह उस गरीब परिवार को देख रहे थे।

"आप यहाँ आने वाले भक्तों से बोल देंगे तो इन गरीबों की मदद हो जाएगी।"– उसने मौका देखते हुए कहा।

पुजारीजी को मंदिर में भगवान की सेवा करते तीस साल हो गए थे। पर आज तक उनके काम की कभी किसी ने इतनी प्रशंसा नहीं की थी। मनोज की प्रशंसा सुनकर उनका मन गरीब परिवार की मदद करने का होने लगा। उन्होंने मनोज को आश्वासन दिया– "ठीक है बेटा, कुछ करते हैं।

इसके बाद अगले एक घण्टे तक मंदिर में आने वाले भक्तों से पुजारीजी गरीबों के लिए दान माँगने लगे। उनकी बात अधिकतर लोग नहीं टाल पाये। थोड़ी ही देर में एक हजार रुपए इकट्ठे हो गए। पुजारीजी को धन्यवाद देकर मनोज ने पूरे पैसे उस आदमी को दे दिए। श्रद्धा को आज उसका एकदम नया रूप देखने को मिला। श्रद्धा उससे कुछ कहना चाहती थी पर वह कुछ कह नहीं पाई। दोनों चुपचाप नेहरू विहार की ओर चल दिए। श्रद्धा को लग रहा था कि उसने आज कोई अलौकिक दृश्य देखा है जिसके कारण उसका मन आनन्द से भर गया था।

## 38.

अब यह तय हो चुका था कि मनोज को अपने घर से आर्थिक मदद नहीं मिलेगी। पैसे न मिलने से दिल्ली में उसका रुकना असम्भव हो जाएगा, यह वह जानता था। पांडे के साथ उसे पैसों की समस्या कम थी, लेकिन पांडे के जाने के बाद उसे एक रूम पार्टनर की जरूरत थी, अगर रूम पार्टनर नहीं मिला तो उसे कमरे का पूरा पन्द्रह सौ किराया खुद भरना पड़ेगा। यही समय उसके लिए उत्तर प्रदेश मुख्य परीक्षा और तीसरे अटेम्प्ट की सिविल सर्विस की प्रिलिम्स की तैयारी करने का था।

मनोज मकान के जिस फ्लोर पर रहता था उसके साथ वाले कमरे में वरुण नाम का

सीनियर लड़का रहता था। इन दोनों कमरों से लगी हुई एक छोटी सी किचिन थी, जिसमें मनोज, वरुण और उसके रूम पार्टनर का खाना बनता था। इन लोगों का खाना बनाने एक कुक आता था। कुल मिलाकर यह व्यवस्था उपयोगी और सस्ती थी। पैसे खत्म होने के कारण मनोज इस समूह में कैसे सम्मिलित होगा, उसे समझ नहीं आ रहा था।

मनोज ने वरुण से बात की– "वरुण सर क्यों न हम लोग कुक को हटा दें, आजकल अच्छा खाना नहीं बना रहा, लेट भी आता है। कुक की जगह मैं खाना बना दिया करूँगा। बाजार से सब्जी और दूसरा सामान लाने का काम भी मैं कर दूंगा। मेरे पास अभी घर से पैसे आना बंद हो गए हैं, इसलिए खाने के लगने वाले पैसे मैं नहीं दे पाऊँगा।"

वरुण और उसका पार्टनर कुक की लेट लतीफी और बेस्वाद खाने से पहले ही दुखी थे। मनोज का प्रस्ताव उन्हें बुरा नहीं लगा। उन्होंने मनोज को कुक की जगह खाना बनाने का और किचिन के दूसरे काम काम करने की अनुमति दे दी।

मनोज की भोजन की व्यवस्था तो हो गई, लेकिन अभी भी दिल्ली में रहने के लिए उसे किराए और दूसरे खर्च के लिए पैसों की जरूरत थी। एक दिन ग्वालियर में रहने वाला लड़का शरद दिल्ली तैयारी करने आ गया। उसे भी रूम पार्टनर की जरूरत थी, इसलिए वह मनोज का रूम पार्टनर बन गया।

मनोज ने अपनी समस्या श्रद्धा को बताई– "मुझे यदि दिल्ली में रहना है तो अब कुछ न कुछ काम करना पड़ेगा। खाने की व्यवस्था तो मेरी हो गई, मैंने कमरे पर अपने पार्टनरों का खाना बनाना शुरू कर दिया है, पर कमरे के किराए और दूसरे खर्चे के लिए एक हजार रुपए तो हर महीने चाहिए ही।"

श्रद्धा ने कहा– "हम विकास सर के यहाँ चलते हैं, हो सकता है वहाँ कुछ काम मिल जाए।"

"नहीं श्रद्धा, मैं विकास सर को अपनी समस्या नहीं बता सकता, मेरी सफलता की उन्हें बहुत उम्मीद है, मैं उन्हें अपनी परेशानी बताकर निराश नहीं कर सकता।"– मनोज विकास सर की नजरों में अपना महत्व कम नहीं करना चाहता था।

"ठीक है फिर हम दूसरी कोचिंग में चलते हैं कहीं न कहीं काम जरूर मिल जाएगा।– श्रद्धा ने कहा।

दोनों ने मुखर्जी नगर की कई कोचिंग में काम की तलाश की। किसी ने कहा उनके पास ऑफिस में बैठकर कोचिंग में पूछताछ करने आ रहे लडकों की काउंसलिंग करने का काम है, जिसमें रोज आठ घंटे देने पड़ेंगे। किसी ने कहा कि उनके यहाँ क्लास नोट्स

बनाने का काम है, पर उस काम के लिए सिविल सर्विस की मुख्य परीक्षा पास होने की शर्त लगा दी। मनोज की वही स्थिति हो गई जो लाइब्रेरी में नौकरी करने के पहले थी। वही निराशा उसके सामने फिर से थी, जो एक बार ग्वालियर में वह देख चुका था।

मनोज ने श्रद्धा को उसके कमरे पर छोड़ा और हताश होकर नेहरूविहार जाने लगा। मुखर्जी नगर में ही श्रद्धा के होस्टल से थोड़ी दूर एक बंगले के सामने आठ–दस कारें खडी थीं। मनोज जब उन कारों के पास से गुजरा तो उसने देखा कि एक लड़का उन कारों को साफ कर रहा है।

मनोज ने लड़के से पूछा– "क्यों भैया, तुम्हे इन कारों को साफ़ करने के कितने पैसें मिलते हैं?"

लड़के ने कहा– "क्यों बताएं?"

मनोज को लड़के का उत्तर अजीब लगा। लेकिन उसने डरते–डरते उस बड़े से बंगले की घंटी बजाई। घंटी बजते ही अंदर से कुत्तों के भौंकने की आवाज आई। वह डर के दो कदम पीछे हट गया। कुछ देर में एक महिला आई, मनोज ने उससे कहा– "मैडम मैं कार साफ़ करने का काम करता हूँ। क्या मुझे आपकी कार साफ़ करने का काम मिल सकता है?"

महिला सभ्य थी, उसने मनोज से विनम्रता से कहा– "नहीं भैया, कार तो हमारे ड्राइवर साफ़ करते हैं। वो तो आज ड्राइवर छुट्टी पर है, इसलिए इस लड़के को बुलाया है।"

महिला की बात सुनकर निराश मनोज वापस जाने लगा। थोड़ी दूर पहुँचने पर उसने कार धोने वाले लड़के की आवाज सुनी– "तुम्हें मैडम बुला रही हैं।"

वह वापस गेट के पास पहुंच गया। महिला ने कहा –"क्या तुम शाम को दो घंटे हमारे कुत्तों को घुमा सकते हो?"

मनोज ने आज के पहले इस तरह के काम की न तो कभी कल्पना की थी, न उसे पता था कि इस दुनिया में कुत्ते घुमाने का काम करने से भी पैसे कमाए जा सकते हैं। पहली बार सुनी इस सर्विस की समाज में क्या रेपुटेशन है, यह भी उसे नहीं पता था।

"आपको हर महीने आठ सौ रुपए मिलेंगे।" – महिला को शायद वर्कर की सख्त जरूरत थी।

शाम को दो घंटे के लिए आठ सौ रुपए अच्छी रकम थी। पर कुत्ते घुमाने का काम क्या उसे शोभा देगा? उसके दोस्त क्या कहेंगे? फिर उसे लगा कि बच्चों को पढ़ाना, कोचिंग में काम करना, कार धोना, रिक्शा चलाना, कुत्ते घुमाना, हैं तो सब पैसे कमाने के

लिए ही। यह सब काम ईमानदारी और मेहनत से हमारे आसपास ही बहुत से लोग करते हैं, फिर इसमें कैसा संकोच? कैसी शर्म? महिला ने पाँच सौ रुपए एडवांस में उसे दे दिए। वह खुश था उसके दिल्ली में रहने की उम्मीद बन गई।

मनोज अपनी ख़ुशी को श्रद्धा से शेयर करना चाह रहा था। श्रद्धा कितना खुश होगी उसके काम मिलने से। वह लगभग दौड़ता हुआ श्रद्धा के होस्टल पहुँचा। वह घंटी बजाने ही वाला था कि उसे ख्याल आया–"क्या श्रद्धा उसे कुत्ते घुमाते देख खुश होगी?" क्या कोई लड़की ऐसे प्रेमी की कल्पना करेगी कि उसका प्रेमी कुत्ते घुमाने का काम करता हो? उसे अचानक अपनी नई–नई लगी सर्विस का सामाजिक महत्व समझ आ गया। वह बिना श्रद्धा से मिले वापस अपने कमरे पर आ गया।

अब मनोज रोज रात को श्रद्धा को उसके कमरे पर छोड़कर कुत्ते घुमाने जाने लगा। उसने तय किया कि वह नेहरूविहार के पुल के पीछे नाले के पास कुत्ते घुमाएगा। उसे यह डर भी लगने लगा कि कहीं उसका कोई दोस्त उसे कुत्ता घुमाते हुए न देख ले, कहीं श्रद्धा उसे न दिख जाए।

पर एक दिन जिसका डर था, वही हुआ। वह कुत्ता घुमा कर रात को दस बजे वापस कुत्तों को छोड़ने जा रहा था कि उसे श्रद्धा मिल गई। श्रद्धा ने जब मनोज को दो कुत्ते लिए देखा तो उसने आश्चर्य से पूछा– "ये डॉगी किसके हैं मनोज?"

मनोज को समझ नहीं आया कि वह क्या कहें? पर श्रद्धा से झूठ बोलने का उसका कोई इरादा नहीं था। उसने कहा– "श्रद्धा मुझे कुत्ते घुमाने का काम मिल गया है, रोज दो घंटे शाम को। आठ सौ रुपए मिलते हैं। इस महीने का तो एडवांस भी मिल गया। मैंने कमरे का किराया भी दे दिया।"

उसने अपनी बात कह दी और श्रद्धा के रिएक्शन का इन्तजार करने लगा। श्रद्धा कुछ समझ नहीं पा रही थी। उसने महसूस किया कि उसके सीने में ज्वार सा उठ रहा है। श्रद्धा को डर था कि कहीं यह ज्वार उसकी आँखों से न बह जाए। एक मिनिट तक श्रद्धा ने अपने आप को कंट्रोल किया।

"मनोज एक बात कहूँ, मानोगे?"– श्रद्धा ने मनोज से पूछा।

मनोज को शंका हुई कि कहीं श्रद्धा यह न कह दे कि कुत्ते घुमाने काम मत किया करो। उसने डरते हुए कहा– "कहो श्रद्धा।"

"कल से मैं भी तुम्हारे साथ चलूँ क्या?–श्रद्धा ने मनोज से कुत्ते घुमाने में साथ जाने की अनुमति माँगी।

उसने श्रद्धा से पूछा– "क्या तुम्हें मेरे साथ कुत्ते घुमाते हुए संकोच नहीं होगा?"

श्रद्धा कुछ देर उसे देखती रही। फिर श्रद्धा ने 'ना' में अपनी गर्दन हिला दी।

एक दिन शाम को मनोज की इच्छा हुई कि वह गांधीविहार जाकर पांडे से मिल आए। मनोज और श्रद्धा गांधीविहार चल दिए। पांडे कमरे पर नहीं था, पर उसका रूम पार्टनर गुप्ता कुर्सी पर पुलिस की वर्दी पहने हुए पढ़ाई कर रहा था। उसने अपने कंधे पर स्टार और आईपीएस लिखा हुआ बिल्ला लगा रखा था। मनोज और श्रद्धा पहले तो चौंक गए। उन्हें लगा कि गुप्ता के कमरे पर कोई आईपीएस आया है। पर नजदीक जाकर देखा तो गुप्ता ने ही वर्दी पहन रखी है।

मनोज ने पूछा–"गुप्ता यह क्या है?" गुप्ता आत्मविश्वास से भरा हुआ था और किसी नई रणनीति के कारण यह भेस बनाए हुए था।

उसने मनोज को अपने कन्धे पर लगे स्टार और आईपीएस लिखा हुआ दिखाया– "ये जो स्टार हैं ना मनोज! यह मुझे अब प्रेरणा देंगे। मैं इन स्टार और आईपीएस के इस तमगे से मोटिवेट होऊंगा।"

गुप्ता ने आगे कहा– "अब मैं यह वर्दी पहन कर ही रोज पढ़ता हूँ, जिससे मुझे याद रहे कि मुझे आईपीएस बनना है और उस हवलदार को सस्पेंड करना है। मैं उसे बर्बाद करके रहूँगा।"

गुप्ता अभी भी उस हवलदार द्वारा किए गए अपने अपमान को भूला नहीं था, बल्कि उस अपमान का बदला लेने के लिए एक कारगर रणनीति पर काम कर रहा था।

दोनों समझ गए कि गुप्ता के दिल पर थाने वाली घटना का गहरा असर हुआ है, लेकिन श्रद्धा को आईपीएस की वर्दी बहुत आकर्षक लगी थी। वापस लौटते समय श्रद्धा ने अपने मन की इच्छा मनोज से कही– "मनोज तुम यदि आईपीएस की वर्दी पहनोगे तो बहुत ही अच्छे लगोगे।"

मनोज ने श्रद्धा से मजाक में कहा– "ठीक है श्रद्धा मैं गुप्ता से पूछ लूँगा कि उसने यह वर्दी कहाँ से खरीदी है? मैं भी पहनकर पढूंगा कल से।" श्रद्धा मनोज के इस मजाक पर खिलखिलाकर हंस पड़ी।

फिर उसने कहा– "नहीं मनोज, मैं तुम्हें आईपीएस बना हुआ देखना चाहती हूँ।"

"जो हुक्म मेरे आका।"– मनोज ने एक्टिंग करते हुए श्रद्धा से मजाक में कहा। मनोज का मजाक सुनकर श्रद्धा मुस्कुरा गई। दोनों गांधीविहार की मेन रोड पर आ गए। मनोज ने पांडे को आते हुए देखा। दोनों पांडे के लिए रुक गए, पर पांडे उन दोनों के पास से बिना उनकी तरफ देखे हुए निकल गया।

## 39.

दो महीने पहले दी हुई यूपी मुख्य परीक्षा का रिजल्ट आ गया। ग्रुप में से केवल अविनाश की यूपी मुख्य परीक्षा क्लीयर हुई थी। मनोज उत्तर प्रदेश पीएससी की मुख्य परीक्षा में असफल होने से दुखी था। उसने परीक्षा में कई प्रश्नों के उत्तर आधे अधूरे लिखे थे, यहाँ तक कि 'ब्रिटेन में हुए जातीय दंगे' के बारे में उसे कुछ नहीं पता था। इतिहास में 'चार्टिस्ट आन्दोलन', 'अमेरिका के गृह युद्ध' और 'प्राचीन भारत में गणतन्त्र' के उत्तर भी अच्छे से नहीं लिख पाया था। उसकी तैयारी इतनी सघन नहीं हुई थी कि सभी प्रश्नों के बेहतरीन उत्तर लिख सके। मनोज दुखी और निराश अपने कमरे में बैठा था, अब उसके पास अपनी असफलता के मूल्यांकन के अतिरिक्त दूसरा कोई विकल्प नहीं था।

मनोज की स्थिति समझते हुए और उसे प्रोत्साहित करते हुए श्रद्धा बोली–"मनोज अपनी असफलता से दुखी होने का कोई लाभ नहीं, बल्कि चिन्तन करने की जरूरत है कि असफलता क्यों मिली? यही चिन्तन तुम्हारी सफलता की सीढ़ी बनेगा। मुझे लगता है तुम्हें जनरल स्टडी और इतिहास की कोचिंग करनी चाहिए। बिना कोचिंग के तुम्हें इन विषयों में अच्छे नम्बर नहीं मिलेंगे।"

"तुम सही कह रही हो।"– मनोज को भी लग रहा था कि कोचिंग के अभाव में यूपी पीएससी का रिजल्ट खराब रहा है।

मनोज कोचिंग के लिए पैसों की व्यवस्था करने कुछ दिनों के लिए गाँव चला गया। पिता कई महीनों से गाँव नहीं आए थे। उसने माँ से कुछ पैसे मांगे तो माँ ने पिता को कोसना शुरू कर दिया – "अब मैं कहाँ से लाऊं पैसा?" बाप ने तो कसम खाय ली है कि नौकरी ठीक से ना करेगो, चाहे मोड़ा मोड़ी भीख मांगें।

उसने माँ से कहा– "सब ठीक हो जाएगा। मेरी नौकरी लग जाए फिर कुछ परेशानी नहीं होगी।"

निराशा के इस वातावरण में उसने माँ को बहुत दूर किसी उम्मीद की झलक दिखलाई, जिसका अभी तक कोई नामो निशान नहीं था।

माँ– "मेरे पास पैसा नहीं हैं। मैं सोच रही हूँ के एक भैंस पाल लूं। राकेश के घर एक भैंस है, वो उधार दे रहो है। दूध बेच के खर्चा चलाए लूंगी।"

मनोज को माँ की कर्मठता पर रोना आ गया। कितनी अलग दुनिया है उसके घर और गाँव की। पता नहीं वह कभी अपने परिवार के लिए कुछ कर भी पाएगा या नहीं।

तीन चार दिन तक उसने पैसों की व्यवस्था करने की कोशिश की। बेटे को परेशान देखकर माँ ने फिर कहीं से उधार पैसे लेकर उसे दे दिए।

मनोज को गए हुए अभी पाँच दिन ही हुए थे कि अकेलापन श्रद्धा को घेरने लगा। इस अकेलेपन को दूर करने के लिए उसने अपनी उन सहेलियों से मिलना शुरू किया जिनसे वह होस्टल में रहने के बावजूद कई दिनों तक नहीं मिलती थी। लेकिन दस मिनिट में ही उसका मन सहेलियों की बातों से उबने लगता। उसने कॉलेज के होस्टल में भी कई साल अकेले बिताए थे पर कभी इस तरह का सूनापन उसे महसूस नहीं हुआ था, जो अब हो रहा था। कोचिंग जाते समय या शाम को कोचिंग से वापस आते समय उसकी आँखें लोगों की भीड़ में एक ही चेहरा तलाशती रहती पर वहाँ वह चेहरा नहीं था। तमाम आवाजों में उसके कान एक ही आवाज को सुनने के लिए तरसते रहते पर वह आवाज वहाँ नहीं थी। बार–बार वह अपनी बालकनी से नीचे सड़क को देख आती। पर उस सड़क पर उसे वह दिखाई नहीं देता, जिसे देखने की तड़प उसके मन में थी।

कहाँ है मनोज का गाँव? कहाँ है उसका घर? उसे नहीं पता। कोई फोन नम्बर मनोज के घर का उसके पास नहीं था। उसकी इच्छा हुई कि वह मनोज के दोस्तों से मिलने गांधी विहार ही चली जाए। शायद पांडे के पास मनोज के घर का या उसके आस–पड़ोस का कोई फोन नम्बर हो। पर उसकी हिम्मत नहीं हुई।

थक हार कर वह अपनी किताबों में अपना मन लगाने की कोशिश करती। पर आधा घंटा पढ़ना भी उसके लिए मुश्किल हो जाता। खाने का टिफिन उसका अधूरा ही वापस चला जाता। उसकी भूख भी जैसे मर चुकी थी। अजीब सी स्थिति हो गई थी उसकी।

उसने मनोज से कह दिया था कि वे पढ़ाई के दोस्त हैं, कोई अलग एक्सपेक्टेशन उसे नहीं रखना चाहिए। पर पता नहीं मनोज ने उस पर कौन सा जादू कर दिया था? उसका कहीं मन नहीं लग रहा था। अल्मोड़ा जाने से पहले जो हालत मनोज की थी, वही इस समय उसकी हो रही थी। लेकिन मनोज के इन्तजार के अलावा उसके पास कोई रास्ता नहीं था। उसे आज समझ आ गया था कि मनोज किस मजबूरी में अल्मोड़ा गया होगा।

मनोज दिल्ली आ गया। उसने श्रद्धा के होस्टल की घंटी बजाई। पैरों में पंख महसूस करते हुए श्रद्धा नीचे आई। मनोज के आने से श्रद्धा सुख से भर गई। उसका अकेलापन दूर हो गया । मनोज के कमरे तक पहुंचते–पहुंचते उसकी आँखें आँसुओं से भर गईं। कुर्सी पर बैठी श्रद्धा ने आँखें बन्द कर ली। भरी हुई आँखें कब तक भरी

रहतीं? आँसू छलक आये। मनोज चुपचाप बैठा रहा। लगभग पाँच मिनट तक दोनों शांत उसी भाव और स्थिति में बैठे रहे। फिर उसने एक लम्बी साँस ली। जैसे पिछले पाँच दिन का सारा दर्द, अकेलापन, उदासी से निजात मिल गई हो।

"क्या हुआ श्रद्धा?"– मनोज ने पूछा। श्रद्धा के मन का पारखी मनोज शायद उसके मन की हालत समझ गया था।

श्रद्धा अभी बोलने की स्थिति में नहीं थी, इसलिए वह सिर्फ मनोज को देखती रही। एकटक। उसने अपनी गीली आँखों की चुगली को छुपाने के लिए मुस्कुराने की कोशिश की। आँसू और मुस्कुराहट का कंट्रास्ट उसके चहरे पर था। अजीब स्थिति थी उसकी। आँखें उसके प्यार को दिखाने को आतुर थीं और मुस्कुराहट उस प्यार को छुपाने की असफल कोशिश कर रही थी।

श्रद्धा मनोज से कुछ कहना चाहती थी। यह 'कुछ' कहने के लिए वह हिम्मत जुटा रही थी। लेकिन काफी देर तक वह अपने मन की बात नहीं कह पाई और मनोज साँस रोके बैठा रहा। मनोज की अनुपस्थिति में उसकी याद श्रद्धा को बेचैन कर रही थी, लेकिन मनोज के आते ही शायद वह बेचैनी दूर हो गई थी। मनोज की दिल्ली में अनुपस्थिति ने श्रद्धा के मन को विचलित कर दिया था, पर मनोज के आते ही उसका मन उसके नियंत्रण में आ गया।

कुछ देर अव्यवस्थित रहने के बाद श्रद्धा के चेहरे पर अब एक शांत मुस्कुराहट ही रह गई। वह कुर्सी से उठी और उसने इस महीने की प्रतियोगिता दर्पण उठा ली और मनोज को देते हुए कहा–"मनोज, तुमने बहुत दिन अपने घर में बर्बाद कर दिए, अब पढ़ाई पर ध्यान दो, लो ये लेख बहुत अच्छा है, इसमें भारत की अन्तरिक्ष के क्षेत्र में उपलब्धियां हैं। तुम जोर से पढ़ो।"

श्रद्धा की बात सुनकर मनोज समझ गया कि इस लड़की को जीतना असम्भव है। मजबूरी में उसने सामने किताब रखकर पढ़ना शुरू किया– "दूर दिखने वाला आसमान और उसमें चमकने वाले तारे हमेशा से इंसान के लिए रहस्य और आकर्षण का केंद्र रहे हैं।"

## 40.

तीसरे अटेम्प्ट के लिए जनरल स्टडी और इतिहास की कोचिंग करने की मनोज की इच्छा थी। माँ द्वारा दिए पैसों से उसने केवल इतिहास की कोचिंग पढ़नी शुरू कर दी। जनरल स्टडी की कोचिंग के पैसे उसके पास नहीं बचे। मनोज और श्रद्धा दोनों की सिविल सर्विस की प्रिलिम्स इस बार क्लीयर हो गई। मनोज की तीसरी और श्रद्धा की पहली प्रिलिम्स थी यह। अविनाश, नवल की प्रिलिम्स भी क्लीयर हो गई। पिछली मैन्स में अविनाश और नवल सफल नहीं हो पाए थे। इस बार उन्हें फिर से मैन्स देने का मौका मिल रहा था। गुप्ता का फिर से प्रिलिम्स क्लीयर नहीं हुआ। मनोज का साथ छोड़कर सफलता प्राप्त करने का सिद्धांत पांडे के काम नहीं आया। परीक्षा में सफलता का कोई भी फुलप्रूफ सिद्धांत अभी पांडे को नहीं मिला था। अपने प्यार के साथ मनोज प्रिलिम्स में सफल हो गया था, जबकि पढ़ाई में डिस्टर्ब करने वाले प्यार के माहौल से दूर रहने वाला पांडे फिर असफल हो गया था।

पिछली मैन्स में असफल होने के बाद नवल एक बार फिर अपनी प्रिलिम्स निकलने के कारण उत्साहित था। सफलता से उत्साहित नवल की इच्छा असफल पांडे पर व्यंग्य करने की होने लगी।

नवल ने पांडे से कहा– "पांडे प्यार करने वाले का प्रिलिम्स क्लीयर हो गया और प्यार से दूर रहने वाले फेल हो गए। अब क्या कहोगे?"

पांडे ने प्रिलिम्स के लिए मनोज से अलग रहकर मेहनत की थी, पर वह नहीं जानता था कि कमी कहाँ रह गई? मनोज की सफलता और अपनी असफलता से पांडे के मन में मनोज के लिए ईर्ष्या पैदा हो रही थी। उसने अब मनोज को अपना कॉम्पटीटर मानते हुए कहा– "अभी तो मनोज का केवल प्रिलिम्स क्लीयर हुआ है। आगे बहुत लम्बा रास्ता तय करना है। प्यार में डूबे मनोज का फाइनल सिलेक्शन तो बहुत दूर की बात है, मुख्य परीक्षा ही पास नहीं कर पायेंगे। प्यार के साथ सिलेक्शन असम्भव है नवल।"

मुख्य परीक्षा होने तक श्रद्धा रोज मनोज के कमरे पर आ जाती और दोनों साथ पढ़ाई करते। पढ़ने से समय बच जाता तो बातें करने लगते और बातें पूरी हो जातीं तो पढ़ाई करने लगते। दोनों को नहीं पता था कि इतने बड़े सिलेबस को किस तरह से तैयार करें? क्या पढ़ें? कैसे पढ़ें? इतिहास और हिन्दी में मनोज कोचिंग के नोट्स पढ़ता रहा। जनरल स्टडी में वह अव्यवस्थित ही बना रहा। पैसों के लिए मनोज अभी भी दो घंटे कुत्ते घुमाने का काम कर रहा था।

मनोज, श्रद्धा, अविनाश और नवल ने आईएएस की मुख्य परीक्षा दे दी। सभी लोग अपने रिजल्ट का इन्तजार करने लगे। सामान्य अध्ययन के पेपर मनोज के अच्छे नहीं गए थे। इतिहास, हिन्दी साहित्य में भी वह उतना टू दि पॉइंट नहीं लिख पाया था, जितना परीक्षा में पूछा गया था। उत्तर लिखते समय सभी पॉइंट मनोज को याद नहीं रहे। 'मौलिक कर्तव्य' पूछे गए तो मनोज केवल पाँच–छह 'मौलिक कर्तव्य' ही लिख पाया, शेष उसे याद ही नहीं आये। 'देवनागरी लिपि' की विशेषताएं भी उसे आधी–अधूरी ही याद रहीं। मुख्य परीक्षा में पास होने लायक तैयारी मनोज नहीं कर पाया था। श्रद्धा की भी यही स्थिति थी।

रिजल्ट आ गया। मनोज और श्रद्धा का मुख्य परीक्षा में नहीं हुआ। मनोज के तीन अटेम्प्ट बेकार हो गए। एक भी अटेम्प्ट में उसने मुख्य परीक्षा क्लीयर नहीं की। नवल की तैयारी में भी कमी रह गई थी। वह भी मुख्य परीक्षा क्लीयर नहीं कर पाया। लेकिन अविनाश ने कमाल कर दिया। सिविल सर्विस की इस परीक्षा में फाइनली वह 'दिल्ली अंडमान सर्विस' 'डानिक्स' में डिप्टी कलेक्टर बन गया। पर उसे अभी प्रॉपर आईएएस बनना था, इसलिए अपने अगले अटेम्प्ट की तैयारी जारी रखनी थी। कुछ दिन बाद उत्तर प्रदेश पीएससी का भी फाइनल रिजल्ट आया, जिसमें अविनाश अकाउंट ऑफिसर बन गया था।

अविनाश ने अपनी दोहरी सफलता के लिए बत्रा सिनेमा के पीछे 'अपनी रसोई' रेस्टोरेंट में पार्टी दी। नवल, पांडे, गुप्ता, शरद, मनोज और श्रद्धा को आमन्त्रित किया। मनोज के नए रूम पार्टनर शरद ने हालिया सफल हुए अविनाश से उसकी सफलता का राज पूछा– "अविनाश भैया! आपकी तैयारी का क्या तरीका था? हमें भी सफलता के टिप्स बताएं प्लीज।"

"ये जानना इतना आसान नहीं है शरद, गुरुज्ञान लेने के लिए तपना पड़ता है। मेहनत करनी पड़ती है। आपके लिए सफलता जब जीने–मरने का प्रश्न बन जाए तब मैं सफलता के राज बताऊँगा। नहीं तो ऐसे तो कई लोग पूछते हैं, एक कान से सुनते हैं दूसरे से निकाल देते हैं।"– अविनाश ने कहा।

शरद ने अविनाश से हिम्मत करके फिर पूछा– "आप कैसे समझेंगे कि किसके लिए सफलता जीने–मरने का प्रश्न बन चुकी है।"

"तुम्हें देखकर आसानी से समझ आता है कि तुम अभी गम्भीर नहीं हुए, तुम्हें हर दूसरे महीने अपने किसी कजिन की शादी में ग्वालियर जाना पड़ता है। कितने कजिन हैं तुम्हारे?"– नई नई सफलता से पैदा हुए आत्मविश्वास से भरे हुए अविनाश ने नई नई

तैयारी करने आये शरद की पढ़ाई के प्रति लापरवाही पर कटु प्रहार किया।

शरद को उम्मीद नहीं थी कि अविनाश उसे इस तरह व्यंग्य के माध्यम से पढ़ाई के लिए प्रेरित करेगा। पर सफल अविनाश को इस फील्ड का नया खिलाड़ी शरद कोई जवाब नहीं दे पाया। अविनाश की बात सुनकर शरद चुपचाप सामने रखा सूप पीने लगा।

मनोज अपनी मुख्य परीक्षा की असफलता के कारण यह चिंतन कर रहा था कि उसकी तैयारी में क्या कमी रह गई थी। मनोज को लग रहा था कि कहीं न कहीं मेहनत के बावजूद उसकी पढ़ाई के तरीके में जरूर कोई बड़ी खामी रह गई थी।

पढ़ाई के सही तरीके को तलाशने के लिए उसने चिंतित होकर अविनाश से पूछा– "अविनाश, बताओ ना क्या तरीका रहा तुम्हारा पढ़ाई का?" तुम्हारे अनुभव से हम लोगों को भी लाभ होगा।"

"अरे कुछ विशेष नहीं, किसी दिन समय निकाल कर आओ तो विस्तार से बात करेंगे।"– अविनाश ने मनोज को टालते हुए कहा।

पांडे चुपचाप बैठा यह चर्चा सुन रहा था। सामने रखी सलाद की प्लेट में से टमाटर का टुकड़ा उठाते हुए उसने अविनाश से कहा– "अविनाश, मनोज के पास समय कहाँ है इन व्यर्थ की बातों के लिए, वे तो पहले ही बहुत व्यस्त हैं।"

पांडे इस बात से खुश था कि मनोज के प्रति उसकी भविष्यवाणी सही निकली। प्यार में डूबा मनोज मुख्य परीक्षा में फेल हो गया था। पांडे ने अपने सामने बैठे हुए कोल्ड ड्रिंक पी रहे नवल से कहा– "क्यों नवल मैंने कहा था ना कि प्यार के कारण मनोज का सिलेक्शन असम्भव है।" उसने पास बैठी श्रद्धा का भी कोई लिहाज नहीं किया। पांडे मनोज के मैन्स में असफल होने का कारण केवल श्रद्धा को मान रहा था।

अविनाश अपने सिलेक्शन की ख़ुशी में दी जा रही पार्टी में पांडे की कुंठा को सहने के मूड में नहीं था। अविनाश ने उसे फटकारते हुए कहा– "बकवास मत करो पांडे, तुम मन्चूरियन खाओ।"

अविनाश की बात का पांडे पर कोई असर नहीं हुआ, वह मनोज की असफलता की अपनी भविष्यवाणी से अति उत्साहित हो गया था। वह अपने स्थान पर खड़ा हुआ और हाथ हिलाते हुए मनोज के घाव पर नमक छिड़कना शुरू किया– "मनोज जी! आप एक सीन की कल्पना कीजिये, आज से दस–पन्द्रह साल बाद जब आपको श्रद्धा जिन्दगी के किसी मोड़ पर मिलेंगी और पूछेंगी कि मनोज आजकल क्या कर रहे हो? तो आप क्या कहेंगे? आटा चक्की पर काम कर रहा हूँ या जौरा से मुरैना टेम्पो चला रहा हूँ?"

पांडे की बात सुनकर मनोज और श्रद्धा का चेहरा उतर गया। मनोज को बिलकुल उम्मीद नहीं थी कि पांडे पार्टी के इस माहौल में इतनी घटिया बात कर सकता है। श्रद्धा की आँखों से आँसू बहने लगे। मनोज कभी श्रद्धा को देखता, कभी पांडे को, उसे समझ नहीं आ रहा था कि वह क्या करे?

पांडे की बात सुनकर अविनाश भड़क गया– "पांडे यदि तुम अच्छा नहीं बोल सकते तो अपना मुँह बन्द रखा करो। तुम तो प्रिलिम्स में ही फेल हो गए थे, तुमने कौन से तीर मार लिए। मनोज ने कम से कम मैन्स परीक्षा तो दी।"

पांडे ने अविनाश की बात पर कोई ध्यान नहीं दिया और बहुत देर से सामने रखे मंचूरियन को खाते हुए कहा– "मैं तो मनोज के भले के लिए कह रहा हूँ। पर उन्हें भले की बात कहाँ समझ आती है?"

पांडे मनोज का सारा भला श्रद्धा के बिना करना चाहता था, श्रद्धा के साथ मनोज के भले का कोई प्लान पांडे के पास नहीं था। अपनी बात पूरी करके पांडे ने मंचूरियन की ग्रेवी को फ्राइड राईस में मिलाकर खाना शुरू कर दिया।

अपमान और शर्मिंदगी के कारण श्रद्धा का पार्टी में बैठना मुश्किल हो गया, वह अपने आँसू पोंछती हुई उठी और पार्टी छोड़कर जाने लगी। मनोज भी उसके पीछे चल दिया।

मनोज को वहाँ से जाते हुए देख पांडे ने लोगों को सुनाते हुए कहा– "अब पछताए होत क्या, जब चिड़िया चुग गई खेत।"

इसके पहले भी मनोज के कई बार अपमान हुए थे। गाँव में घुसते ही व्यंग्य बाण झेले थे। लाइब्रेरी में भी उसे अपमानित किया गया था। अपमान और बेबसियों की एक लम्बी श्रंखला को उसने झेला था। पर आज श्रद्धा के सामने पांडे ने उसकी योग्यता और भविष्य पर ही सवाल खड़ा कर दिया। पांडे ने उसकी इस असफलता का सारा ठीगरा उसके प्यार पर फोड़ दिया। दोनों सिर झुकाए साथ चले जा रहे थे। दोनों मुखर्जी नगर के पार्क में जाकर बैठ गए। मनोज ने गुस्से में श्रद्धा से कहा– "मैं पांडे को कभी माफ़ नहीं करूँगा, ये अपमान मैं नहीं भूलूँगा।"

श्रद्धा ने ठंडी आवाज में कहा– "पांडे ने तो हमें आइना दिखाया है, असफलता ऐसे ही अपमानित होती है। अब इन अपमानों की आदत डाल लो मनोज।" चेहरे का रंग लाल हो गया था मनोज का। श्रद्धा अपनी बात कहकर मनोज की प्रतिक्रिया का इन्तजार कर रही थी। पर मनोज अभी भी अपमान में जल रहा था।

मनोज को चुप देखकर श्रद्धा ने आगे कहा– "इसीलिए मैं कहती थी कि केवल

पढ़ाई पर ध्यान दो, बेकार की बातों को दिमाग से निकाल दो, पर तुम्हारे साथ अब लोग मेरा भी अपमान कर रहे हैं।"– पांडे के कड़वे व्यंग्य से आहत मनोज को उम्मीद थी कि श्रद्धा पांडे को भला बुरा कहेगी। पर जब श्रद्धा ने मनोज पर ही दोष लगाया तो वह उखड़ गया।

"ऐसा कौन सा अपराध कर रहा हूँ मैं, जो बार–बार मुझे अपमानित किया जाता है। तुम भी मुझे ही गलत कह रही हो।"– पहले से अपमानित मनोज की आवाज थरथराने लगी और वह सामान्य से तेज हो गई। उसने अपने कंपकपाते हुए हाथों से पार्क की बेंच के हत्थे को कस कर पकड़ लिया।

"मैं तुम्हे गलत नहीं कह रही मनोज। पर बार बार ये प्यार?"– अधूरी बात ही कह पाई श्रद्धा मनोज से। वह बात उलझी हुई थी कहीं।

मनोज ने सामने खड़ी श्रद्धा की आँखों में गहराई से देखते हुए पूछा– "किससे प्यार कर रहा हूँ मैं? क्या प्यार कर रहा हूँ?" फिर कुछ देर रुककर उसने श्रद्धा से फिर पूछा –"कौन? कौन मुझसे प्यार करता है? तुम्हें तो पता ही होगा? पता है तो बताती क्यों नहीं?"

मनोज बेंच से उठकर खड़ा हुआ। उसे समझ नहीं आया कि वह खड़े होकर क्या करे? इसलिए वह फिर बेंच पर बैठ गया।

"मेरे हाथ में नहीं है कुछ भी श्रद्धा! मैं क्या करूँ? नहीं निकलती तुम मेरे दिल से! मैं क्या करूँ? कोई कुछ भी कहे, मैं तुमसे दूर नहीं हो सकता। मैं प्यार नहीं कर रहा तुमसे, मैं तो केवल साँसे ले रहा हूँ तुम्हारे नाम की! पांडे पूछता है कि पन्द्रह साल बाद तुम पूछोगी कि मैं क्या करता हूँ, तो मैं क्या कहूंगा? दस–बीस साल बाद नहीं, हजारों साल बाद भी तुम पूछोगी ना कि मैं क्या कर रहा हूँ तो भी मैं यही कहूंगा कि तुम्हारे नाम के साथ सिर उठाए खड़ा हूँ।"– न जाने कब से मनोज के मन में दबी हुई प्यार की चिंगारी भड़क उठी। बिना किसी संकोच के मनोज ने श्रद्धा के सामने अपना प्यार अभिव्यक्त कर दिया।

श्रद्धा की आँखें अब हिल नहीं पा रही थीं, वे मनोज के चेहरे पर जम सी गई थीं। मनोज की नजरें अँधेरे पार्क में कुछ ढूँढने लगीं। जब उसे अपनी नजरें पार्क में घुमाने के बाद भी कुछ नहीं मिला तो उसने दो लम्बी साँसे भरकर श्रद्धा से फिर कहना शुरू किया– "पांडे कहता है मेरा सिलेक्शन नहीं होगा। क्या मैं इतना कमजोर हूँ? क्या प्यार कमजोर कर देता है? बस मुझे लगे कि तुमने दो घड़ी मेरे बारे में सोचा। इतने से ही मैं भरा–भरा घूमता फिरूँ। बस तुम एक नजर मुझे देख भर लो इतने से ही मैं ये दुनिया

उलट–पुलट कर दूं, ये नौकरी, सिलेक्शन क्या चीज है?" अपने वाक्य के अंत तक आते–आते श्रद्धा के प्यार में मनोज पूरी तरह डूब चुका था। इसी डूबने से वह बच पाएगा, ऐसा उसे लग रहा था।

श्रद्धा को लग रहा था कि मनोज अपनी नहीं, शायद उसकी खुद की बात कह रहा है। श्रद्धा भी मनोज के बारे में यही सब तो सोचती रहती थी। मनोज जब पाँच दिनों के लिए अपने गाँव चला गया था, तब वह उसके लिए परेशान हो गई थी। आज उसकी बात सुनकर न जाने कब से रुके हुए आँसू उसकी आँखों में आने को तरस रहे थे, लेकिन वह उन्हें रोकने की बहुत कोशिश कर रही थी। एक दो मिनिट बाद उसने कहा–"चलो मनोज, देर हो रही है।"

मनोज उठा और श्रद्धा के साथ–साथ चलने लगा। चुपचाप। श्रद्धा के होस्टल पहुँचने तक रास्ते भर दोनों में से कोई नहीं बोला। मनोज के पास बोलने के लिए अब कुछ था नहीं, वह तो अपने आप को खाली कर चुका था और श्रद्धा शायद अपने भरे मन में से बोलने लायक कोई मोती चुनने की कोशिश कर रही थी।

होस्टल के बाहर स्ट्रीट लाइट में दो छोटी लड़कियाँ बैडमिन्टन खेल रही थीं। श्रद्धा होस्टल के गेट से सटकर खड़ी हो गई। श्रद्धा ने मनोज से कहा– "मनोज, तुम्हारे भीतर असीम सम्भावनाएं हैं। तुममें अगर क्षमता नहीं होती तो मुझे तुमसे कुछ भी नहीं कहना था। अपनी क्षमता के साथ न्याय न करना खुद से और इस समाज से अन्याय करना होगा। सारे अपमानों से बदला लेने का एक और केवल एक ही तरीका होता है, वह है सफल होकर दुनिया के सामने खड़े हो जाना।"– श्रद्धा मनोज की क्षमता पर भरोसा जता रही थी।

अब विदा की बारी थी। बैडमिन्टन खेल रही लड़कियों में से एक लड़की की शटल रैकेट पर कम आ रही थी, नीचे अधिक गिर रही थी। श्रद्धा ने खेलती हुई लड़कियों की तरफ देखते हुए मनोज से कहा– "मनोज, मैं केवल दो घड़ी तुम्हें याद नहीं करती। हमेशा तुम्हें याद करती हूँ।"– उसकी आँखों के सामने मनोज के गाँव जाने वाले पाँच दिन अचानक तैर गए। अकेले उदास दिन, हर जगह मनोज को ढूंढ़ते तलाशते दिन, मनोज के बिना निर्जीव से पड़े दिन, मनोज के आने के बाद फिर से चंचल और सुख से भरे दिन! उसने अपनी आँखें लड़कियों की तरफ से हटाकर मनोज की तरफ कर ली।

मनोज की आँखों में देखते हुए श्रद्धा ने कहा– "मनोज, मैं तुमसे प्यार करती हूँ, बहुत प्यार करती हूँ।" कुछ देर सन्नाटा रहा। केवल रैकेट पर शटल के लगने की आवाज आ रही थी।

श्रद्धा ने मनोज को एकटक देखते हुए कहा– "अब उलट पुलट दो ना ये दुनिया प्लीज।" श्रद्धा ने मनोज के प्यार और उसकी क्षमताओं को एकसार कर दिया। इतना कहकर श्रद्धा ने एक पल मनोज को देखा और पलटकर होस्टल में चली गई। मनोज गेट पर खड़ा रह गया। उसकी दुनिया अचानक एक पल में बदल गई थी। श्रद्धा की आवाज उसके कानों में गूँज रही थी – "अब उलट पुलट दो ना ये दुनिया प्लीज।"

बैडमिन्टन में जीतने वाली लड़की ने हारने वाली लड़की से कहा– "तू शटल पर फोकस नहीं कर रही है, इसलिए बार–बार हार जाती है। फोकस कर ना।"

मनोज ने लड़की की आवाज सुनी और हल्की मुस्कान उसके होंठो पर तैर गई। फिर वह तेजी से पलटा और नेहरू विहार जाने की जगह गांधी विहार जाने लगा। गांधी विहार जाने के लिए जब कोई भी टेम्पो खाली नहीं मिला तो उसने गांधी विहार जाने के लिए दौड़ लगा दी। मनोज को बार–बार श्रद्धा की बात सुनाई दे रही थी 'मैं तुमसे बहुत प्यार करती हूँ' कब से यह एक वाक्य मनोज सुनना चाह रहा था श्रद्धा से। कब से वह श्रद्धा के चेहरे को इसी लालसा से देखता था कि वह उसके प्यार को स्वीकार करके मुस्कुरा जाए। आज वह दिन आ गया था, लेकिन क्या प्यार किसी के भीतर इतनी ऊर्जा भर देता है? मनोज को लग रहा था कि वह दौड़ नहीं रहा है, बल्कि उड़ रहा है, और उड़कर अविनाश के कमरे पर नहीं जा रहा है, बल्कि आसमान के तारे तोड़ने जा रहा है। अब तक की असफलता की निराशा पीछे छूटती जा रही थी और सफलता की उम्मीद उसे आगे बढ़ा रही थी। दस मिनिट लगातार दौड़ने के बाद वह अविनाश के कमरे पर पहुँच गया।

## 41.

अविनाश ने रात को दस बजे मनोज को हाँफते हुए अपने दरवाजे पर देखा तो चौंक गया। मनोज ने बिना समय बर्बाद किए अविनाश से कहा– "अविनाश मेरे पास अब केवल लास्ट अटेम्प्ट बचा है। मैं इस लास्ट अटेम्प्ट में कोई रिस्क नहीं लेना चाहता। तुम मुझे बताओ कैसे पढ़ाई करना है?"

अविनाश समझ गया कि उसके दिल पर गहरी चोट लगी है। फिर भी अविनाश ने उससे कहा– "कल आ जाते, रात को क्यों परेशान हुए?"

"मेरे पास बिलकुल समय नहीं है। एक–एक पल मेरे लिए कीमती है।" – मनोज

ने तपाक से कहा।

अविनाश ने अपने हाथ में बंधी डिजिटल वॉच उतारी और उसे देते हुए कहा– "अब तुम पढ़ाई के सही ट्रैक पर आ गए हो, इसी खुशी में ये गिफ्ट मेरी तरफ से।"

मनोज ने चौंकते हुए कहा– "थैंक यू अविनाश, लेकिन मुझे गिफ्ट की जरूरत नहीं है। तुम यदि पढ़ाई के कुछ टिप्स बताओगे तो मेरे लिए बहुत उपयोगी होंगे।"

अविनाश ने मुस्कुराते हुए कहा– "घड़ी बाँध लो पहले।"

उसने चुपचाप अविनाश द्वारा दी गई डिजिटल वॉच अपनी कलाई पर बाँध ली। अविनाश ने मनोज की कलाई पकड़ कर उस घड़ी का एक बटन दबाया और उससे कहा– "मनोज यह एक स्टॉप वॉच है। अब मैं तुम्हें पढ़ाई के कुछ नियम बताऊँगा। स्टॉप वॉच मैंने शुरू कर दी है जितनी देर मैं तुमसे बात करूंगा, उतना समय यह वॉच दिखाएगी। तुम्हारा टाइम शुरू होता है अब।"

अविनाश ने आगे कहा– "मनोज, बाइस मई को आईएएस प्रिलिम्स है। यानी अब केवल एक महीना बचा है। इस एक महीने में तुम्हें केवल प्रिलिम्स की तैयारी करना है। मुख्य परीक्षा को अभी भूल जाओ।"

कुछ देर रुककर अविनाश ने आगे कहना जारी रखा– "मनोज तुम पुराने सालों के पेपर कई बार सॉल्व करो। क्योकि प्रिलिम्स में पुराने सालों के पेपर में से ही कई प्रश्न सीधे–सीधे आ जाते हैं और हम वही प्रश्न गलत कर आते हैं। प्रिलिम्स में केवल ऑब्जेक्टिव प्रश्न आते हैं तो तुम्हें इस पूरे महीने में प्रैक्टिस बुक से हजारों ऑब्जेक्टिव प्रश्न हल करना है। सिलेबस का कोई भी टॉपिक हल्के में नहीं लेना है।"

मनोज अविनाश की दी जा रही टिप्स को नोट भी करता जा रहा था। अविनाश ने जनरल स्टडी के बारे में बताया– "जनरल स्टडी में भी यही ट्रेंड रहेगा। हाँ आजकल परीक्षा में करंट अफेयर बहुत पूछा जाता है, इसलिए किसी मासिक पत्रिका से तुम हर महीने का करंट अफेयर तैयार करो।"

इतना कहकर उसने मनोज की कलाई पकड़ी और स्टॉप वॉच बंद कर दी। फिर उसने कहा–"मनोज मेरी बात पूरी होने में बारह मिनिट सोलह सेकण्ड लगे।"

मनोज ने देखा कि घड़ी बारह मिनिट सोलह सेकण्ड पर रुक गई थी। अविनाश ने पूछा–"तुम रोज कितने घंटे पढ़ते हो?"

"दस घंटे।" – मनोज ने सोचते हुए कहा।

अविनाश ने हँसते हुए पूछा– "कन्फर्म?"

मनोज चुप हो गया। उसने कभी अपने घंटे गिने नहीं थे।

अविनाश ने कहा– "अब तुम्हें एक एक मिनिट का ध्यान रखना पड़ेगा, इसलिए यह स्टॉप वॉच हमेशा अपनी कलाई पर बाँधो। जब तुम पढ़ाई कर रहे हो तो स्टॉप वॉच चालू रखना। जब तुम खाना खा रहे हो, कोई मिलने आ गया हो या किसी से बात कर रहे हो तो इसे रोक देना। एक डायरी में स्टॉप वॉच के हिसाब से पढ़े गए रोज के घण्टे आपको रिकॉर्ड के लिए दर्ज करने हैं। आठ घण्टे पर पुअर, दस घण्टे पर गुड, और बारह घण्टे पर वेरी गुड खुद को दो। अब तुम्हें सेल्फ मोटीवेट होकर पढ़ाई करना है।"

मनोज ने इस तरह की पढ़ाई पहले कभी नहीं की थी। इस तरह के घण्टों का हिसाब तो कभी नहीं किया था। सामने किताब रहती थी और वह अपने रूम पार्टनर पांडे से बात करता रहता था और सोचता था कि आज तो दस घण्टे पढ़ लिए।

मनोज अविनाश के कमरे से उत्साहित होकर अपने कमरे पर चला गया। अगले दिन उसने श्रद्धा से अपनी पढ़ाई की नई प्लानिंग डिस्कस की।

"मनोज, अविनाश एकदम सही कह रहा है। मैं तो अब उत्तरांचल पीएससी पर फोकस करूँगी। इस साल का आईएएस एग्जाम मैं नहीं दे रही। लेकिन तुम्हें अपने चौथे और आखिरी अटेम्प्ट की तैयारी करना है। केवल उस पर फोकस करो। अब नहीं तो कभी नहीं। मैं अपने मनोज को आईपीएस बना हुआ देखना चाहती हूँ।"– एक दिन पहले ही मनोज के प्यार को स्वीकार करने वाली श्रद्धा ने मनोज से कहा।

शुरू–शुरू में मनोज की पढ़ाई स्टॉप वॉच के अनुसार छह घंटे से ज्यादा नहीं हो पाती थी। धीरे–धीरे उसने दस से बारह घंटे रोज स्टाप वॉच के अनुसार पढ़ाई करना शुरू कर दिया। इस तरह महीने भर में मेहनत और रणनीति से उसने प्रिलिम्स की अच्छी तैयारी कर ली। श्रद्धा चाहती थी कि मनोज केवल अपनी पढ़ाई पर ध्यान दे, इसलिए उसने मनोज को शाम को कुत्ते घुमाने में समय बर्बाद करने से मना कर दिया। श्रद्धा ने तय किया कि वह अपने खर्चे कम कर देगी, जिससे मनोज को पैसों के लिए अधिक परेशान न होना पड़े। श्रद्धा ने एक लड़की को रूम पार्टनर रख लिया, जिससे एक हजार रुपए श्रद्धा के बचने लगे, यह पैसे मनोज के कमरे का किराया भरने के काम आने लगे। श्रद्धा के कहने पर मनोज ने शाम को कुत्ते घुमाने का काम बंद कर दिया।

## 42.

प्रिलिम्स परीक्षा हो गई। मनोज को प्रिलिम्स क्लीयर करने में अब कोई सन्देह नहीं था। श्रद्धा ने इस बार सिविल सर्विस के स्थान पर उत्तरांचल पीएससी का प्रिलिम्स दिया था। प्रिलिम्स परीक्षा के अगले दिन विकास सर की कोचिंग में पिछले साल आईएएस बन चुके हिंदी मीडियम के विद्यार्थी सौरभ राव तैयारी करने वाले स्टूडेंट को परीक्षा पास करने के टिप्स देने आए। मनोज मुख्य परीक्षा की तैयारी के लिए सटीक रणनीति तलाश रहा था, वह सिलेक्टेड सौरभ राव की सफलता की रणनीति को अक्षरशः पालन करने को बेताब था। उसने सौरभ राव से पूछा– "सर मुख्य परीक्षा में अधिक से अधिक नम्बर लाने के लिए क्या करें?"

सौरभ राव ने बताया– "लोग मानते नहीं हैं, पर यदि कुछ बातें याद रखें तो सफलता जरूर मिलती है।"

सौरभ राव ने आगे कहा– "मुख्य परीक्षा में ऑब्जेक्टिव प्रश्न नहीं पूछे जाते, बल्कि निबंधात्मक उत्तर परीक्षा में लिखने होते हैं, इसलिए प्रिलिम्स की पढ़ाई की स्ट्रेटेजी मुख्य परीक्षा के किसी काम की नहीं है। मुख्य परीक्षा के लिए यही स्ट्रेटेजी है कि अधिक से अधिक याद करो, अधिक से अधिक लिखकर देखो। परीक्षा के पुराने पेपर सॉल्व करो। बहुत सारे मॉक टेस्ट दो।"

सौरभ राव की क्लास के बाद मनोज ने श्रद्धा से कहा– "श्रद्धा! मुझे समझ आ गया कि मैं तीसरे अटेम्प्ट में क्यों असफल रहा था। उस अटेम्प्ट में मैंने केवल नोट्स पढ़े थे, लेकिन उन्हें याद करके कई बार लिखकर नहीं देखा था। टेस्ट भी नहीं दिए थे, केवल पढ़ने से काम नहीं चलता, बल्कि याद कर–कर के कई बार लिखकर देखना चाहिए। इस बार मैं सौरभ राव सर के बताए गए तरीके से ही पढूंगा।"

दोनों मुखर्जी नगर के शक्ति पुस्तक भंडार पहुँच गए। मनोज ने पाँच सौ कागजों के दो पैकेट खरीदे और श्रद्धा से कहा– "एक महीने में पाँच सौ पेज, यानी रोज लगभग बीस पेज हमें लिखने हैं श्रद्धा। तुम्हें भी उत्तरांचल मुख्य परीक्षा लिए यही रणनीति अपनानी होगी। अब हम रोज बीस पेज लिखेंगे। पहले याद करेंगे, फिर लिखेंगे और टेस्ट देंगे और यह क्रम परीक्षा तक चलेगा।

पर मनोज के मन में कुछ आशंका थी– "लेकिन एक समस्या है श्रद्धा! यदि मैं अच्छा न लिख पाया तो?"

"तो गन्दा लिखो, पर लिखो। अच्छा लिखने के इन्तजार में ही लोग उत्तर नहीं

लिखते हैं, अधिकांश विद्यार्थी तो सीधे परीक्षा हॉल में ही पहली बार लिखते हैं। परीक्षा हॉल में पहली बार गन्दा लिखने से अच्छा है घर में कई बार गन्दा लिखकर हम अपना लेखन सुधार लें।" – श्रद्धा ने मनोज से कहा।

"सही कह रही हो तुम। इस बार मैं इतना लिखूंगा, जितना पूरे जीवन में मिलाकर भी नहीं लिखा होगा।" – मनोज ने कहा।

मनोज अब सुबह चार बजे उठने लगा। परीक्षा के पुराने पेपरों का अवलोकन करता और निश्चित टॉपिक के प्रश्न का उत्तर नोट्स और किताबों से याद करता। उसे जब वह टॉपिक याद हो जाता तो निश्चित समय सीमा में उसे लिखकर देख लेता। सुबह से लगातार बारह बजे तक, उसके बाद दोपहर में दो घंटे के भोजन और विश्राम के बाद दो बजे से छह बजे तक दूसरे विषय में यही क्रम दोहराता। तीसरे अटेम्प्ट के विपरीत इस बार श्रद्धा सुबह से मनोज के कमरे पर नहीं आती थी, बल्कि दिन भर की पढ़ाई का लक्ष्य दे जाती। श्रद्धा साइंस टेक, इंटरनेशनल रिलेशन, और करंट अफेयर पर अपने कमरे से नोट्स बनाकर शाम को छह बजे उसके कमरे पर आ जाती, फिर दोनों सामान्य अध्ययन के टॉपिक रात को दस बजे तक लिख–लिख कर याद करते।

पर इसके बावजूद मनोज के लिए सामान्य अध्ययन की समस्या अभी भी बनी हुई थी। उसे सामान्य अध्ययन की कोचिंग की जरूरत महसूस हो रही थी। बिना कोचिंग के जनरल स्टडी में अच्छे नम्बर नहीं लाए जा सकते थे।

एक दिन श्रद्धा ने मनोज से कहा कि उसकी सहेली एक कोचिंग में सामान्य अध्ययन पढ़ने जाती है। विनय सर ने 'ध्येय' नाम से एक महीने पहले ही यह कोचिंग खोली है। बहुत अच्छा पढ़ाते हैं।

मनोज श्रद्धा के साथ 'ध्येय' कोचिंग पहुँच गया। श्रद्धा ने विनय सर से कहा– "सर हम दो लोग पढ़ने वाले हैं पर पैसों के अभाव में केवल एक ही फीस दे पाएगा।"

विनय सिंह को अपनी कोचिंग के पहले ही बैच में मुफ्त पढ़ने वाले से सामना करना पड़ गया। मनोज ने विनय सर को एकदम ईमानदारी से बता दिया– "सर मेरे पास फीस के लिए बिलकुल पैसे नहीं हैं, पर सामान्य अध्ययन पढ़ना मेरे लिए बहुत जरूरी है।"

विनय सर के पास अभी पन्द्रह स्टूडेंट ही आए थे। उन्हें अधिक से अधिक स्टूडेंट की जरूरत थी। फिर भी वे फ्री स्टूडेंट नहीं चाहते थे। उन्होंने मनोज को टालने की कोशिश की– "यदि मैं ने तुम्हें बिना फीस के पढ़ाया तो दूसरे स्टूडेंट के साथ यह अन्याय होगा।"

मनोज ने उम्मीद नहीं छोड़ी, उसने कहा– "सर बिना जनरल स्टडी की कोचिंग के मेरा सिलेक्शन सम्भव नहीं है। सिलेक्शन के बाद जब मुझे पहली सेलेरी मिलेगी, मैं सबसे पहले आपकी फीस चुकाऊंगा।"

मनोज की बात सुनकर विनय सर हँस दिए, फिर उन्होंने अपनी टेबल के ड्रावर में से आठ हजार रुपए निकाले और मनोज को देते हुए कहा– "फीस तो तुम्हारी माफ़ नहीं हो सकती, इसलिए यह पैसे लो और काउन्टर पर जमा कर दो, जब तुम्हारे पास पैसे आ जाएँ, तब वापस कर देना, पर अभी पैसे के अभाव में तुम पढ़ाई से वंचित नहीं हो सकते।"

पहली बार मिलने वाला कोई अनजान टीचर उसके लिए अपनी जेब से आठ हजार रुपए दे रहा था। मनोज का मन विनय सर के प्रति सम्मान से भर गया।

विनय सर के पढ़ाने का तरीका भी एक्जाम ओरिएंटेड था। वह पढ़ाने से ज्यादा टेस्ट लेने में भरोसा रखते थे। उनकी कोचिंग में जो भी टॉपिक पढ़ाया जाता अगले दिन पढ़ाने के पहले उसका टेस्ट जरूर लेते।

उसने अपने लक्ष्य के अनुसार हिन्दी, इतिहास और सामान्य अध्ययन के सैकड़ों प्रश्नोत्तर लिख डाले। विकास सर, विनय सर उसके लिखे हुए उत्तर को चेक करते और गलती निकलने पर मनोज फिर से सुधारकर लिखने का अभ्यास करता।

अगस्त की पाँच तारीख आ गई। अविनाश के कमरे पर उसके बर्थ डे की पार्टी चल रही थी। गुप्ता और शरद डांस कर रहे थे। मनोज की पढ़ाई अच्छी चलने के कारण आज वह भी अविनाश के बर्थडे में आ गया था और डांस कर रहा था। उसके डांस के स्टेप बेतरतीब थे। पर पास बैठी हुई श्रद्धा उसके अनगढ़ डांस पर मोहित हुए जा रही थी। नवल और पांडे बैठकर पनीर बनाने के लिए प्याज और टमाटर काट रहे थे। तभी किसी ने सूचना दी कि प्रिलिम्स का रिजल्ट आ गया है। पार्टी थम गई। डांसरों के थिरकते हुए पैर जड़ हो गए। पार्टीबाजों के दिलों की धड़कनें अचानक बढ़ गईं। मनोज धम्म से जमीन पर बैठ गया। प्रिलिम्स के अच्छे पेपर जाने के बावजूद अंतिम अटेम्प्ट की प्रिलिम्स के रिजल्ट के प्रति आशंकित करने वाले भय ने उसे घेर लिया। प्याज और टमाटर अधूरे कटे छूट गए। पांडे, अविनाश, गुप्ता, नवल और मनोज रिजल्ट जानने के लिए तड़प उठे। मनोज के रूम पार्टनर शरद ने यह प्रिलिम्स नहीं दिया था, इसलिए वह केवल दर्शक बना रहा। वह सभी के रिजल्ट इंटरनेट पर देख आया। मनोज, अविनाश, नवल, पांडे का प्रिलिम्स क्लीयर हो गया। गुप्ता का नहीं हुआ। वह दुःख से भर गया। उसने अपने दुःख को कंट्रोल करने के लिए सिगरेट का एक लम्बा कश लगाया और धड़ाम से जमीन पर

गिर गया। सब घबरा गए। अविनाश ने जमीन पर गिरे हुए गुप्ता को झकझोरा– "उठो बे गुप्ता।"

शरद ने घबराकर पानी का झिड़काव गुप्ता के मुँह पर किया। थोड़ी देर बाद उसे होश आ गया। उसके चारों अटेम्प्ट खत्म हो गए थे। उसका एक बार भी प्रिलिम्स क्लीयर नहीं हुआ था। वह अपने कमरे में गया और उसने कमरा अंदर से बन्द कर लिया। गुप्ता के इस तरह कमरा बंद करने से सभी लोग आशंकित हो गए। अविनाश ने आवाज लगाई– "गुप्ता नौटंकी मत करो, बाहर आ जाओ। प्याज–टमाटर कट गए हैं। पनीर कौन बनाएगा?"

गुप्ता अच्छा कुक भी था, इसलिए आज की पार्टी में पनीर बनाने का दयित्व उसी के पास था। अविनाश को डर था कि अब पनीर कैसे बनेगा? ग्रुप में आज सफलता का अनुपात ज्यादा था, इसलिए अविनाश केवल गुप्ता के दुःख के कारण पार्टी निरस्त करने के मूड में नहीं था। अविनाश के पुकारने के बावजूद अंदर से कोई आवाज नहीं आई। सभी की चिंता बढ़ने लगी। नवल ने गुप्ता के मन को सांत्वना देते हुए कहा– "गुप्ता चार अटेम्प्ट की व्यवस्था केवल आईएएस की परीक्षा में हैं, स्टेट पीएससी की परीक्षा चालीस साल तक दे सकते हैं। दस साल हैं अभी तुम्हारे पास। घबराओ नहीं।"

इतना कहकर नवल ने दरवाजे में लात मारकर गुप्ता को चेताया कि यदि वह जल्दी बाहर न आया तो दरवाजा तोड़ा भी जा सकता है। गुप्ता भी ग्रुप के धैर्य की परीक्षा ज्यादा देर तक नहीं ले पाया। वह जानता था कि ज्यादा देर कोप भवन में रहने के कारण ग्रुप के सदस्य उसे अकेला दुखी छोड़कर 'अपनी रसोई' रेस्टोरेंट भी जा सकते हैं। फिर उसे मनाने वाला कोई नहीं रहेगा, इसलिए वह मान गया। उसने दरवाजा खोल दिया। वापस आने पर उसके हाथ में छः स्टील के स्टार और दो आईपीएस के तमगे थे। वह अपनी पुलिस की वर्दी में से उन्हें निकाल लाया था। उसने वे तमगे और स्टार बाथरूम के बाहर रखे डस्टबिन में फैंक दिए और गाली देता हुआ बोला–"साला, चलो टन्टा खत्म हुआ। आईपीएस में वैसे भी अपने राज्य में पोस्टिंग नहीं मिलती। केरल या पश्चिम बंगाल में आईपीएस बनने से क्या लाभ? जंगल में मोर नाचा किसने देखा?"

मनोज ने गुप्ता द्वारा डस्टबिन में फेंके आईपीएस के स्टार और बिल्ले निकालकर अपनी जेब में रख लिए। श्रद्धा ने आईएएस का यह प्रिलिम्स नहीं दिया था। लेकिन कुछ दिन बाद आए रिजल्ट में उसकी उत्तरांचल पीएससी की प्रिलिम्स क्लीयर हो गई। श्रद्धा हरिद्वार जाकर उत्तरांचल की मुख्य परीक्षा भी दे आई। प्रिलिम्स के रिजल्ट के बाद मनोज दुगुने जोश के साथ मुख्य परीक्षा की तैयारी में जुट गया। उसे अब दिन–रात का होश

नहीं रहा। बीस पेज लिखने का लक्ष्य रोज पच्चीस–तीस पेज तक पहुँच गया। एक अजीब सा पागलपन उस पर छा गया था। उसके दिमाग में इस समय केवल पढ़ाई ही थी। वहं सब भूल गया था घर, परिवार, दोस्त, रिश्तेदार सब। केवल याद करना, लिखना बस। मुख्य परीक्षा में केवल एक महीना बचा था। उसने विकास सर और विनय सर के यहाँ टेस्ट पेपर देना शुरू किए। मनोज पूरे तीन घण्टे तक पूरी एकाग्रता से केवल टेस्ट पेपर सॉल्व करता। वह प्रश्नों के उत्तर लिखने से पहले एक रूपरेखा तैयार करता कि उस उत्तर में लिखना क्या है? भले ही उस रूपरेखा को बनाने में उसे तीन या चार मिनिट लग जाएँ, पर बिना रूपरेखा बनाए वह प्रश्न शुरू नहीं करता। मनोज ने एक महीने पच्चीस तीस टेस्ट पेपर कोचिंग में जाकर दे दिए। इन टेस्ट पेपरों से उसका आत्मविश्वास बहुत बढ़ गया।

परीक्षा आ गई। मनोज का सेंटर दिल्ली में ही था। उसके सभी पेपर हो गए। श्रद्धा उत्तरांचल मुख्य परीक्षा और मनोज आईएएस मुख्य परीक्षा के रिजल्ट का इन्तजार करने लगे।

## 43.

मुख्य परीक्षा का रिजल्ट इंटरनेट पर लोड हो रहा था। शरद सबके रिजल्ट देखने इंटरनेट कैफे गया था। मनोज के साथ उसके कमरे पर अविनाश, नवल और पांडे मुख्य परीक्षा के रिजल्ट का साँसे थामे इन्तजार कर रहे थे। पांडे ने पहली बार मुख्य परीक्षा दी थी। वह भी अविनाश के साथ मनोज के कमरे पर आ गया था। श्रद्धा भी मनोज का रिजल्ट जानने उसके कमरे पर आ गई थी। प्रिलिम्स में गुप्ता कंकड़ की तरह छँटकर बाहर हो चुका था और वह आगे की दौड़ के झंझट से मुक्त हो गया था, इसलिए आज के रिजल्ट को वह केवल एक मनोरंजक घटना के रूप में देख रहा था। गुप्ता ने इस समय का सदुपयोग किया और पत्रकार की भूमिका में आ गया। उसने सिगरेट का धुंआ उड़ाते हुए मनोज से पूछा– "मनोज जी आपका यह अंतिम अटेम्प्ट है, कैसा महसूस हो रहा है?"

अविनाश ने गुप्ता को गाली देते हुए कहा– "गुप्ता यहाँ प्राण निकले जा रहे हैं और तुम्हें फालतू के प्रश्न सूझ रहे हैं।"

पर मनोज ने गुप्ता को जवाब दिया– "यह अंतिम प्रयास है। इसके बाद कुछ नहीं बचेगा। पर हाँ मेहनत बहुत की है इस बार मैंने, इसे मैं स्वीकार करता हूँ। मैं अपनी तरफ

से संतुष्ट हूँ, बाकी सब मेरे हाथ में नहीं।"

तभी शरद हांफता हुआ आ गया। सबकी साँसे अटक गईं। शरद ने सस्पेंस न रखते हुए कहा– "मनोज भैया और अविनाश जी मुख्य परीक्षा में पास हो गए। पांडेजी और नवलजी का नहीं हो पाया।"

मनोज को अपने कानों पर यकीन नहीं हुआ। उसके जीवन की पहली मुख्य परीक्षा क्लीयर हो गई थी। वह चीखकर अपनी खुशी व्यक्त करना चाह रहा था लेकिन पांडे और नवल का दुःख देखकर उसने अपनी खुशी कंट्रोल कर ली। पांडे और नवल अविनाश और मनोज की खुशी के विपरीत उदास और दुखी बैठे रहे। गुप्ता को पांडे और नवल के रूप में दो नये साथी मिल गए। अपने समाज में वृद्धि होते हुए देख गुप्ता संतुष्ट हो गया।

पांडे और नवल को असफल और दुखी देखकर मनोज ने कहा– "तुम दोनों चिंता मत करो, अगली बार तुम्हारा जरूर हो जाएगा।"

निराश और दुखी पांडे पर मनोज की सांत्वना का कोई असर नहीं पड़ा। वह मनोज के पलंग पर निढाल सा बैठा रहा। नवल भी अपनी असफलता के दुःख में वहीं कुर्सी पर बैठा रो रहा था। अब इस कमरे का दृश्य बड़ा अजीब था। दो सफल लोग प्रसन्न थे और दो असफल लोग रो रहे थे। दो तटस्थ व्यक्ति दुखी लोगों को ढाढस बंधा रहे थे और सफल लोगों को बधाई भी दे रहे थे।

कुछ देर बाद सभी अपने–अपने रास्ते चल दिए। रास्ते में गुप्ता ने अविनाश से पूछा– "अविनाश तुम तो कहते थे कि सिविल सर्विस की तैयारी करने वाले को प्रेम में नहीं पड़ना चाहिए। पर आज तो प्रेमी मनोज सफल हो गया और प्यार न करने वाले पांडेजी असफल हो गए। अब क्या कहोगे?"

अविनाश ने भड़ककर कहा– "कुछ नहीं कहूंगा। चलो चुपचाप।"

अविनाश इस नाजुक मौके पर पांडे का दिल नहीं दुखाना चाहता था। पांडे आज अपनी असफलता से बहुत दुखी था। उसे यह भी नहीं समझ आ रहा था कि मनोज का मैन्स कैसे निकल गया? मनोज तो दिन भर श्रद्धा के प्यार में डूबा रहता था। फिर मनोज मुख्य परीक्षा में कैसे पास हो गया? पांडे को नहीं पता था कि पाँच महीनों में मनोज ने किस तरह और कैसी पढ़ाई की थी?

गुप्ता की सेहत पर इस रिजल्ट का कोई असर नहीं हुआ था, इसलिए वह मुक्त भाव से कमेंट कर रहा था– "आज तो मनोज बहुत खुश होगा, उसे प्यार के साथ–साथ सफलता भी मिल गई। मनोज के जीवन का सबसे अच्छा निर्णय क्या रहा, पता है अविनाश?"

गुप्ता, मनोज के रिजल्ट की व्याख्या कर रहा था और सफल अविनाश से उसकी पुष्टि भी चाहता था। अविनाश ने बात टालने के उद्देश्य से कहा– "बता दो, बिना बताए तुम मानोगे भी नहीं।"

गुप्ता ने अपनी आवाज को रहस्यमयी ढंग से धीमा करते हुए कहा– "पांडे को अपने कमरे से निकालना और श्रद्धा से प्यार करना।"

पांडे ने जब गुप्ता की बात सुनी तो जैसे आग लग गई। क्रोध से भरे पांडे ने कहना शुरू किया– "गुप्ता, मुझे मनोज ने नहीं निकाला, बल्कि मैं ही उसे छोड़कर गांधीविहार आ गया था। दूसरी बात, मनोज की सफलता अभी दूर है, फाइनल रिजल्ट नहीं है ये, इंटरव्यू अभी बाकी है। तीसरी बात, ऐसे प्यार बहुत देखे हैं, श्रद्धा के घर वालों को जिस दिन पता चलेगा कि वह दिल्ली में प्यार कर रही है, उसे दिल्ली से खीचकर ले जाएंगे और मनोज का प्यार धरा रह जाएगा।"

गुप्ता–"कौन बतायगा श्रद्धा के घर वालों को?"

पांडे के मन में अब क्रोध, दुःख, ईर्ष्या, निराशा, पराजय के भाव घुल मिलकर गड्ड मड्ड हो रहे थे। अशांत और व्यथित मन पांडे के कंट्रोल से बाहर हो रहा था। उसने कांपती और तेज आवाज में कहा– "कोई तो बताएगा ही, कब तक छुपी रहती हैं ये बातें। बहुत प्यार कर लिया मनोज ने।"

पांडे आज प्यार के साथ मनोज की सफलता को पचा नहीं पा रहा था। गुस्से में उसकी चाल तेज हो गई थी।

## 44.

मनोज की ही बिल्डिंग में उसके बगल के कमरे में वरुण रहता था। उस के चारों अटेम्प्ट खत्म हो गए थे। वरुण रोज शाम को पूजा करता और बहुत सुर में हनुमान चालीसा का पाठ करता था। मुख्य परीक्षा के रिजल्ट के कुछ दिन बाद मनोज वरुण के कमरे पर गया। मनोज की मुख्य परीक्षा की खुशी देखकर वरुण ने कहा– "मनोज! अभी दिल्ली दूर है। मैं तो दो बार इंटरव्यू से वापस आया हूँ और आज वहीं हूँ, जहाँ से चला था। मेरे चारों अटेम्प्ट खत्म हो गए। पर घर वापस किस मुँह से जाऊं? इसलिए यहाँ रह रहा हूँ। प्रिलिम्स, मैन, इंटरव्यू ये सब मायाजाल हैं। जब तक आपका फाइनल सिलेक्शन नहीं हो जाता, आपको खुश होने का कोई अधिकार नहीं है।"

वरुण ने अपने दिल का दर्द कड़वे यथार्थ के रूप में मनोज से कह दिया। मनोज चुपचाप अपने कमरे में वापस आ गया।

"उम्मीद और नाउम्मीदी का दौर है यह। उम्मीद कितने लोगों की पूरी होती है? सिलेक्ट कितने लोग होते हैं? लाखों में से दो तीन सौ बस। बाकी लोग तो फिर से हताश हो जाते हैं। फूट–फूट कर रोते हैं। कुछ दिनों के लिए होश खो देते हैं। किसी से नजरें नहीं मिला पाते। फिर अपनी कमियां ढूंढते हैं, उन्हें दूर करने की कोशिश करते हैं और फिर एक साल लम्बा पढ़ाई का सिलसिला शुरू होता है। सालों साल चलता है यह सिलसिला। तब जाकर कोई एक अपनी मंजिल तक पहुंचता है। कई तो अंत तक सफल नहीं हो पाते। यह अंतहीन सिलसिला है जो यहाँ मुखर्जी नगर में ही नहीं, बल्कि देश के हर शहर में चल रहा है।"

मनोज ने अपनी डायरी में अपने मन के विचार लिखे। मुख्य परीक्षा की सफलता की खुशी अब इंटरव्यू की तैयारी और फाइनल रिजल्ट की अनिश्चितता में डूब रही थी। तभी श्रद्धा आ गई। श्रद्धा ने आते ही मनोज से कहा– "मेरा उत्तरांचल मैन्स क्लीयर हो गया।"

श्रद्धा की बात सुनकर उसने उत्साहित होकर कहा– "लो अब क्या कहोगी तुम! तुम्हें सलाम।" श्रद्धा के चेहरे पर आत्मविश्वास दिख रहा था।

श्रद्धा ने मनोज का हाथ थाम लिया और उससे बोली– "हम दोनों के इंटरव्यू अभी बाकी है मनोज।"

मनोज ने उत्साह से कहा– "तुम्हारा इंटरव्यू तो सबसे अच्छा जाएगा। तुम्हें डिप्टी कलेक्टर बनने से कोई नहीं रोक सकता।" उम्मीद से सजा सपना मनोज देखने लगा।

श्रद्धा ने मनोज से कहा– "हाँ मनोज, यदि मैं डिप्टी कलेक्टर बन गई तो मेरे पापा कितना खुश होंगे? उनका सपना पूरा हो जाएगा। एमबीबीएस में सिलेक्ट न होने की असफलता ने उन्हें बहुत निराश कर दिया था। उनके सामने मैं सिर उठाकर खड़ी हो पाऊँगी।"

श्रद्धा ने मनोज से आगे कहा– "मैं अल्मोड़ा जा रही हूँ, वहीं से हरिद्वार जाऊंगी पापा के साथ इंटरव्यू देने। इंटरव्यू देकर मैं वापस आ जाऊंगी।"

श्रद्धा की बात सुनकर मनोज ने कन्फर्म करना चाहा– "श्रद्धा अपना इंटरव्यू देकर तुम दूसरे दिन ही वापस आ जाना।"

"तुम अपने इंटरव्यू की तैयारी पर ध्यान दो, तुम्हारे इंटरव्यू के पहले मैं वापस आ जाऊँगी।"– श्रद्धा ने आश्वासन दिया। अगले दिन श्रद्धा अल्मोड़ा चली गई।

एक शाम श्रद्धा का फोन मनोज के कमरे के नीचे एसटीडी पर आया। श्रद्धा ने मनोज से कहा– "मनोज मेरा इंटरव्यू अच्छा गया है।" फिर कुछ देर रूककर श्रद्धा ने मनोज से कहा–"पर मैं दिल्ली जल्दी नहीं आ पाऊँगी।"

श्रद्धा की बात सुनकर मनोज ने आश्चर्य से पूछा–"क्यों श्रद्धा क्या हुआ ?"

श्रद्धा ने दुखी स्वर में कहा– "दिल्ली से किसी ने पापा को फोन करके यह बता दिया है कि मैं किसी लड़के से प्यार कर रही हूँ। मम्मी कह रही थी कि जब से यह फोन आया है तब से पापा दुखी हैं।"

"किसने किया होगा फोन?"मनोज ने आश्चर्य से पूछा।

"मुझे क्या पता?"– श्रद्धा ने किसी पर संदेह नहीं किया।

मनोज एसटीडी से जब अपने कमरे पर आया तो परेशान था। पाँच दिन बाद श्रद्धा का फिर फोन आया। इस बार श्रद्धा ने चहकते हुए मनोज से कहा– "मनोज मेरा उत्तरांचल पीएससी में डिप्टी कलेक्टर के लिए सिलेक्शन हो गया है।"

मनोज की खुशी का ठिकाना नहीं रहा, उसने कहा– "वाह श्रद्धा ! यह तो बहुत बड़ी खबर है, लगता है आज का दिन ईश्वर ने हमारे नाम लिख दिया है।"

"हाँ मनोज, आज मैं बहुत खुश हूँ, आज मैंने अपने पापा के सपने को पूरा कर दिया है , पापा बहुत खुश हैं।"– श्रद्धा ने मनोज से कहा।

श्रद्धा के सिलेक्शन की खुशी में मनोज को अपने इंटरव्यू की चिंता हो आई– "श्रद्धा मैं भी आज बहुत खुश हूँ। मेरे इंटरव्यू के पहले तुम आ जाओगी ना ?"

श्रद्धा ने उदास स्वर में मनोज से कहा– "मनोज जब से दिल्ली से वह फोन आया है, मेरे पापा को लगता हैं, मैंने उनका भरोसा तोड़ दिया है।"

श्रद्धा की बात सुनकर मनोज ने कहा– "क्या किसी से प्यार न करके ही यह भरोसा बचा रह सकता है।"

मनोज की बात सुनकर श्रद्धा कुछ नहीं कह पाई।

## 45.

मुख्य परीक्षा का रिजल्ट आए काफी दिन हो गए थे, पांडे का दुःख कम हो गया था, इसलिए जब अविनाश मनोज से मिलने उसके कमरे पर जाने लगा तो वह भी उसके साथ हो लिया। शाम हो चुकी थी, पास के कमरे में वरुण हनुमान चालीसा का पाठ कर

रहा था। उसका स्वर आज उदास था। लेकिन हनुमान चालीसा की 'विद्यावान गुणी अति चातुर, राम काज करिबे को आतुर' पंक्ति तक आते–आते उसका उदास स्वर रोने की आवाज में हनुमान चालीसा पढ़ने लगा और अंत में वह हनुमान चालीसा छोड़कर जोर–जोर से रोने लगा। फिर अचानक भड़ाभड़–भड़ाभड़ की आवाज सुनाई देने लगी जैसे कोई सामान नीचे पटक रहा हो।

मनोज, पांडे, और अविनाश वरुण के कमरे की ओर लपके। वहाँ जाकर देखा तो वरुण अपने पलंग पर डला जोर–जोर से रो रहा है। पूजा की अलमारी के नीचे भगवान का सिंहासन, पीतल के हनुमानजी और दूसरे देवी देवता जमीन पर डले हुए हैं। सब लोग घबरा गए। सबको आशंका हुई कि वरुण के परिवार में कुछ अनिष्ट न हो गया हो। वरुण का रूम पार्टनर कोने में खड़ा था। मनोज ने उससे इस विलाप का कारण जानना चाहा।

वह कुछ बोल पाता उसके पहले वरुण ने जोर–जोर से– "हाय वंदना, हाय वंदना, तुम कहाँ चली गई? अब मैं कैसे जिऊंगा?"– का हृदय विदारक रुदन प्रारम्भ कर दिया।

प्यार के मामलों के विशेषज्ञ समझ गए कि मामला लड़की का है। वरुण के रूम पार्टनर ने मौका मिलते ही घटना को विस्तार से बताना शुरू कर दिया– "वरुण की प्रेमिका उत्तर प्रदेश पीएससी में सेल टैक्स इंस्पेक्टर के पद चयनित हो गई है। पढ़ाई के दौरान दोनों प्यार करने लगे थे। वरुण को उस लड़की ने वादा किया था कि सिलेक्शन के बाद ही वह शादी कर पाएगी। लड़की का सिलेक्शन हो गया, वरुण का नहीं हुआ। सिलेक्शन के बाद उसने यूपी में सिलेक्टेड डीएसपी लड़के से शादी कर ली, इसलिए वरुण दुखी है।"

यह कहानी सुनकर पांडे से नहीं रहा गया, उसने सामूहिक रूप से कहा– "पहले पढ़ाई कर लेते, प्यार बाद में कर लेते।"

इतना कहकर पांडे ने मनोज पर नजर टिका दी जैसे यह वाक्य उसी के लिए ही बोला गया हो। पांडे ने अपनी हँसी दबाते हुए अविनाश से कहा– "अविनाश, मुझे वरुण में मनोज के दर्शन हो रहे हैं। लड़की का मिलना सिलेक्शन पर ही निर्भर है। अगर मनोज का सिलेक्शन नहीं हुआ और डिप्टी कलेक्टर श्रद्धा इन्हें छोड़कर चली गई, तब इनका क्या होगा?" आज अपनी विचारधारा को लेकर पांडे में गजब का आत्मविश्वास था।

"श्रद्धा बहुत समझदार है, वह मनोज को छोड़कर कहीं नहीं जाएगी।" – अविनाश ने समझदारी का परिचय देते हुए पांडे से कहा।

"समझदार लड़कियाँ ही तो अच्छे ऑप्शन की ओर चली जाती हैं, बेवकूफ तो

फँसी रहती हैं। यही तो समस्या है कि श्रद्धा समझदार है। वरुण की वंदना भी समझदार थी, जिसने डीएसपी लड़के से शादी कर ली। बेवकूफ होती तो वरुण के चक्कर में अपनी जिंदगी बरबाद कर लेती।" पांडे को श्रद्धा की समझदारी पर पूरा भरोसा था कि मनोज का सिलेक्शन न होने पर वह उसे छोड़कर चली जायेगी।

अविनाश ने कहा– "मनोज का सिलेक्शन पक्का है पांडे, तुम बेकार ही शंकालु हो रहे हो।"

पर पांडे ने अपना सिद्धांत नहीं छोड़ा– "उल्टी सीधी बात मत करो अविनाश। यथार्थ कहो। क्या गारंटी है सिलेक्शन की?" इंटरव्यू देने वाले सभी पन्द्रह सौ लोग सिलेक्शन की उम्मीद लगाए बैठे हैं। होंगे कितने? चार–पाँच सौ। हजार तो बिना सिलेक्शन के ही रहेंगे ना! मान लो मनोज का सिलेक्शन नहीं हुआ और श्रद्धा भी उसे छोड़कर चली जाए, तब इनका क्या होगा?"– पांडे ने श्रद्धा और सफलता के बिना दयनीय मनोज का कल्पना चित्र खींचकर अपनी चिंता अपने मित्र के प्रति प्रकट की।

लेकिन मनोज को श्रद्धा पर पूरा भरोसा था। उसने पांडे से कहा– "तुम अभी श्रद्धा को नहीं जानते। श्रद्धा ने एक बार जिसे चुन लिया, उसे कभी नहीं छोड़ सकती।"

"ऐसी कपोल कल्पनाएं प्यार में डूबा हर प्रेमी करता है, वरुण भी करता था।" – पांडे ने मनोज से कहा।

फिर पांडे ने मनोज को सुनाने वाली बात अविनाश को देखते हुए कही– "श्रद्धा को अपने डिप्टी कलेक्टर बनने के तुरंत बाद मनोज के पास आना चाहिये था, पर आज उसका रिजल्ट आए एक सप्ताह गुजर गया, श्रद्धा का कहीं अता पता नहीं है। श्रद्धा अब मनोज के रिजल्ट का इन्तजार कर रही है। मनोज सफल हो गए तो वह आ जाएगी, लेकिन यदि असफल हो गए तो मनोज उनका रास्ता ही तकते रहेंगे। श्रद्धा को वंदना बनने में देर नहीं लगेगी।"

मनोज के प्यार को रोकने में अब तक असफल रहे पांडे ने अब अपने विरोध की दिशा बदल दी थी। अब वह डिप्टी कलेक्टर बनने के बाद श्रद्धा पर आरोप लगा रहा था कि उसका प्यार सच्चा नहीं है और वह मनोज के असफल रहने पर उसे छोड़ देगी।

## 46.

एक दिन इंटरव्यू की कोचिंग के बाद मनोज ने कमरे पर आकर देखा कि बगल के कमरे में रहने वाला वरुण अपना सूटकेस पकड़े कहीं जा रहा है। मनोज ने उससे पूछा– "कहाँ जा रहो वरुण भाई?"

वरुण ने भड़ककर कहा– "इस बेवफा दिल्ली को छोड़कर अपने घर जा रहा हूँ। अभी मर नहीं गया हूँ मै ! नहीं बन पाया आईएएस, आईपीएस तो क्या हुआ?" ऐसा कौन सा बड़ा काम करते हैं आईएएस आईपीएस? नेताओं के सामने अपनी पूँछ दबाकर खड़े रहते हैं, इसलिए अब मैं राजनीति में जाऊंगा, मंत्री बनूंगा। मनोज तुम्हारा सिलेक्शन ना हो तो घबराना नहीं, मेरी पार्टी ज्वाइन कर लेना, तुम्हें भी विधायक बना दूंगा।

कई दिन की बढ़ी हुई दाढ़ी और कई दिन से न सोई लाल आँखों में अजीब सी बेचारगी वरुण के चेहरे पर झलक रही थी। पागलों की तरह अनर्गल बातें कर रहा था वह। उसके पैर एक जगह स्थिर नहीं थे। जमीन पर रखे अपने ब्रीफकेस को छोड़कर वह सीढ़ियों की तरफ बढ़ गया। फिर उसे याद आया कि वह अपना ब्रीफकेस भूल गया है। उसने वापस आकर अपना ब्रीफकेस उठाया और सीढ़ियों पर लड़खड़ाते हुए नीचे उतरने लगा। अंतिम कुछ सीढ़ियों पर वह सम्हल नहीं पाया और लड़खड़ाकर गिर गया। ब्रीफकेस गिरकर खुल गया। मनोज ने लपककर सीढ़ियाँ उतरकर वरुण को सम्हाल लिया। ब्रीफकेस में कुछ सामान और वरुण की प्रेमिका वंदना के कुछ फोटो बाहर फ़ैल गए। मनोज ने उन्हें सम्हालकर सूटकेस में रख दिया। वरुण अपने कमरे को लगातार देखने लगा। कमरे को लगातार देखते हुए वरुण बोला– "पाँच साल, पाँच साल रहा हूँ यहां। अब कभी नहीं आऊंगा।"

मनोज को देखकर वरुण ने कसकर मनोज को गले लगा लिया और जोर–जोर से रोने लगा। वरुण के साथ मनोज के भी आँसू निकल आए। वरुण रिक्शे में बैठकर चला गया। मनोज देर तक वरुण को जाते हुए देखता रहा।

## 47.

डिप्टी कलेक्टर बनने के बाद श्रद्धा मनोज के इंटरव्यू के पहले दिल्ली जाना चाहती थी। पापा के पास दिल्ली से आए अनजाने फोन के कारण वह अपने पापा से बात नहीं कर पा रही थी। लेकिन एक दिन उसके पापा अपने बगीचे में फूलों और सब्जियों को पानी दे रहे थे। श्रद्धा दूर खड़े अपने पापा से अपने मन की बात कहने की हिम्मत जुटा रही थी। उसने पापा से कहा–"पापा ये गुलाब कितने अच्छे खिले हैं ना! पिछले साल कैसे मुरझा गए थे।"

"श्रद्धा गुलाब तो इसी साल लगाए हैं, पिछले साल यह गुलाब नहीं लगे थे। तुम कुछ और कहना चाहती हो शायद?"– पापा शायद उसके मन की उलझन समझ रहे थे।

श्रद्धा की हिम्मत नहीं हो रही थी पापा के सामने मनोज के बारे में बात करने की। पर बिना बात किए वह मनोज के पास जा भी नहीं सकती थी। पापा ने श्रद्धा से अभी तक दिल्ली से आए फोन का जिक्र नहीं किया था। उसकी मम्मी ने ही उसे फोन वाली बात बताई थी, इसलिए अब उसने यह तय कर लिया था कि वह अपने पापा के मन में आई हुई सारी शंकाओं को खत्म करके पापा की अनुमति से ही दिल्ली जाएगी। उसने पापा से नजरें चुराते हुए कहा– "पापा वो दिल्ली में मनोज है ना!"

इस अधूरे वाक्य के आगे वह कुछ नहीं बोल पाई। उसे अपने गले में अवरोध महसूस हुआ। पापा उसके चेहरे की रंगत देखकर उसके मन का हाल समझ गए। पापा ने पूछा– "क्या वह भी तुम्हारे साथ डिप्टी कलेक्टर बन गया?"

श्रद्धा की राह आसान नहीं थी। उसने कहा– "उसका आईएएस मैन्स क्लीयर हो गया है। इंटरव्यू देना है उसे।"

"कौन सा अटेम्प्ट था। "– पापा पूरी खोजबीन कर रहे थे।

"लास्ट।" –श्रद्धा का चेहरा झुका हुआ था। कुछ देर चुप्पी रही।
इस चुप्पी का मौका उठाते हुए श्रद्धा ने अपनी माँग पापा के सामने रख दी– "मनोज का इंटरव्यू है पापा। मैं जाऊं क्या दिल्ली?"

"उसका फाइनल सिलेक्शन हो जाने दो पहले श्रद्धा।" – पापा कठोर यथार्थ की जमीन पर खड़े थे। श्रद्धा ने अपने मन की सारी हिम्मत जुटाकर अपनी अंतिम बात पापा से कह दी– "पापा यदि उसका सिलेक्शन नहीं हुआ तब तो उसके पास जाना और जरूरी हो जाएगा।"

पापा को समझ नहीं आ रहा था कि वह अब क्या बोलें? वह श्रद्धा के मन की दशा

पर हैरान थे। पर उन्होंने बिना पिघले उससे वचन लेना चाहा– "मुझे उम्मीद है तुम मेरा भरोसा नहीं तोड़ोगी।"

"क्या किसी से प्यार न करके ही यह भरोसा बचा रह सकता है?"– श्रद्धा कुछ दिन पहले मनोज के कहे गए इस वाक्य को पापा से कहना चाहती थी। पर यह वाक्य उसके मन से निकलकर उसके गले में आकर दम तोड़ गया। वह पापा से नहीं कह पाई। उसकी आँखें भीग गईं। वह वापस अपने कमरे में चली गई।

एक दिन श्रद्धा के पुराने स्कूल सरस्वती शिशु मंदिर अल्मोड़ा में उसके डिप्टी कलेक्टर बनने के उपलक्ष्य में सम्मान समारोह आयोजित हुआ। श्रद्धा के साथ उसके मम्मी पापा को भी मंच पर बिठाया गया। श्रद्धा को उसकी प्रिंसिपल ने मैडल पहनाया। श्रद्धा से स्कूल के बच्चों को प्रोत्साहित करने के लिए दो शब्द बोलने के लिए कहा गया।

श्रद्धा ने बोलना शुरू किया– "आदरणीय दीदी, आचार्यजी और मेरे प्यारे भैया बहनों! ऐसा ही एक सम्मान समारोह सात साल पहले यहाँ इसी जगह हुआ था, जिसमे एमबीबीएस के लिए चयनित बच्चों का सम्मान हुआ था। मैं एमबीबीएस में सिलेक्ट नहीं हो पाई थी और वहाँ पीछे बैठी थी। दुःखी, उदास। मेरे पापा को मेरी सफलता का पूरा भरोसा था, पर मैंने पापा का भरोसा तोड़ दिया था।"

श्रद्धा ने कुछ देर साँस ली फिर आगे कहना जारी रखा– "मैंने उस दिन खुद को वचन दिया कि मैं अपने पापा का भरोसा कभी नहीं तोड़ूँगी, चाहे कुछ भी हो जाए।"

श्रद्धा ने आगे कहना जारी रखा– "बच्चों, यह इम्पोर्टेन्ट नहीं है कि हम अपनी जिंदगी में क्या लक्ष्य बनाते हैं। इम्पोर्टेन्ट यह है कि हम उस लक्ष्य को पाने के लिए जी–जान से जुटते हैं या नहीं? हमें वादे करना चाहिए खुद से, अपने माता पिता से, अपने दोस्तों से कि जब तक हमें अपना लक्ष्य न मिल जाए, हम चैन से नहीं बैठेंगे।"

वह कुछ देर चुप रही। हॉल में तमाम बच्चों के माता–पिता भी उसे ध्यान से सुन रहे थे। उनकी तरफ देखकर श्रद्धा आगे बोली– "पर मेहनत करते बच्चों के मन में माता–पिता को भी यह भरोसा देना होगा कि यदि तुम तमाम मेहनत के बाद भी सफल नहीं हुए तो मेरी बाहें तुम्हें संभालने के लिए हमेशा तुम्हारी तरफ फ़ैली हुई हैं। आज तुम असफल भी हो गए तो कोई बात नहीं, कल सफल हो जाओगे। मैं हर असफलता में तुम्हारे पास हूँ, तुम्हारे साथ हूँ।"

श्रद्धा अपने भाषण के अंतिम पड़ाव पर पहुँच गई– "मेहनत करने वाला हर बच्चा अपने माता–पिता, अपने दोस्तों से यही चाहता है कि यदि वह सफल हो गया केवल तभी उसे आपका प्यार न मिले। यदि वह असफल भी हो गया, तब भी आप उसको प्यार

करें। वह चाहता है आप उसे दिलासा दें, उसको सम्हाल लें, देखना आपके इस साथ से, आपके इस प्यार से, आपके इस विश्वास से वह दूसरी कोई राह चुनकर जरूर सफल हो जाएगा। क्योंकि कोई भी असफलता अंतिम नहीं होती। हर असफलता के बाद एक सफलता जरूर मिलती है।"

इतना कहकर श्रद्धा अपनी जगह पर बैठ गई। उसके पापा के भीतर लगातार यही शब्द गूँज रहे थे। 'यदि वह सफल हो गया तभी उसे आपका साथ, आपका प्यार न मिले, यदि वह असफल भी हो गया, तब भी आप उसको प्यार करें।'

दो दिन बाद मनोज का इंटरव्यू था। रात को श्रद्धा अपनी डायरी अपने सीने पर रखकर आँखें बंद किए लेटी थी। उसके आँसू उसके गालों पर सूख गए थे। श्रद्धा के पापा उसके कमरे में आए। उसकी डायरी के आख़िरी पन्नों में सिर्फ स्याही में भीगे आँसुओं के नीले धब्बे दिखाई दे रहे थे। कुछ समझ नहीं आया कि लिखा क्या है? पापा ने डायरी को उसके सिराहने रख दिया और उसे एकटक देखते रहें। कुछ दिन पहले पापा का सपना पूरा करने वाली श्रद्धा का चेहरा उदासी में डूबा है। पापा से ज्यादा श्रद्धा को कौन जानता है? उसकी समझदारी पर पूरा भरोसा है पापा को। वह पापा की सबसे प्यारी बेटी है। उसने कभी कोई जिद नहीं की, कभी अपनी कोई इच्छा पापा को नहीं बताई। हमेशा सिर्फ पढ़ाई में मन लगाया।

पापा को आज वह दिन याद आ रहा था, जब श्रद्धा पहली बार स्कूल ड्रेस पहनकर स्कूल जाने को तैयार हुई थी। तीन साल की नन्ही श्रद्धा का मन उस दिन स्कूल जाने का नहीं हो रहा था। वह तो घर में नये–नये आए छोटे से खरगोश चीकू के साथ खेलना चाह रही थी। उस दिन भी उसने जिद नहीं की कि वह स्कूल नहीं जाना चाहती। बस वह उदास हो गई थी। उसकी नजरें बार–बार सफेद रंग के चीकू को देख रही थीं। पापा ने नन्हीं श्रद्धा को गोद में उठा लिया था और लोअर माल रोड की सीढ़ियाँ चढ़ने लगे थे। पापा ने अपने गाल पर नन्ही श्रद्धा के दो गर्म आँसू महसूस किए थे उस समय। पापा ने नन्ही श्रद्धा को देखा तो उसके होठों पर मुस्कान तैर गई। शायद मुस्कान और आंसुओं का कंट्रास्ट आंसुओं की चुगली को छुपाना चाह रहा था।

आज भी पापा श्रद्धा का चेहरा देख रहे हैं। पापा को देखकर उसके होठों पर मुस्कान आ गई। पापा अपनी बेटी के पास बैठ गए और उसके सिर पर हाथ फेरने लगे। उसकी पलकें बंद हो गईं। उसकी बन्द पलकों में पता नहीं क्या हलचल थी? शायद अथाह अतल नीला समुद्र आँखों के भीतर हलचल कर रहा था। पर आँखें खुली नहीं। बिना खुले ही वह समुद्र श्रद्धा के गालों पर बहने लगा। उसके होठों की मुस्कान गायब हो

गईं। पापा ने अपनी बेटी को सीने से सटा लिया। पिछले कई दिनों से डरी हुई, सहमी हुई चिड़िया फिर से अपने पंखों में जान महसूस करने लगी।

## 48.

कल मनोज का इंटरव्यू है, वह अभी भी श्रद्धा का इन्तजार कर रहा है। इंटरव्यू के लिए उसने विकास सर के यहाँ कोचिंग कर ली और अपने कैरियर, गृह नगर, और समसामयिक घटनाओं की अच्छी तैयारी कर ली। लेकिन इंटरव्यू में तो कुछ भी पूछा जा सकता है, इसलिए अब क्या पढ़ाई करे? यह उसे समझ नहीं आ रहा था, इसलिए वह अपनी डायरी पढ़ने लगा। अब तक की अपनी जीवन यात्रा। ट्वेल्थ फेल से लेकर इंटरव्यू की दहलीज पर खड़े अपने जीवन की संघर्ष गाथा।

डायरी पढ़ते–पढ़ते मनोज को वह दिन याद आ गया, जब पांडे उसकी नौकरी लगवाने त्यागीजी के यहाँ ले गया था। आटाचक्की से अपने साथ पीलीकोठी पढ़ने के लिये ले गया था। वह आज इंटरव्यू तक पहुंचा है उसका बहुत बड़ा श्रेय पांडे को भी है। ऐसा सोचकर उसका का मन पांडे के लिए कृतज्ञता से भर गया। उसकी इच्छा पांडे से मिलने की होने लगी।

मनोज, पांडे के कमरे पर गांधी विहार जाने के लिए तैयार हो गया। वह जैसे ही कमरे से बाहर निकला सामने से तेज चाल में अपनी आखों में भरोसा और होठों पर मुस्कान लिए श्रद्धा आती हुई दिखाई दी। श्रद्धा के पास न होने से उसे सब कुछ खाली सा लगने लगा था, श्रद्धा के आते ही जैसे सब कुछ भरा भरा सा लगने लगा। उसकी उलझी हुई जिन्दगी सुलझ गई थी। श्रद्धा ने मनोज से कहा– "सॉरी मनोज, मैं लेट हो गई।"

श्रद्धा को देखकर मनोज के चेहरे पर मुस्कुराहट आ गई– "नहीं श्रद्धा, तुम मेरी जिन्दगी में एकदम सही समय पर आई हो। तुम्हारे आने से ही सब कुछ अच्छा हुआ है।"

अपनी तारीफ़ सुनकर श्रद्धा मुस्कुराने लगी।

मनोज ने फिर श्रद्धा से कहा– "श्रद्धा मुझे पांडे से मिलने जाना है। अपने जीवन में उसका योगदान मैं कभी नहीं भूल सकता। मैं उसके बिना शायद यहाँ तक नहीं पहुँच सकता था।"

"पर पांडे ने तो तुम्हारा अपमान किया था।" – श्रद्धा ने मनोज से पूछा।

नहीं श्रद्धा, पांडे मेरा दोस्त है। उसने ग्वालियर में मेरी बहुत मदद की थी। श्रद्धा, कक्षा पाँच की हिन्दी में एक पाठ था 'हरपाल सिंह की पाँच बातें' उसमें कहा गया था कि जिसने आपका कभी भला किया हो, उसका साथ कभी मत छोड़ो।"

मनोज की बात सुनकर श्रद्धा की आँखें भीग गईं– "मनोज, मुझे लगता है कि मैंने तुम्हें चुनकर दुनिया के सबसे अच्छे लड़के को चुना है, जिसके पास ऐसा दिल है जो सबसे प्यार करना जानता है। जो किसी से नफरत कर ही नहीं सकता।"

मनोज ने श्रद्धा से कहा– "जब आप किसी एक से भरपूर प्यार करते हैं तो आपके दिल में किसी से नफरत करने की जगह कहाँ बचती है श्रद्धा?"

दोनों गांधी विहार पांडे के कमरे पर पहुँच गए। पांडे अपने कमरे में पलंग पर लेटा 'दुखी मन मेरे सुन मेरा कहना, जहाँ नहीं चैना वहाँ नहीं रहना' गाना गुनगुना रहा था। मनोज के साथ श्रद्धा को देखकर पांडे चौक गया। उसने गाना बंद कर दिया और उठकर बैठ गया। मनोज ने पांडे से कहा– "कल मेरा इंटरव्यू है पांडे। मुझे इंटरव्यू तक पहुंचाने में श्रद्धा के अलावा यदि किसी का सबसे बड़ा योगदान है वह तुम हो। तुमने यदि मेरा साथ न दिया होता तो शायद मैं कभी यहाँ तक नहीं पहुँच पाता। आज तुम्हारी शुभकामनाएं बहुत जरूरी हैं मेरे लिए।"

श्रद्धा ने मनोज का साथ दिया– "भैया, अब आप भी अपने लास्ट अटेम्प्ट की तैयारी के लिए जी–जान से जुट जाइए। मनोज का भी लास्ट अटेम्प्ट में इंटरव्यू के लिए कॉल हुआ है।"

"अगर मनोज का सिलेक्शन नहीं हुआ तो?"– पांडे ने श्रद्धा के मन की थाह लेनी चाही। उसे अभी भी श्रद्धा पर भरोसा था कि वह मनोज के असफल होने पर उसे छोड़कर चली जाएगी।

लेकिन श्रद्धा ने पांडे की उम्मीद को गलत साबित करते हुए कहा–"मुख्य बात है कि मनोज ने अपनी पूरी मेहनत से तैयारी की। अब अगर नहीं हुआ तो दुनिया में दूसरे बहुत काम हैं करने को। मेरे लिए मनोज इम्पोर्टेंट हैं वह क्या बनता है, यह इम्पोर्टेंट नहीं।" अंतिम वाक्य कहते समय श्रद्धा की नजरें झुक गईं।

"पांडे, तुम भी इस साल टूट कर मेहनत करो। फिर देखना तुम्हारे मन के सारे संशय, सारे अविश्वास, सब दूर हो जाएंगे। भयानक मेहनत ही है जो हम सबको संतुलित रखती है और सफलता भी देती है।" – मनोज ने पांडे को प्रोत्साहित करने की कोशिश की।

मनोज और श्रद्धा को दूर करने के सारे षड्यंत्र पांडे के बेकार चले गए थे, इसलिए

उसने अब बदली हुई परिस्थिति से समझौता करना बेहतर समझा। आश्वासन और सांत्वना पाकर पांडे का मन भी हल्का हो गया था, कुछ देर बाद पांडे उन दोनों को गांधी विहार ऑटो स्टैंड पर छोड़ने चला गया। ऑटो का इन्तजार करते मनोज से पांडे ने कहा– "मनोज, मैंने श्रद्धा के घर फोन किया था।" भावावेश में पांडे ने अपना सत्य उगल दिया।

पांडे की बात सुनकर मनोज ने सिर्फ इतना कहा– "कोई बात नहीं पांडे। हो सकता है इसमें भी ईश्वर की कोई अलग इच्छा छुपी हो।"

पांडे मौन रहा। वह कुछ नहीं बोल सका। मनोज और श्रद्धा ऑटो में बैठकर नेहरू विहार की ओर चल दिए। पांडे उन दोनों को जाते हुए देखता रहा।

## 49.

मनोज और श्रद्धा यूपीएससी के ऑफिस जाने के लिए तैयार हो गए। मनोज जीवन में पहली बार कोई इंटरव्यू देने जा रहा था।

"श्रद्धा, मुझे डर लग रहा है, पता नहीं इंटरव्यू में क्या पूछेंगे? मैं उनका सही जवाब दे पाऊँगा या नहीं, कितने ही टॉपिक छूट गए, मैं उनका रिवीजन भी नहीं कर पाया।"– ऑटो में बैठे मनोज ने श्रद्धा से कहा।

"मनोज बस एक बात याद रखना कि यह इंटरव्यू तुम्हें जानने के लिए लिया जा रहा है। तुम क्या हो? तुम जिन्दगी को किस नजरिये से देखते हो? इस दुनिया, इस समाज, इस नौकरी को देखने की तुम्हारी दृष्टि क्या है? इसलिए तुम्हें कुछ भी रिवीजन नहीं करना, सिर्फ अपने आप को जानना हैं।"– श्रद्धा ने शायद उत्तरांचल पीएससी के दिए अपने इंटरव्यू के अनुभव से मनोज को समझाया।

यूपीएससी के गेट पर इंटरव्यू देने वाले विद्यार्थियों की भीड़ बढ़ रही थी। सभी विद्यार्थी फॉर्मल ड्रेस में थे। अधिकांश लड़के ऑफ़ व्हाईट शर्ट और नेवी ब्लू ब्लेजर में थे। लड़कियों ने साड़ी पहन रखी थी। गेट नम्बर एक पर उम्मीदवारों के प्रवेश पत्र चेक हो रहे थे। उनके साथ आए उनके परिजन और मित्रों को दूसरे गेट से अंदर पार्क में बैठने के लिए कह दिया गया था। मनोज को अंदर भेजकर श्रद्धा भी पार्क में जाकर बैठ गई।

मनोज और दूसरे प्रतियोगी अब एक बड़े से हॉल में थे, जहाँ उनके प्रमाणपत्र एवं मार्कशीट यूपीएससी के कर्मचारी चेक कर रहे थे। इस बड़े से हॉल में महात्मा गांधी और सरदार पटेल की बड़ी सी तस्वीर दीवार पर टंगी हुई थी। ठीक साढ़े दस बजे

हलचल हुई। दरबान कमरे के अंदर बाहर होने लगे। इससे लोगों ने अंदाज लगाया कि कमरे में इंटरव्यू लेने वाले शायद आ गए हैं। प्रतियोगियों के दिल की धड़कनें बढ़ने लगी थीं, उनके गले सूखने लगे और हाथ पैरों में कम्पन होने लगा।

मनोज का इंटरव्यू डॉ. पी डी मेहता के बोर्ड में पड़ा। डॉ. मेहता आईआईटी दिल्ली के पूर्व डायरेक्टर थे जिन्हें सरकार ने संघ लोकसेवा आयोग का मेंबर बना दिया था। मनोज के लिए यह खबर हताश करने वाली थी कि उसके इंटरव्यू बोर्ड के चेयरमैन का हिंदी साहित्य और इतिहास से कोई लेना देना नहीं है। डॉ. मेहता इस बात के लिए भी जाने जाते थे कि वह इंजीनियर और इंग्लिश मीडियम के लड़कों को इंटरव्यू में अच्छे नम्बर देते हैं और सोशल साईंस एवं हिंदी मीडियम के लड़कों को कम नम्बर देकर विदा कर देते हैं।

दरबान ने पहले लड़के नाम नाम पुकारा। बाहर बैठे लोगों को घबराहट होने लगी। लड़का लगभग बीस मिनिट के बाद इंटरव्यू देकर वापस आया। इस लड़के से पूछने पर ही अंदर के माहौल का पता लग पाएगा। लड़के ने दुखी होकर कहा– "मैंने बताया कि मैं दसवीं क्लास से नियमित दिनचर्या से योग कर रहा हूँ, यह मेरी हॉबी है। तो चेयरमैन श्री मेहता बोल पड़े कि आप रोज खाना खाते हैं तो वह भी आपकी हॉबी है क्या? मैं इसका कुछ जवाब नहीं दे पाया। डॉ. मेहता बहुत खतरनाक हैं। बिलकुल नहीं हँसते।"

अगला लड़का बाहर आया तो वह भी दुखी था। उसने बताया कि उसके बीएससी में फिजिक्स में अच्छे नम्बर नहीं आ पाए थे, डॉ. मेहता ने उसी पर मेरी खिचाई कर दी। उन्होंने मुझसे पूरे बीस मिनिट फिजिक्स ही पूछा और बाद में कह दिया कि मेरी तैयारी अच्छी नहीं है, अगले साल आना। इतना कहकर लड़का अपनी गीली आँखें छुपाता हुआ बाहर चला गया। मनोज इस लड़के के इंटरव्यू को सुनकर घबरा गया। इस लड़के के तो केवल फिजिक्स में ही कम नम्बर थे। इतनी छोटी कमी पर ही डॉ. मेहता ने इस लड़के का इंटरव्यू बिगाड़ दिया। मनोज ने अपने कैरियर पर नजर डाली तो वह अंदर से काँप गया। दसवीं थर्ड डिवीजन, ट्वेल्थ फेल, गणित, फिजिक्स केमिस्ट्री में जीरो, इंग्लिश लिटरेचर के कारण बीए में सेकेण्ड डिवीजन। डॉ. मेहता उसका क्या हाल करेंगे, यह सोचकर ही वह घबराने लगा।

तीसरा लड़का बाहर आ गया। उसका चेहरा प्रसन्न था। यह लड़का अब तक आए सभी लडकों में सबसे अधिक प्रसन्न लग रहा था। उसने बताया कि उसका इंटरव्यू बहुत अच्छा गया है। उसने कहा कि वह आईआईटी दिल्ली का विद्यार्थी रहा है और अभी इनफ़ोसिस में सॉफ्टवेयर इंजीनियर है। उसका पूरा इंटरव्यू 'इन्फॉर्मेशन टेक्नोलॉजी के

प्रशासन में उपयोग' विषय पर चला। डॉ. मेहता ने पाँच–छह बार वेरी गुड बोला। मनोज के लिए इस लड़के का इंटरव्यू हताश करने वाला था। मनोज आईटी के बारे में उतना ही जानता था, जितना उसने मुख्य परीक्षा के नोट्स में पढ़ा था।

मनोज ने अपने विचलित और चिंतित मन को शांत करने के लिए आँखें बंद कर लीं। बंद आँखों के पीछे कुछ दृश्य तैरने लगे। मनोज का पूरा जीवन ही तैर गया अचानक। मनोज का गाँव, उसका घर, ग्वालियर का कॉलेज, लाइब्रेरी, बाहर बगीचे में बैठी श्रद्धा, सब एक रील की तरह मनोज की आँखों के पर्दे पर झिलमिलाकर आते–जाते रहे। मनोज आँखें बंद किये हुए बैठा रहा। तभी दरबान की आवाज मनोज ने सुनी– "मनोज कुमार शर्मा।"

मनोज उठा उसने अपने बालों पर हाथ फेरा, अपना चश्मा ठीक किया और दरबान के साथ गेट के पास आकर खड़ा हो गया। दरबान ने गेट खोला, मनोज ने अंदर प्रवेश किया। बाहर बैठकर कल्पना करने वाला दृश्य अब एकदम सामने था। कमरे में सामने एक बड़ी यू शेप की टेबल थी जिसके पीछे पाँच लोग बैठे थे। चार लोग सूट में थे, जबकि एक बुजुर्ग से व्यक्ति धोती–कुर्ता पहने बैठे थे, बीच में डॉ. मेहता बैठे थे। मनोज ने कमरे में घुसते ही सबसे पहले सभी को नमस्कार किया और अपनी बैठने वाली कुर्सी के पास जाकर खड़ा हो गया। डॉ. मेहता ने मनोज को बैठने का इशारा किया तो वह धन्यवाद कहकर बैठ गया।

बोर्ड मेम्बर के चेहरों पर मुस्कान थी, वे शायद मनोज को रिलेक्स कर रहे थे। शायद वह जानते थे कि प्रतियोगी इस समय बहुत तनाव में होता है, इसलिए शुरुआती प्रश्न सरल और परिचयात्मक ही पूछे जाते हैं। डॉ. मेहता ने मनोज से पूछा– "अच्छा मनोज तुम सिविल सर्विस में क्यों आना चाहते हो? तुम्हें प्रशासन में आने की प्रेरणा कहाँ से मिली?"

यह प्रश्न सरल था। इस प्रश्न का उत्तर देने के लिए किसी ज्ञान अथवा थ्योरी की आवश्यकता नहीं थी। मनोज ने चार पाँच सेकंड सोचा। उसे जौरा के एसडीएम दुष्यंत सिंह याद आ गए। उसने उत्तर देना प्रारम्भ किया– "सर मैं टेम्पो चलाता था। एक बार मेरा टेम्पो पुलिस ने पकड़ लिया, मैं एसडीम दुष्यंत सिंह के पास गया, दुष्यंत सर की ईमानदार एवं त्वरित कार्यवाही देखकर मैं बहुत प्रभावित हुआ। तभी से मेरी इच्छा प्रशासनिक अधिकारी बनने की होने लगी।

डॉ. मेहता मनोज के उत्तर से संतुष्ट नहीं हुए– "इस तरह की कहानी यहाँ आकर हर प्रतियोगी सुनाता है। दरअसल आप सिविल सेवा के माध्यम से समाज में रुतबा और

पॉवर चाहते हैं।"

सरल सा दिखने वाला पहला प्रश्न ही उलझ गया। मनोज को उम्मीद नहीं थी कि उसके जीवन की इस सच्ची घटना को इंटरव्यू बोर्ड में झूठ मानकर खारिज कर दिया जाएगा। झूठ बोलकर दूसरों को प्रभावित करने वाला मनोज आज सच बोलकर भी झूठा माना जा रहा था। कौन सच कह रहा है, कौन झूठ कह रहा है? इसे जांचने का कोई यन्त्र बोर्ड के पास नहीं था। हनुमान की तरह छाती चीरकर दिखाने की कोई सुविधा इंटरव्यू बोर्ड में नहीं थी। मनोज के पास अपनी बात को सही सिद्ध करने का कोई तरीका नहीं था, इसलिए वह चुप हो गया। डॉ. मेहता ने मनोज को चुप देखकर दूसरे साथी से आगे सवाल पूछने का इशारा किया।

दूसरा मेम्बर जो मनोज की फ़ाइल पर बहुत देर से नजरें गड़ाए हुए था, उसने फ़ाइल देखते हुए मनोज से पूछा– "आपकी बीए में सेकंड डिवीजन है, ट्वेल्थ में सेकंड डिवीजन है, टेंथ आपने थर्ड डिवीजन से पास की है आप तो बहुत कमजोर स्टूडेंट रहे हैं। अचानक मेम्बर का ध्यान फ़ाइल पर किसी विशेष जगह पर गया, उन्होंने चौंकते हुए कहा– "अरे आपने तो ट्वेल्थ दो साल में किया है? क्यों?"

वही हुआ जिसका डर था। मनोज के सामने ट्वेल्थ फेल राक्षस की तरह मुँह फाड़कर खड़ा हो गया। वह अब उस राक्षस के मुँह में समा जाएगा या बचकर निकल आएगा उसे नहीं पता। पर संकट का सामना करने की अपनी आदत को वह भूला नहीं।

"सर मेरे दादाजी उस साल मर गए थे, सर मैं परीक्षा के पहले ही दिन बीमार हो गया था।" इंटरव्यू बोर्ड में अभी तक उसकी कही गई सच्ची बात को झूठ माना गया था, इसलिए 'ट्वेल्थ फेल' पर वह अपनी पुरानी आदत के अनुसार यह सब झूठ बोलकर आगे उस संकट से बच सकता था। पर आज उसने सच बोलने का फैसला किया। उसे लगा कि सच ही वह ताकत है, जो उसे आज बचा सकती है।

मनोज ने अपनी बात मजबूती से कही– "उस साल स्कूल में नकल नहीं हुई थी सर, इसलिए हिन्दी छोड़कर सभी विषयों में फेल हो गया था।"

मनोज को नहीं पता था कि उसका यह जवाब अब आगे क्या रंग दिखाएगा? वह नहीं जानता था कि आईएएस के इंटरव्यू में अपने आप को ट्वेल्थ फेल बताकर उसे लाभ होगा या वह बर्बाद हो जायेगा? उसने भावावेश में भयानक रिस्क ले लिया था। उसे नहीं पता था कि उसके इस जवाब से मेम्बर प्रभावित होंगे या उसे अयोग्य मानते हुए बाहर का रास्ता दिखा देंगे।

तकनीकी क्षेत्र के विशेषज्ञ डॉ. मेहता ने अपने जीवन में आईआईटी के बेहतरीन

स्मार्ट लड़के देखे थे जो अपने कॅरियर में थ्रूआउट फर्स्ट क्लास रहे थे। ऐसे ही लड़कों को वह देश का भविष्य मानते थे। इंग्लिश मीडियम के लड़के ही देश का प्रशासन बेहतर चला सकते हैं ऐसा डॉ. मेहता मानते थे। पर आज उनके सामने एक ट्वेल्थ फेल लड़का बैठा था, जो अपने कैरियर में घिसटते हुए यहाँ तक पहुँचा था। डॉ. मेहता मनोज के इस उत्तर से चौंक गए। उन्हें मनोज सिविल सर्विस के लिए एकदम अनफिट लगने लगा। उन्हें उम्मीद नहीं थी कि कोई लड़का इस तरह का जवाब इंटरव्यू में दे सकता है? अपनी कमजोरी मनोज ने खुद ही डॉ. मेहता को सौप दी थी। उन्होंने मनोज के दिए हथियार से ही उसका गला रेतना शुरू किया। डॉ. मेहता ने मनोज को घूरकर पूछा– "आप नकल से ट्वेल्थ पास करना चाहते थे? आज तक ऐसा लड़का हमारे सामने नहीं आया जो यह स्वीकार कर रहा हो कि उसने कभी चीटिंग करके पास होने की कोशिश की हो।"

पता नहीं कहाँ से मनोज के भीतर आत्मविश्वास पैदा हो गया था। वह डॉ. मेहता के इस व्यवहार से घबराया नहीं, बल्कि उसने डॉ. मेहता की आँखों में आँखें डालकर कहा – "सर, आप कभी भिंड मुरैना जाइए, वहाँ के स्कूल देखिये। आज भी नकल से बच्चे पास हो रहे हैं वहाँ। क्या इसमें उन बच्चों की गलती है? या उस सिस्टम की जो वहाँ नकल नहीं रोक पाता। एक दुष्यंत सिंह ने एक साल नकल नहीं होने दी और उन्हीं चीटिंग करने वाले बच्चों में से एक बच्चा अपनी मेहनत के बल पर आज आपके सामने बैठा है। अगर उस साल दुष्यंत सिंह नकल नहीं रोकते तो शायद मैं आज भी मुरैना से जौरा टेम्पो चला रहा होता।"

मनोज के इस जवाब से प्रभावित होकर बोर्ड के अन्य मेम्बर आपस में बातचीत करने लगे। उनकी भावमुद्रा देखकर ऐसा लग रहा था कि वे मनोज की बात से सहमत हैं। पर डॉ. मेहता मनोज के इस भावप्रवण उत्तर से प्रभावित नहीं हुए, उन्होंने मनोज से आगे कहा–"आप कुछ भी कहिये पर मैंने आपका पूरा कैरियर देखा। आप इंग्लिश में बहुत वीक हैं, इंग्लिश लिटरेचर में आपके हमेशा सिर्फ पासिंग मार्क्स आये है। एडमिनिस्ट्रेशन केन नॉट बी रन इन द एब्सेंस ऑफ़ इंग्लिश।"

मनोज फिर फँस गया। डॉ. मेहता भावुक नहीं निकले। वह कट्टर और अपने मत पर कायम रहने वाले निकले। पर मनोज ने हिम्मत नहीं हारी–"सर प्रशासन में भाषा उतनी महत्वपूर्ण नहीं होती, जितनी आपकी सच्ची नीयत।"

मनोज ने डॉ. मेहता की इंग्लिश को महत्व देने वाली विचारधारा का विरोध कर दिया। डॉ. मेहता को उसका यह विरोध पसंद नहीं आया। उन्होंने नाराजगी के स्वर में कहा– "नो दिस इज एन एक्सक्यूज टू हाइड योर इग्नोरेंस इन इंग्लिश। हाउ केन यू सर्व

द कंट्री विथ दिस वीकनेस ?"–

इंग्लिश में कमजोर परीक्षार्थी से डॉ. मेहता इंग्लिश में ही सवाल पूछ रहे थे। मनोज इंग्लिश में पूछे गए प्रश्न को समझकर उत्तर ढूँढने की कोशिश करने लगा। इंग्लिश एक बार फिर उसकी राह में काँटे बिछाने को तैयार थी। उसके माथे पर पसीने की कुछ बूँदें दिख रही थीं। धोती–कुर्ता पहने बुजुर्ग मेंबर ने उसे घबराया हुआ जानकर पूछा– "मनोज आप पानी पीना चाहेंगे?" उस मेंबर ने टेबल पर कांच के गिलास में रखे पानी की तरफ इशारा किया।

मनोज ने पानी से भरे कांच के गिलास को देखा, उसकी हिम्मत नहीं हुई पानी पीने की। कुछ सेकेण्ड खामोशी रही। डॉ. मेहता के होंठो पर मन्द–मन्द मुस्कान तैर रही थी। उन्हें इंग्लिश में कमजोर छात्र को इंग्लिश के हथियार से घायल करने में मजा आ रहा था।

मनोज कुछ विचार करते हुए एकटक पानी के गिलास को देखता रहा। फिर उसने वह गिलास अपने हाथ में उठा लिया। फिर कुछ सोचकर वह डॉ. मेहता से बोला–"सर मैं यह पानी नहीं पी सकता।" बोर्ड मेंबर उसके इस व्यवहार पर चौंक गए।

एक मेंबर ने पूछा– "पानी गन्दा है क्या मनोज?"

मनोज ने विनम्रता से कहा– "नहीं सर पानी तो साफ़ है पर मैं कांच के गिलास में पानी नहीं पीता, मुझे स्टील का गिलास पसन्द है।"

डॉ. मेहता मनोज के इस उत्तर को समझ नहीं पाए और नाराज होकर बोल पड़े– "ये क्या बात हुई, तुम्हें पानी पीने से काम है या गिलास से। कोई भी गिलास हो पानी तो वही रहेगा ना?"

मनोज ने बड़ी शालीनता से डॉ. मेहता और दूसरे मेंबर से कहा– "जी सर। यही मैं कह रहा हूँ। असली चीज पानी है, बर्तन नहीं। अगर पानी साफ़ है तो वह कांच के गिलास में हैं या स्टील के, कोई अंतर नहीं पड़ता। आपके विचार, आपकी भावनाएं, आपका ज्ञान यदि अच्छा है, श्रेष्ठ है, देश हित में है तो यह अंतर नहीं पड़ता कि वह इंग्लिश माध्यम से प्रकट हो या हिंदी माध्यम से।"

इतना कहकर मनोज ने हाथ में पकड़े पानी के गिलास से पानी पीकर खाली गिलास टेबल पर रख दिया। मनोज के इस अप्रत्याशित उत्तर से सभी मेंबर आश्चर्यचकित रह गए। बुजुर्ग मेंबर के चेहरे पर चमक आ गई, उनके मुँह से अनायास निकल गया– "वाह मनोज।"

डॉ. मेहता की नजरें अभी भी नीचे रखे उसके सर्टिफिकेट पर टिकी हुई थीं। उनका

इंग्लिश का पैना हथियार मनोज ने बेकार कर दिया था। लेकिन डॉ. मेहता आसानी से छोड़ने वाले नहीं थे। इस बार उन्होंने अपने साथियों से ही प्रश्न किया– "आपने देखा है कि मनोज के पहले आईआईटी दिल्ली का विद्यार्थी इंटरव्यू के लिए आया था। जो ट्वेल्थ में अपने स्टेट का टॉपर भी था। उसके स्थान पर ट्वेल्थ में फेल होने का प्रमाण पत्र लेकर आए मनोज को हम लोग क्यों चुनें?"

बोर्ड के दूसरे मेम्बर डॉ मेहता की बात से सहमत दिख रहे थे और अपनी गर्दन उनकी हाँ में हिला रहे थे। बुजुर्ग मेम्बर ने मनोज से कहा– "मनोज तुम्हें ट्वेल्थ फेल होने के बावजूद हमलोग उस टॉपर लड़के की जगह क्यों चुने?"

मनोज का 'ट्वेल्थ फेल' उसका पीछा नहीं छोड़ रहा था, उसे लग रहा था कि उसका पूरा इंटरव्यू 'ट्वेल्थ फेल' पर ही खत्म होगा। उसके द्वारा इंटरव्यू के लिए की गई तमाम राष्ट्रीय अन्तराष्ट्रीय घटनाओं की तैयारी किसी काम नहीं आ रही थी। डॉ. मेहता ने उसे उसके कैरियर पर ही उसे घेरने का मन बना लिया था। इस बार बोर्ड ने ट्वेल्थ फेल लड़के की तुलना हिन्दुस्तान के सबसे योग्य विद्यार्थी से कर दी थी। लेकिन मनोज ने हार नहीं मानी, उसने जवाब दिया– "क्योंकि मैं उस लड़के से अधिक योग्य हूँ।"

आईआईटी पासआउट इंग्लिश मीडियम लड़के से मनोज ने खुद को योग्य बता दिया। इंटरव्यू बोर्ड के मेंबर इस उत्तर से चौंक गए। सब एक–दूसरे का चेहरा देखने लगे। वे अब इसका कारण जानना चाहते थे। एक अन्य मेम्बर ने आश्चर्य से पूछा– "आप कैसे योग्य हैं उस लड़के से, जो क्लास फर्स्ट से आज तक अपनी हर परीक्षा में टॉप करता आ रहा है?"

मनोज ने जवाब दिया– "अपनी अयोग्यता को जीतना ही सबसे बड़ी योग्यता होती है। मैं ट्वेल्थ फेल एक अयोग्य लड़का हुआ करता था सर। क्योंकि गाँव के बच्चों को गाँव के सरकारी स्कूलों में पढ़ाई का वह स्तर नहीं मिलता जो शहरों के इंग्लिश मीडियम स्कूल के लड़कों से कॉम्पीट कर सकें। इन अभावों के बावजूद अपने संघर्ष और संकल्प के कारण मैं यहाँ तक आ सका हूँ। किन्हीं दो लोगों की तुलना उनके परिणामों से नहीं होनी चाहिए, बल्कि उनकी परिस्थितियों और सुविधाओं के आधार पर भी होनी चाहिए।"

मनोज ने अपनी बात कह दी। बोर्ड के दूसरे मेंबर मनोज उसकी बात से सहमत होते हुए दिख रहे थे। डॉ. मेहता को शायद उसका उत्तर पसन्द नहीं आया, उन्होंने कहा– "ये सब अपनी अयोग्यता को छुपाने के बहाने हैं। जो लड़का मैथ्स और इंग्लिश के डर से उन्हें छोड़ देता है वह क्या शासन में भी कठिन मौकों पर गिवअप नहीं कर जाएगा?

खैर जाने दीजिये, आप लोगों को कुछ पूछना है?"– डॉ. मेहता ने मनोज के उत्तर को सुने बिना दूसरे सदस्यों से कहा।

एक अन्य सदस्य ने अपना हथियार मनोज पर आजमाया– "आप हिन्दी साहित्य में योग्य हैं। आपके पास हिन्दी का लेक्चरर बनना अच्छा ऑप्शन है, पर जिले का प्रशासन टेक्नोलॉजी में माहिर लोग ही सम्हालें, तो ही देश तरक्की करेगा।"

साहित्य, टेक्नोलॉजी के सामने हाथ बांधे खड़ा था। इंग्लिश के बेकार गए हथियार की जगह दूसरा हथियार 'टेक्नोलॉजी' मनोज पर चलाया गया।

मनोज ने कुछ सेकंड सोचकर जवाब दिया– "सर साहित्य का विद्यार्थी आपके विचार में जिला नहीं चला सकता। पर देश के प्रधानमन्त्री इस समय एक साहित्यकार ही हैं। क्या उनकी योग्यता पर भी आपको सन्देह है?"– मनोज ने कमरे में लगी देश के प्रधानमन्त्री अटलबिहारी वाजपेयी की तस्वीर को इंगित करते हुए कहा। मनोज ने ग्वालियर के एमएलबी कॉलेज के अपने सीनियर और भारत के प्रधानमन्त्री को अपने पक्ष में खड़ा कर दिया।

बुजुर्ग मेम्बर ने उत्साहित होकर कहा– "बहुत बढ़िया।"

इस बार उसका जवाब सुनकर बोर्ड के दूसरे सदस्य भी हतप्रभ रह गए। डॉ. मेहता भी भारत के प्रधानमन्त्री को मनोज के समर्थन में खड़ा देखकर कुछ देर के लिए हिल गए। कुछ विचार करके डॉ. मेहता ने मनोज को जाने के लिए कह दिया।

मनोज उठा और सबको नमस्कार करके बाहर जाने के लिए मुड़ गया। तभी मनोज को बीच में रोककर बुजुर्ग मेम्बर ने मनोज से पूछा– "तुम्हारा यह कौन सा अटेम्प्ट है?"

"लास्ट अटेम्प्ट है सर।"– मनोज ने खड़े–खड़े जवाब दिया।

बुजुर्ग मेम्बर ने फिर पूछा– "यदि इस बार भी आपका सिलेक्शन नहीं हुआ तो आप क्या करेंगे?"

कुछ देर विचार करते हुए मनोज ने उत्तर दिया–"स्वामी विवेकानन्द का यह वाक्य हमेशा मुझे प्रेरणा देता है– 'उठो जागो और अपने लक्ष्य की प्राप्ति तक मत रुको', मैं अपने लक्ष्य की प्राप्ति तक रुकूंगा नहीं।"– मनोज को विवेकानन्द केंद्र में बिताए दिन याद आ गए। उसने विवेकानन्द को याद करते हुए बुजुर्ग मेम्बर को जवाब दिया।

"क्या लक्ष्य है तुम्हारा?" क्या आईएएस, आईपीएस बनना तुम्हारा लक्ष्य नहीं है?– बुजुर्ग मेम्बर को उसका जवाब सुनकर आश्चर्य हुआ। इसी आश्चर्य से उन्होंने मनोज से पूछा।

"आईएएस, आईपीएस, शिक्षक, लाइब्रेरियन, ये सब जिन्दगी के लक्ष्य नहीं हो

सकते। होने भी नहीं चाहिए। ये तो लक्ष्य प्राप्ति के साधनमात्र हैं, वास्तविक लक्ष्य है– इस देश की इमानदारी से सेवा करना। फिर चाहे आईपीएस बना जाए या कुछ और।– अपनी बात पूरी करके मनोज चुप हो गया।"

बोर्ड के सभी मेम्बर चुप थे। बुजुर्ग मेम्बर ने मुस्कुराकर मनोज को जाने के लिए कह दिया। मनोज सबको नमस्कार करके बाहर निकल गया।

## 50.

बारह मई। फाइनल रिजल्ट का दिन। शाम को पाँच बजे सिविल सर्विस का फाइनल रिजल्ट यूपीएससी के बोर्ड पर लगना था। इंटरव्यू देने वाले सभी लोग आज इसी उम्मीद में थे कि उनका फाइनल सिलेक्शन हो ही जाएगा। जबकि दो तिहाई लोगों का सिलेक्शन होना ही नहीं था। चाहे कुछ भी हो जाए। होने न होने की यह जद्दोजहद तब तक चलती रहती है, जब तक फाइनल सिलेक्शन नहीं हो जाता। कोई भी विद्यार्थी गारन्टी के साथ यह नहीं कह पाता कि उसका सिलेक्शन पक्का है। एक पल को उम्मीद बनती है, दूसरे ही पल निराशा छा जाती है। एक पल को सब बनता हुआ नजर आता है, दूसरे ही पल सब बिखर जाता है।

शाम के चार बज गए। मनोज ने रिजल्ट देखने से पहले आशीर्वाद लेने के लिए अपने पिता को फोन किया। पिता अभी भी झाबुआ में सस्पेंड थे। पिता ने फोन उठाया तो मनोज ने पिता से कहा– "पापा आज मेरा सिविल सर्विस का फाइनल रिजल्ट आने वाला है।"

मनोज के अब तक के सभी रिजल्ट से अप्रभावित पिता की आवाज में इस बार उत्सुकता नजर आई। उन्होंने कहा– "हूँ अच्छा? मैं चाहता हूँ कि तू आईपीएस बन जाए।"

पिता के मुँह से ऐसा सुंदर आशीर्वाद सुनकर मनोज उत्साहित हो गया, उसने कहा– "आपका आशीर्वाद रहा तो जरूर सफल होऊँगा।"

मनोज की बात सुनकर पिता अपनी ओरिजनल भारी आवाज पर आ गए– "अगर तू आईपीएस में सिलेक्ट हो जाए तो इस डिप्टी डायरेक्टर को नहीं छोड़ूंगा। जेल की चक्की पिसवाऊंगा, बहुत उड़ता है साला। तब बताऊँगा कि आईपीएस का बाप क्या होता है।"

मनोज के आईपीएस बनने की कल्पना करते हुए अपने शत्रु और वरिष्ठ अधिकारी डिप्टी डायरेक्टर को बर्बाद करने का सुनहरा सपना पिता ने देख लिया। मनोज के चेहरे पर पिता की कल्पना के कारण हल्की मुस्कान तैर गई।

श्रद्धा और मनोज ऑटो से रिजल्ट देखने यूपीएससी के ऑफिस पहुँच गए। यूपीएससी के गेट पर, जहाँ ऑटो रुका, वहाँ रिजल्ट देखने वालों की भीड़ पहले से खड़ी थी। ट्रैफिक संभालने वाले सिपाही को इस भीड़ से ट्रैफिक संभालने में दिक्कत हो रही थी। दोनों उस भीड़ के पास खड़े हो गए। सिपाही ने मनोज को लगभग धकेलते हुए आगे बढ़ने के लिए कहा। यूपीएससी के गेट के नजदीक पहुँचते ही मनोज की धड़कनों ने अपनी गति बढ़ा दी।

गेट के अंदर खड़े सभी लोगों को गेट के बाहर खदेड़ दिया गया। कर्मचारियों ने गेट अंदर से बंद कर नोटिस बोर्ड पर पाँच मिनट में रिजल्ट लगा दिया। मनोज को यह पाँच मिनट जैसे पाँच युग लग रहे थे। गेट खुलते ही भीड़ लगभग दौड़ते हुए गेट के अंदर घुस गई। रिजल्ट देखकर कोई ख़ुशी से नाच रहा है, कोई रो रहा है, कोई जमीन पर माथा पकड़े बैठा है, कोई बेहोश हो गया है।

मनोज की हिम्मत नहीं हुई रिजल्ट देखने की, उसने श्रद्धा को रिजल्ट देखने के लिए भेजा और खुद गेट के बाहर खड़ा रहा। अब सब कुछ श्रद्धा की हाँ या ना पर निर्भर है। कुछ लड़के हँसते हुए ख़ुशी में झूमते हुए बाहर आ रहे थे और कुछ रोते हुए। बस यही दो श्रेणियां थीं, आज यहाँ यूपीएससी के दरवाजे पर। अविनाश अपना रिजल्ट देखकर बाहर आया। अविनाश की चाल सुस्त और चेहरा उतरा हुआ था। मनोज ने अविनाश से उसका रिजल्ट पूछा तो उसने 'ना' में गर्दन हिला दी और आँखों में आँसू भरे गेट के बाहर निकल गया। अविनाश की हालत देखकर मनोज घबरा गया। अविनाश जैसे योग्य लड़के की असफलता को देखकर उसका अपने ऊपर से भरोसा डगमगाने लगा। कुछ प्रतियोगी आज के रिजल्ट पर कमेन्ट करते हुए जा रहे थे –"इस बार हिन्दी मीडियम का रिजल्ट बहुत खराब रहा है।"

इन सब बातों से घबराया मनोज साँस रोककर बस श्रद्धा का इन्तजार कर रहा था। तभी उसे सामने से श्रद्धा आती हुई दिखी। श्रद्धा धीरे–धीरे उसके नजदीक आ गई, उसके चेहरे पर गम्भीरता थी। श्रद्धा का यह रूप देखकर मनोज का दिल धक से रह गया, वह समझ गया कि श्रद्धा कोई बुरी खबर सुनाने वाली है। उसने श्रद्धा से कहा– "क्या हुआ श्रद्धा, जल्दी बताओ।" उसकी बेचैनी उसके चेहरे से साफ़ झलक रही थी। श्रद्धा ने बुझे हुए शब्दों में कहा– "मनोज।"

इतना कहकर श्रद्धा कुछ देर रुकी, तीन चार सेकंड तक वह मनोज का निराशा में डूबा चेहरा देखती रही। फिर श्रद्धा लगभग चीखते हुए बोली–"तुम आईपीएस बन गए हो मनोज।"

मनोज को अपने कानों पर यकीन नहीं हुआ। उसने श्रद्धा से कहा–"क्या कहा श्रद्धा फिर से कहो।"

श्रद्धा ने उसी उत्साह में फिर से वही वाक्य दोहरा दिया– "मनोज तुम आईपीएस बन गए हो।"

मनोज को अभी भी यकीन नहीं हो रहा था उसने जल्दबाजी में कहा– "क्या तुमने सही रोल नम्बर देखा है? क्या नाम से भी देखा है? कोई गलत रोल नम्बर तो नहीं देख लिया?" पर श्रद्धा ने एकदम सही रोल नम्बर देखा था। मनोज ने गहरी साँस ली, यह सुकून और सुख की साँस थी।

दोनों ने वापस नेहरूविहार जाने के लिए ऑटो रोका और उसमे बैठ गए। पास में वही सिपाही खड़ा हुआ था, जिसने मनोज को धकेला था।

सिपाही ने उत्सुकतावश मनोज से पूछा– "क्या रिजल्ट रहा।"

मनोज ने कहा – "आई पी एस।"

मनोज का जवाब सुनकर सिपाही ने उसे एक सेल्यूट मारा। वह आश्चर्य से सिपाही को देखता रहा। एक ही दिन में, एक रिजल्ट से दुनिया का नजरिया उसके लिए बदल चुका था। वह ऑटो से उतरा और उसने अनजान सिपाही को गले लगा लिया। मनोज की आँखें भीग गई थीं। सिपाही भी गले लगाने वाले आईपीएस से पहली बार मिल रहा था। ऑटो नेहरू विहार की ओर चल दिया। ऑटो में मनोज के बाल लहरा रहे थे। पास बैठी श्रद्धा की आँखों में भी खुशी के आँसू छलछला आए थे।

•••